中央财经大学中央高校基本科研业务费专项资金资助
Supported by the Fundamental Research Fund for the Central University, CUFE

中外经济比较研究丛书

近代中国股份制企业融资研究

Research on the Financing of Modern Chinese Joint Stock Enterprises

兰日旭等 著

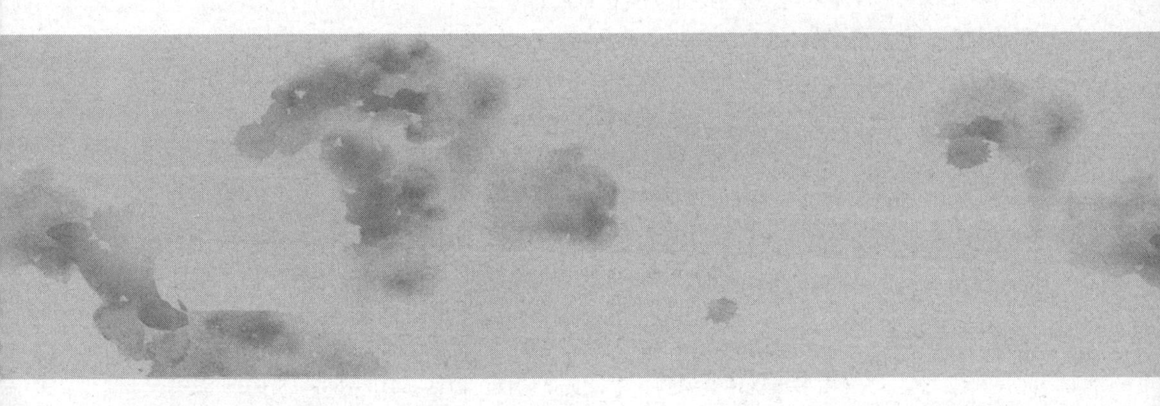

中国财经出版传媒集团

经济科学出版社
Economic Science Press

图书在版编目（CIP）数据

近代中国股份制企业融资研究/兰日旭等著．—北京：
经济科学出版社，2021.2
（中外经济比较研究丛书）
ISBN 978－7－5218－2390－5

Ⅰ.①近…　Ⅱ.①兰…　Ⅲ.①股份有限公司－企业
融资－研究－中国－近代　Ⅳ.①F279.295

中国版本图书馆 CIP 数据核字（2021）第 031697 号

责任编辑：于海汛　冯　蓉
责任校对：徐　昕
责任印制：范　艳　张佳裕

近代中国股份制企业融资研究
兰日旭等　著
经济科学出版社出版、发行　新华书店经销
社址：北京市海淀区阜成路甲 28 号　邮编：100142
经管中心电话：010－88191335　发行部电话：010－88191522
网址：www.esp.com.cn
电子邮箱：espcxy@126.com
天猫网店：经济科学出版社旗舰店
网址：http://jjkxcbs.tmall.com
北京季蜂印刷有限公司印装
710×1000　16 开　13.75 印张　220000 字
2021 年 7 月第 1 版　2021 年 7 月第 1 次印刷
ISBN 978－7－5218－2390－5　定价：55.00 元
（图书出现印装问题，本社负责调换。电话：010－88191510）

目　录

导　言

企业在国民经济发展中占据着极其重要的地位。在现代社会中，它是经济增长最重要的贡献者，也在吸纳就业、创造税收等方面起到了特别重要的作用。资金是企业的血脉，企业要发挥其作用，必须理顺其资金融通关系。然而，不管是在传统社会还是现代社会中，企业的发展都面临着一个资金融通的问题。在传统社会中，独资和合伙制企业构成了企业组织结构的全部，在资金融通中绝大多数都能通过内源性融资来解决，经过外源性融资来化解企业资金问题的，又有很大一部分采取的是财东选择企业经营者的方式，因此当时经济中最为突出的问题并不在企业资金融通上。传统社会向现代社会的转型和定位改变了传统社会那种“熟人社会”的特性，给企业发展所带来的不确定性和信息不对称性问题加大，资金需求期限拉长，需求金额变得越来越大，在此背景下，融资问题在企业发展中变得越来越突出。如何破解企业的资金融通困境，成为当前企业发展中的一个核心问题。

一、问题意识

企业是一个国家和地区社会经济的核心组成部分，在国民收入、就业、财税等方面起到了关键性作用。农业社会向工业社会转型以来，企业在社会经济中的地位越来越突出。工业化发端至今，工业已经进阶到工业 4.0，以其为内核的企业组织形式也发生了全新的变化。在这一变迁过程中，资金充作企业血脉的关系却没有发生任何变化，反而企业对资金的需求在其中所起的作用变得越来越重要。为适应这一趋势，企业对资金来源的渠道从传统社会相对单一向越来越多样化转变。然而，企业融资问题并没有因此而发生根本性变化，至今在各种非金融类企业、特别是中小微企业中依然突出。引发企业经营困难、倒闭等问题，尽管有很多因素，但资金问题往往居于各因素中的最重要位置，融资在一个企业创建、发展、衰败中起到了决定性的内生作用。资金短缺、融资难的问题，自古至今就是横亘在企业经营者头上的一把利剑，成为一道难以逾越的鸿沟。很显然，如何解决企业资金问题一直就是社会各界关注的热点，也是经济学、管理学等学科领域研究中的一个重要问题。

目前，有关企业融资的研究已经发表了一大批论著。从已有研究成果来看，主要集中在企业融资的理论、实践、案例等现实应用领域，历史上的研究相对较少。而从近代企业融资的研究看，大部分都散布在企业史资料论集以及企业史、经济史中的相关企业论著之中，极少专门分析近代企业融资。已有论及企业融资的成果，基本集中在企业与金融关系、银企关系和荣家企业、大生企业、“永久黄”系统、汉冶萍公司、轮船招商局、刘鸿生企业、民生公司等少数大的企业集团领域①，对整个近代企业融资进行综合研究的成果鲜少。要真正厘清企业融资情况及其存在的问题，极有必要对近代企业融资行为展开整体、系统性的研究，才能揭开企业融资难题的历史真相，为寻找化解融资难题总结规律和经验。

在漫长的传统社会演进过程中，中国在西方国家入侵之前已经形成了一个由政府主导的生息银两制度，市场主导的典当、账局、钱庄、票号等组织化的金融机构，以及民间主导的互助式或高利借贷和合会等组成的多元化金融组织体系。在这一体系的形成过程中，各个金融主体的功能相对单一、在特定对象下开展金融活动，维系信用基础的基本是建立在熟人关系条件下的声誉机制和依托官员的隐含担保机制。在此金融市场变迁的背景下，企业的资金来源主要就是依靠内源性融资和以借贷为主体的外源性融资两条渠道。占据绝大多数的企业规模较小，他们的资金基本上以自身资金为主，若有短

---

① 张伟东：《近代企业与金融关系研究的回顾：以企业融资为中心》，载于《商业经济》2014年第10期。

缺则依托熟人关系的、按“差序结构”顺序展开少量借债来维持，企业经营所得利润年终基本分完，极少留存充当积累；规模较大的企业，有很大一部分是财东遴选有能力的经营者来营运，资金来源困难不大。当然，深受传统金融组织体系功能单一、运作对象有限且限定、社会资金短缺等因素制约，企业融资难题普遍存在，只是受到传统企业规模较小的影响，与维持生活的可持续性融资相比，它们并不十分突出。

进入近代之后，随着外国对华侵略和外资企业等的渗入，伴随通商口岸的开放和不断扩大，长期依托的熟人关系圈不断松动，呈现向陌生人范畴扩展，由此引致企业经营的不确定性和信息不对称程度加大，企业融资开始出现了新的变化。此时，融资方式尽管仍然是由内源性融资和外源性融资组成，但融资的来源面得到巨大拓展。受西方现代企业在华经营的影响，中国近代不同类型的企业也开始改变传统的融资做法。在内源融资上，逐步推行了经营者垫资、折旧、公积、红利转股权、企业内部资金调剂等方式来增加和厚实企业自有资金，极大拓展了企业内源性融资的来源；在外源性融资上，除了原先的借贷等方式外，产生了股权融资、债券融资、租赁、以企业拥有的各类资产为抵押向华资和外资等金融机构借贷、企业内设储蓄部等资金来源。内源与外源融资渠道的拓展，虽然给企业融资带来了更加多样性的选择，但在风险加大等因素约束下给企业融资带来更多问题，由此也使企业融资难题逐步凸显出来。

与企业融资方式在近代的变化密切相关，中国金融市场体系也开始发生了巨大变化。首先是保险、银行、证券、信托等外资现代金融组织逐步渗入中国。这不但直接增加了中国金融市场上的金融供给主体，而且还给中国金融组织带来了全新的冲击和变化。其次，受外资金融组织渗入中国的影响，中国传统金融体系开始发生了分化。钱庄逐步接纳了现代金融组织的某些做法，厚实资本、创新业务、改进组织结构，到20世纪之后出现了向银行化转变的趋势，以此获得了持续发展，而占据传统金融市场中心地位的票号不断错失时机，最终陷入行业性崩溃的格局，典当、账局、合会等因固化在特定的人群和地域等范围之内开展活动，基本保持了原有的经营格局，生息银两制度成为各省官银号的载体而成为转化后的省银行基础。最后，中国近代金融组织在传统金融的资金、人才、技术、经验基础上“嫁接”外资现代金融组织而渐趋萌芽和发展起来。这样，经过半个多世纪的发展，到20世纪之初，中国近代已经初步形成了一个传统与现代并存的金融组织体系。在这一组织体系中，资本市场极不发达，难以支撑起企业市场融资功能的重任。股权融资方式虽然得到企业创办者的广泛认同，但其筹资范围仍不具有社会性，还只是传统企业融资中财东选经理形式的倒转。即依托自身的地缘、血缘、学缘、业缘和友缘的社会关系网络，企业经营者在相对特定的对象范围内筹集企业股份，由此形成了一个以传统和现代相结合的“官利制”“分期缴纳制”“连锁董监制”等具有中国特色的企业融资保障制度。这些制度虽然起到了促进股权融资的效果，平衡了经营者企业控制权与股东丰厚收益之间的关系，但在实际经营过程中也大大增加了企业的交易成本。而债券融资，近代中国采取这一方式的企业较少，“中国近代通过发行企业债券融资的企业大体有通泰盐垦公司、纬成公司、北平电车公司、六合沟煤矿、闸北水电公司、启新洋灰公司、江南铁路、大通煤矿等。”“截至1940年，全国发行债券的企业大致仅有19家，债券总发行额5 000余万元。”① 银行等间接融资手段，近代企业尽管广为采用，但其对企业的贡献不大，大约提供了不到15%的资本积累来源。

在近代金融体系难以支撑企业融资需求的条件下，企业内部衍生出了一些具有自身特色的融资方式以弥补金融市场上外源性融资的缺陷。比较典型的有：一是企业自设储蓄部以吸纳内部、甚至外部的资金以扩充企业的成长；二是企业依托各类不动产、设备、产品、原料等资产，采取租赁方式以维持企业开展经营；三是债权转股权等方式，形成金融业直接参与企业经营以化解资金问题；四是在一定条件下，企业在政府与市场之间存在不断转化之势，即官办企业商业化和民营企业官办化；五是企业集团内部资金的调拨，出现财务公司的雏形；六是企业内部积累的资金（如公积）或利润转股权；七是大力推进职工持股。通过不断继承与创新的方式，大大拓宽了企业融资的渠道，也在一定程度上降低了对金融市场的依附，但面对近代资金短缺的现状，企业融资难题仍然没有得到有效解决。

显然，对近代企业融资中出现的问题和创新的做法等加以系统梳理和总

① 郭达：《近代企业债券融资小议》，载于《海峡科学》2008年第3期。

结，不但能够拓宽、深化企业史研究的范畴，还能为当前化解企业，特别是中小微企业融资难题提供一些有益的镜鉴。

二、近代股份制企业及其融资特征

企业作为一种资源配置机制的组织，是伴随社会发展、分工而逐步成长壮大的。从古至今，企业主要有独资、合伙和公司三种组织形式。近代之前，中国虽然出现了公司制的某些形式，但严格意义上的企业形式只有独资和合伙制，股份制公司是进入近代之后才在西方现代企业进入中国的影响下产生的。最早出现的股份制公司是1872年创立的轮船招商局，之后股份制公司在中国获得快速发展。

根据近代各届政府颁布的公司法——1904年晚清政府颁布的《公司律》、1914年的《公司条例》和1929年出台的《公司法》等法律法规对公司的界定，近代中国的公司类型大约有九种。“如果单从历年公司法对公司类型的界定出发，近代中国的公司先后有过合资公司、合资有限公司、股份公司、股份有限公司、无限公司、两合公司、股份两合公司、有限公司和外国公司九种类型”①。当然，九种类型的公司形式不是同时存在的，而是根据企业组织形式的不断发展和公司法的修订而出现的。

自1872年中国创办第一家股份制企业——轮船招商局以来，股份制组织形式开始在中国企业类型中广泛采用并呈现出日益重要、占比不断上升的趋势。1904～1908年期间，清政府商部注册公司共计约228家，其中股份有限公司有153家，占公司总数的67%。1928年1月～1947年6月底，全国各地区历年登记成立的公司总数为8 088家，股份有限公司达6 283家，占登记总数的77.7%②。显然，股份制公司在所有类型公司中的比重已经占到了绝对优势的地位，在企业组织形式中发挥着越来越大的影响力。然而，如果把独

① 张忠民：《艰难的变迁：近代中国公司制度研究》，上海社会科学院出版社2002年版，第300页。

② 张忠民：《艰难的变迁：近代中国公司制度研究》，上海社会科学院出版社2002年版，第326页。

资和合伙制企业数量也算进来，那股份制企业的数量则远远少于它们。“旧中国私营工业资本组织形式，大部分是独资和合伙经营。据1933年统计，这两种组织形式占总数的66%。”[①] 若从资本额的角度来看，独资和合伙制企业就比不上股份制企业，并且股份制企业的资本额还随时间的推移占比越来越大。基于这一角度考虑，在梳理和分析近代企业融资问题时，就主要集中在股份制企业范畴之中。一方面，独资和合伙制企业的融资形式变化不大，独资规模小、资金不多，合伙制大多由家族或熟悉之人邀集，“成本轻、规模小、熟人合伙和‘船小容易调头’的特点”，[②] 故它们在融资方式上主要还是依靠内源性融资和外源性借债范围之内，虽然有采用银行等现代金融组织来筹集资金，但就近代来看，它们在间接融资上还是以钱庄、典当等传统金融组织为主；另一方面，股份制公司是近代中国的一个新生事物，它在融资方面，形式更加灵活和多样化，在兼任传统和现代要素过程中，能够不断在国内与国外、传统与外资现代公司的扬弃中创新，以适应不断变化的环境，由此出现许多具有近代特色的做法。有些特色做法，事实上对当前中国企业化解融资困境还具有很强的借鉴作用。

就股份制企业而言，从1872年创立首家股份制企业——轮船招商局到新中国成立期间，融资活动的开展并不是线性的，而是经历了一个曲折复杂的过程。大致而言，存在如下一些明显的变迁阶段。

一是在20世纪之前股权融资在企业资金来源中呈现出先上升后下降的趋势。轮船招商局筹建之初，朱其昂、朱其诏负责筹集商股，难以取信于民众，他们召集商股困难重重。随后，由唐廷枢、徐润等人替代朱其昂，他们依靠自身雄厚的资金实力，借助熟人圈的社会关系，商股筹集进展迅速，股本迅速增加，由1873年的47.6万两增加到1882年的200万两[③]，克服了资金短缺的状况。背靠官府的资助，又依托商办，轮船招商局业务开展迅速。之后虽然遇到旗昌、太古和怡和的恶意竞争，但在官方的扶持下很快就在竞争中崛起，购并旗昌、与太古和怡和订立“齐价协议”，招商局获利不断增加，

① 陈真：《旧中国工业的若干特点》，载于《人民日报》1949年9月24日。

② 朱荫贵：《试论近代中国民间资本中合伙制企业生命力强大的原因》，载于《东南学术》2018年第3期。

③ 张国辉：《洋务运动与中国近代企业》，中国社会科学出版社1979年版，第168～169页。

股东获利丰厚，股权融资方式也得到了社会认可。“招商局开其端，一人倡之，众人和之，不数年间，风气为之大开，公司因之云集，虽其中亦有成与不成之分，然其一变从前狭隘之规则。”[①] 之后，依托股权融资的企业，进展顺利。“风气大开，群情若鹜……每一新公司出，千百人争购之，以得股为幸。”[②] 依托股权筹集创办资金的方式，然而并没有持续多久。伴随1883年上海金融风潮的爆发，股价大跌，改变了人们对股份公司的看法。“中国自仿效泰西集股以来，就上海一隅而论，设公司者数十家，鲜克有终，而矿为尤甚。承办者往往倾家荡产，犹有余累。‘公司’两字久为人所厌闻。”[③] 引致了随后近20年的股权融资难以开展，到1895年之后，张謇向社会招股筹办大生纺织公司，招股工作还困难重重。“凡以纱厂集股告人者，非微笑不答，则掩耳却走……”[④] 股权融资在1883年上海金融风潮达到顶峰之后，就快速下跌，到19世纪末达到了低潮。

二是20世纪初到1935年期间，股份制企业的融资方式日益多样化，形成了一大批企业集团。《马关条约》签订之后，清政府放开了民间创办公司的许可。之后，在“实业救国”“恤商”等的影响下，社会上迅速兴起一股创办企业的热潮。官督商办、官商合办等企业融资方式中兼顾官方与民间资金的筹集形式，基本上到《马关条约》之后宣告失败，这时根据社会经济形势的变化，股权融资重新兴起，并出现了大量融资方式上的创新。在内源融资上，股份制企业不但采取了提取折旧、公积等内部厚实资本的方式，而且在创办资金来源上还很重视家族资本的投入，像荣家企业、刘鸿生企业、大生企业、南洋兄弟烟草公司等一批企业集团均出现了家族资金占比较高的现象。在外源性融资上，股权融资虽然受到金融风潮（如1910年上海橡胶股票风潮、1921年信交风潮等）的影响，难以实现社会化筹资效果，但企业创办者能够充分利用自身的社会关系网络，展开股权融资，以筹集创办所需的资金需求；这点已经成为这一时期的一个特别值得关注的现象，稍微大一点的股份制企业均有采取这一手段。企业发行的股票尽管难以在资本市场上交易，

① 《申报》，1883年10月21日。
② 《申报》，1882年9月27日。
③ 陈真、姚洛合编：《中国近代工业史资料（一）》，三联书店1957年版，第719页。
④ 大生系统企业史编写组：《大生系统企业史》，江苏古籍出版社1990年版，第12页。

但往往成为各企业创办者之间相互持股的一个有效方式，同时企业在扩股时还特别注意用企业红利转化为股权、企业历年积累的资金购买股票、激励企业员工持股等，以此达到经营者控制企业经营权的稳定目的，以及一个有效信息交流等目标的连锁董监制度。此外，债券融资、企业自办储蓄处或所、租赁经营、信托等融资手段也得到了采用，企业兼并、新型银企关系等也得到较大程度的发展，极大推进了企业融资方式的多样化。

三是1935年之后，受政府统制经济的影响，官办股份制企业的比重日益上升，民营股份制企业的影响渐趋衰落。受1934～1935年白银风潮等因素的影响，南京国民政府加强了对企业统制，大量民营企业被官办化而纳入官办股份制企业的范畴之内，由此改变了企业前期融资方式多样化演进的趋势。特别是抗日战争全面爆发之后，企业内迁，经营困难加剧；同时通货膨胀趋势日益明显等背景下，企业不但融资困难，而且也发生了从正常经营向投机等方向转化，民营股份制企业呈现衰落趋势。

通过对近代企业融资阶段变迁的简要梳理，明显可以发现它们在近代时期存在如下一些特征。

第一，近代企业融资变迁在诱致性基础上隐含了很强的强制性变迁的路径选择。传统企业的融资方式在近代时期没有因为外资现代企业的渗入而出现中断，依托“五缘”为基础的社会关系网络仍然是近代企业融资的一个有效方式，但受到外国资本主义侵略的影响，近代企业融资的方式选择发生了巨大变化，前后之间的变迁出现了一个渐进与强制交替变化的格局。1872年创立首家股份制企业之后，官方明显在沿用官方资助的条件下采取了强制性的方式“移植”了国外股权融资的手段，创办了一大批官督商办、官商合办企业。之后，受到金融风潮的强有力冲击，股权融资虽然在民营等股份制企业中渐进采纳，但在实际运用过程中又沿用了创办者的社会关系网络来筹集股份的方式开展股权融资。20世纪之后，在“实业救国”等理念影响下，渐进推进和创新出多样化的融资方式，甚至在北洋政府时期受制于财政收支困境等影响，还渐进演绎出官办企业民营化的转变；而到20世纪30年代前后，在大萧条、特别是日本侵华战争爆发的影响下，国民政府加快了经济统治的步伐，由此引发了一个强制转化企业融资的变动，引致了民营股份制企业的渐趋衰落。

第二，近代企业融资方式的多样化与创新特性。近代中国股份制企业的融资虽然不断受到各届政府的干扰，呈现出融资方式的强制性变动，但总的趋势是，近代企业创办者和经营者还是能够从自身实际出发，在传承已有融资方式的基础上，不断根据企业经营状况和社会风气变化在内源性和外源性融资范畴内创新出多样化的融资手段，以应对企业融资困境，由此也在一定程度上改变了中国近代企业与金融之间的资金融通关系，企业与金融之间呈现出与英美式的市场关系型和德日式的全能银行关系型都有所差别的融资关系。

第三，近代股份制企业融资变迁的阶段性。正如上述所言及的，近代中国企业融资关系的发展具有明显的阶段性特征。在1872年之前，中国企业的融资仍像传统社会一样，呈现出民间与官方平行但有所交叉的发展[①]。1872年到20世纪前后，官方受制于财政收支困境影响，难以持续维持官办企业的经营趋势，在吸纳外国现代股份制企业的股权融资方式基础上，以适量官方资金条件下通过股权融资形式吸纳民间资金，创立其一批官督商办、官商合办企业。受金融风潮等影响，此类企业经营效果差强人意，股权方式筹集资金也由此受到了民间的质疑和不认同。20世纪初~20世纪30年代前后，受诸多因素的影响，企业融资方式出现了多元化和创新性趋势发展，企业快速成长和壮大，产生了一大批经营成功的企业集团。1935年之后，受统制经济、长期战争等影响，企业融资多样化发展的趋势出现了明显的变化，民营企业有着官办化的趋势。一方面，一批民营企业从股权等方面被官办化；另一方面，没有被官办化的民营企业在经营业务上也出现了投机等异化趋势。

三、本书结构

本书以近代股份制企业的融资为研究对象，按照民营、官办两类股份制

① 受秦汉民间去大工商化措施的影响，社会较高收益的行业渐趋向官办化集中，民间更多依靠家族等资金发展独资或合伙制企业；而当政府受到财政收支困境之际，又会拿出官办企业的某个环节让民间参与经营，即吸纳民间资金或以资金换物资。此种方式虽然会引致民间商业企业的发展壮大，但官方对民间参与行业的限制，往往会制约民间资金向实体经济领域的流向，导致民间资金往往向捐纳、购买土地、修建大院、金融等领域积淀。

企业展开深入分析，以揭开它们融资困局，研究思路如图 0－1 所示。

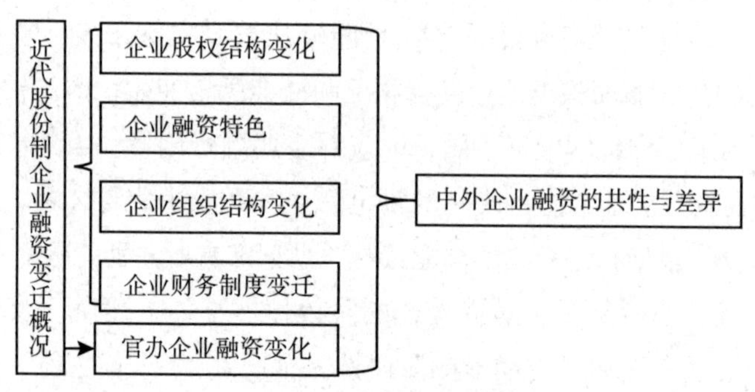

图 0－1　本书的研究结构

按照图 0－1，全书分成三部分。

第一部分为导言，对全书的问题、融资结构变化、研究思路及相关问题作简要论述。

第二部分为全书的核心，由第一、二、三、四、五章组成。第一章简要考察了近代中国不同类型股份制企业的股本构成及其变化，并对不同类型股份制企业的典型案例进行详细分析，进而总结出中国近代股份制企业股权变化的缘由及特征。第二章对中国近代企业融资结构中的官利制度和股份分期缴纳制进行了简要分析，说明了官利制度是在移植西方股份制基础上有效实现中国传统银股分红、护本获息合二为一的结晶，在传统向现代过渡时期明显促进了经营者选择股东的过程，给高而稳定的官利有利于经营者对企业长期经营和管理，但增加了企业运营成本；而分期缴纳制则有利于提高资金的使用效率、降低企业运营成本，但增加了企业后期股金的缴纳风险。第三章主要介绍了中国近代企业融资结构变化所引发的组织结构变迁。传统企业部分，借助山西票号、五金商业的案例，阐明了近代传统金融业和传统商业融资结构与组织结构之间的互动；近代股份制企业部分，官督商办企业，“由官总其大纲”，公司治理权操于政府官员手中；民营股份制企业中，商界力量兴起，公司治理机制步入正轨，由资本力量进行支配；南京国民政府时期，政府干预加强，股份制企业治理机制再次被扭曲。第四章通过近代中国不同类型企业资金管理、成本管理、利润管理为内核的财务制度系统梳理，深入分析融资结构的变化。20 世纪 20 年代前后在近代中国企业财务制度的变迁中存在一个明显的阶段性分化，传统影响深厚，但向现代转型的趋势明显，出现了外源性融资比例上升、记账方式趋于现代化、账务内容更具概括性、日益重视成本核算管理等趋势。近代企业财务制度虽然多元，但由于企业内部需求、西方复式簿记、政府引导等因素影响，不同企业的财务制度逐渐统一。第五章对近代中国官办企业的融资状况进行了系统分析，官办企业在政府资金匮乏的条件下，不断寻求其他资金来源，逐渐形成了融汇中西、传统与现代的融资方式。官办企业在 19 世纪 70 年代中期之前以官款融资为主，此后开始兼用商股与传统金融机构的借款等；甲午战争以后，官款融资进一步减少，商股大量退出，大型官办企业不得不依赖外资；南京政府时期政治控制力加强，官办企业得到财政融资和国家行局的贷款支持。中国近代官办企业的融资以财政为基础，社会融资能力较差，内源性融资不足，其融资方式的选择主要基于资金的可得性。

第三部分为第六章，在近代股份制企业融资分析基础上，与国外的企业融资作简单比较，以梳理和总结中外企业融资的共性和差异。

四、相关问题界定

在正式进入股份制企业融资分析主题之前，有必要对容易产生误解或混淆的问题或范畴加以限定，以实现行文的统一。

一是企业与公司。本书的企业是指以获取盈利为目的，通过对资金、人员、资源等要素进行优化配置的法人组织或其他社会组织。企业作为资源配置机制的组织，在形式上包括独资、合伙和公司三种类型。公司在近代企业法的含义上则包括合资公司、合资有限公司、股份公司、股份有限公司、无限公司、两合公司、股份两合公司、有限公司和外国公司九类。从资本来源的角度，公司又有着独资、合伙和股份制等方式之分。在分析企业融资时，本书对独资、合伙制企业作相对简单的梳理，重点集中在股份制企业不同类型的融资结构变化领域范畴内。

二是官办与民营股份制企业。股份制公司是近代公司类型中日益重要的一种公司类型，在资金来源中大致有以政府或民间资金为主，抑或两者兼而有之的。近代股份制企业中，最早创办的股份制企业是以官办为主的，后来民间资金为主的民营股份制企业渐渐占据多数。官办股份制企业，又有官办企业、官督商办、官商合办三种类型；它们在晚清时期占据着特别重要的位置，北洋政府时期重要性逐步下降，但到南京国民政府时期，特别是 1935 年经过政府统治之后，它们的比重大幅上升，重要性日益凸显。民营股份制企业，有完全民营和官民合办等类型，它们在近代股份制企业中的地位整体上在 1895 年《马关条约》签订之后变得越来越重要，到北洋政府时期则占据着绝对的地位。居于股份制企业的这一变化，在具体论述股份制企业融资时，难以绝对分开分析，但在总体梳理上会有所区分，故在结构上专门列一章官办企业的融资分析。

三是非金融类企业与金融类企业。本书论及的股份制企业融资主要是指非金融类企业，但由于金融类企业，特别是近代股份制银行在所有股份制企业中的占比较大，影响范围较广，且在近代企业中几乎是唯一一个行业从其诞生起就采取股份制这一组织形式的，在具体论述股份制企业融资时，涉及股权融资和股权结构变化引发治理结构变迁部分会以例子的形式体现出来。当然，在整体上会尽量淡化金融类企业，毕竟它们的融资与非金融类企业存在明显区别，在对社会经济的影响等方面也存在较大区别。

四是时间范畴。本书所指的近代，在时间上泛指第一次鸦片战争到中华人民共和国成立之间（1840 ~ 1949 年），而在具体的梳理和分析过程中，由于需要涉及独资、合伙制企业类型，故在时间上会扩展到第一次鸦片战争之前。这样，从企业财务制度上分析企业内源性融资时，就能比较传统与近代企业融资上的不同之处，以此揭开近代企业融资领域上的变化和创新特性。

第一章
中国近代企业股权融资结构变迁

自1872年轮船招商局创办以来，股份制组织开始在中国企业中被采用并呈现出日益重要、占比不断上升的趋势。与其他类型的企业融资相比，股份制企业是“招股集资”“合众力以成”。股份制企业的股权结构构成及其变化，成为近代中国企业组织中最为显著的特征之一。

第一节　中国近代企业组织形态

中国近代企业是指晚清至中华人民共和国成立期间创办的工商企业。“如果单从历年公司法对公司类型的界定出发，近代中国的公司先后有过合资公司、合资有限公司、股份公司、股份有限公司、无限公司、两合公司、股份两合公司、有限公司和外国公司九种类型。”① 从公司所承担的责任来看，可以进一步将合资公司、股份公司及无限公司总称为无限责任公司，将合资有限公司、股份有限公司及有限公司总称为有限责任公司，将两合公司及股份两合公司总称为两合类公司。所以，以股东承担负债的限度为基准进行划分，加上外国企业，近代中国有无限责任公司、有限责任公司、两合类公司、外国公司四种企业类型。在正式进入企业融资结构的分析之前，简要阐明一下不同企业的组织形态变化。

---

① 张忠民：《艰难的变迁：近代中国公司制度研究》，上海社会科学院出版社2002年版，第300页。

一、无限责任公司

从1904年的《公司律》到1946年的新《公司法》，无限责任公司一直存在。无限责任公司最大的特点是其所有股东或出资人均对企业债务负连带无限清偿责任，即公司负债无论多寡，股东均须如数偿还。而且，若某位股东无力清偿债务，则有能力偿还的股东必须承担代其清偿债务的义务。这一特点意味着无限公司的成立对组织者之间的信任程度要求极高，或者说对参与者的信用要求较高，与传统合伙制极为相似。

无限责任公司财产组织形式的特殊性，决定了股东经营该类型公司必须承担较大风险，难以实行委托—代理制度，在公司的治理结构上必然是股东掌握公司权力，直接参与公司经营和决策。这样一来，无限责任公司的股东既是公司资产的直接所有者，又是公司的实际经营管理者，股权和经营管理权合二为一，便于创办者直接控制公司。无限责任公司治理结构的特殊性迎合了想要直接掌控公司创办者的意愿，促使其在创办公司时选择无限责任公司这一形式。如荣家企业集团的创办者荣宗敬，在受到董事会牵制后，便萌生出要掌控企业经营大权"但知有限公司不可为"的想法①，为此，荣家企业转为无限责任公司。

采取无限责任公司形式，股东虽然可以根据自身意愿控制公司，但也决定了它在经营信息交流、股权转让等方面的封闭性，企业不会、也没有必要向社会公众公开公司的财务状况及经营成果等信息，这与现代企业组织略有不同。对于无限责任公司来说，股东无条件承担公司所有债务，不会给股东以外的人带来任何风险，因此可以在对外封闭信息的情况下经营。这样一来，公司势必无法也不愿如股份有限公司那样面向社会公众招商募资，从而导致股权的相对封闭。同时，无限责任公司对投资者之间的信任程度要求较高，意味着股东人数必然不会很多，股东人数较少则意味着股权的集中。同时，无限责任公司关于股权转让的规定极为严格。从1914年的《公司条例》到1946年的新《公司法》，都明确规定无限公司的股东转让股份必须经过其他

① 上海社会科学院经济研究所经济史：《荣家企业史料（上）》，上海人民出版社1962年版，第52页。

股东全体同意，否则不能转让，公司股权结构的变动也必须得到全体股东的同意。显然，封闭性无疑会影响它的进一步发展、壮大。

二、有限责任公司

有限责任公司是相对于无限责任公司而言的，与无限责任公司的股东承担无限连带清偿责任不同，有限责任公司的股东以其出资额为限，对公司债务承担有限清偿责任。有限责任公司又可分为有限公司和股份有限公司。

（一）有限公司

近代中国最早出现的有限公司类型是合资有限公司，1904 年的《公司律》中出现，但在 1914 年、1929 年颁布的《公司法》中被取消。合资有限公司类似传统的合伙企业，全部资本并不等分成等额股份，而是合资者按比例出资，与之不同的是合资者负有限责任。近代中国真正意义上的有限公司则是出现在 1946 年新《公司法》颁行之后。有限公司虽然出现较晚，存在时间不长，但是发展快，显示出相当的生命力和社会适应性。

（二）股份有限公司

股份有限公司是全部股本均分成一定面值股票，并由 5 人或 7 人以上发起、全部由有限责任公司股东组成的公司组织。股份有限公司自诞生伊始，由于其集资广泛、迅速以及集资成本低等特点，成为中国近代以来最主要的公司形式，占据主流地位。就公司的规模而言，股份有限公司的平均资本额大大高于其他类型的公司。

有限公司和股份有限公司相同之处在于股东对公司债务承担有限责任，除此之外存在诸多不同之处。首先是关于股东人数的规定。1946 年《公司法》规定，有限公司由 2 人以上 10 人以下的有限责任股东组成，各股东对于公司之责任以其出资额为限。股份有限公司的股东人数则以 5 人或 7 人为下限、不限制股东人数的上限。其次，股份有限公司的股东可以自由增加或减少或转让资本，有限公司的股东只能增加而不能减少资本，转让股份须征得其他股东的同意。再次，有限公司的对外负债不能超过公司资本总额的两倍，而且不能发行公司债，股份有限公司对外负债则不加限制，且可以根据其净资产状况随时发行公司债。最后，有限公司不必像股份有限公司一样组织股东会、选任董事以及向社会公众公布其营业报告。

三、两合类公司

两合类公司是由承担有限责任的股东和承担无限责任的股东混合组成的公司，其中承担无限责任的股东对公司债务负无限连带清偿责任，有限责任股东按其出资对公司债务负有限清偿责任，这也是两合类公司最大的特点。与无限责任公司相似，两合类公司中承担无限连带责任的股东参与公司经营管理、掌握公司决策权力。两合类公司作为有限责任公司和无限责任公司的结合体，表面看来拥有无限和有限的双重优点，但承担无限责任的股东无法对企业进行毫无顾忌地集权管理，企业股本的流动性又不如股份有限公司，始终未能成为受创办者所欢迎的企业类型。在近代所有企业类型中，两合类公司数量最少，所占比例最低，且在公司总量中所占的比重日渐下降，到 1947 年时所占比重已经无足轻重。

两合公司和股份两合公司之间也存在较大差异。两合公司适用无限责任公司的所有规定，比如两合公司中的有限责任股东不得随意转让所持股份，除非得到无限股东的同意，有限责任股东也不能参与公司具体的经营管理。故而有学者认为两合公司类似英美等国的有限合伙组织，其利弊与无限公司的利弊相同，只是有限责任股东比较容易招募，实际上就是无限公司的一种①。相应地，股份两合公司中的无限股东适用无限责任公司的所有条款，有限责任股东则适用股份有限公司的所有条款。比如，股份两合公司的有限责任股东可以自由买卖所持公司股份，无须无限责任股东同意；有限责任股东可以参照股份有限公司的规定组织股东会，并由股东会选出监察人，对公司的决策经验进行必要的监察。

1912 ~ 1918 年，股份有限公司登记数量和已缴资本金均远超其他公司类型，且呈现稳中渐增的趋势。其次是无限公司、合资有限公司、合资公司。公司数量和已缴资本金最少的公司类型是两合公司和股份两合公司。此外，股份公司、合资公司、合资有限公司的数量整体呈递减趋势，合资公司和合资有限公司的已缴资本金额呈明显减少趋势，如表 1 – 1 所示。

---

① 潘序伦：《公司会计》，商务印书馆 1933 年版，第 8 ~ 9 页。

表 1－1　各企业类型数量及已缴资本金（1912～1918 年）

类型 年份	股份公司		股份有限公司		合资公司		合资有限公司		无限公司		两合公司		股份两合公司	
	公司数（家）	已缴资本金（万元）	公司数（家）	已缴资本金（万元）	公司数（家）	已缴资本金（万元）	公司数（家）	已缴资本金（万元）	公司数（家）	已缴资本金（万元）	公司数（家）	已缴资本金（万元）	公司数（家）	已缴资本金（万元）
1912	64	753. 40	436	7 914. 55	98	164. 62	208	430. 79						
1913	50	15. 69	415	6 383. 33	120	196. 05	155	669. 80						
1914	40	124. 40	580	7 426. 43	114	402. 89	116	415. 14	84	681. 15	1	3. 00	4	0. 85
1915	30	286. 85	707	14 481. 92	55	244. 50	78	328. 07	92	314. 18	10	17. 45	3	60. 48
1916	23	285. 01	690	16 807. 91	46	128. 82	85	302. 55	98	418. 84	13	36. 81	5	1. 33
1917	31	276. 41	694	17 733. 21	28	97. 84	71	241. 80	79	422. 28	14	62. 47	7	33. 08
1918	26	337. 32	653	15 147. 12	8	12. 8	81	187. 06	96	350. 43	11	17. 60	18	52. 76

资料来源：农商部总务厅统计科：《中华民国七年第七次农商统计表》，上海中华书局 1922 年版，第 464～467 页。

无限责任公司、两合类公司以及有限责任公司中的有限公司在历年新登记注册公司中所占比重均呈减少趋势，股份有限公司比重最大且逐渐增加，是近代中国最主流的公司类型，如表 1－2 所示。

表 1－2　　中国近代各企业类型占新登记公司比重及变化　　单位：%

时间	无限责任公司	有限责任公司		两合类公司
		有限公司	股份有限公司	
1904～1908 年		21	67	
1912 年		20.26		
1915 年				7.1
1929 年 2 月～1935 年 12 月	24.8		71.5	3.7
1936～1943 年	14.6			1.6
1929 年 2 月～1943 年			77.56	
1946 年 4 月～1947 年 6 月		5.7		
1947 年	7			

资料来源：张忠民：《艰难的变迁　近代中国公司制度研究》，上海社会科学院出版社 2002 年版，第 321～362 页。

四、外国公司

外国公司是与中国公司相对应的一种说法。所谓外国公司，是指依照他国法律成立、在中国进行业务活动的组织机构。近代中国最早出现和存在的公司是在通商口岸由外国人开办和经营的。这些公司有些原先就开设于外国，五口通商前后逐渐进入中国，在中国境内设立分支机构；有些则是在五口通商前后为了在华经营而设立于中国境内①。20 世纪之前，中国尚未有自己的《公司法》，清政府对公司这一新型的经济组织也没有明确的法律界定。为了取得自身的法定地位，在中国境内活动的外商公司大多采取在外国或者是在

① 张忠民：《艰难的变迁：近代中国公司制度研究》，上海社会科学院出版社 2002 年版，第 103 页。

中国香港地区注册的办法①。当然，也有在外国不营业，仅挂一个注册牌照，专在中国境内营业的外国公司。如汇丰银行、会得丰有限公司、上海英商公共汽车公司、上海英商电车公司等。也有的外商公司干脆就利用清政府对于新型公司组织并无相应法律条文的有利条件，既不在外国注册，也不领取营业执照，直接在华经营，如旗昌轮船公司。中国开始重视外商公司在华注册等相关问题始于1930年。1930年6月17日，上海特区法院审理三井洋行诉何耿星、洪沧亭不理贷款一案中，律师提出三井洋行未向中国政府登记，不具有受中国法律认可的独立法人地位。此案一出，引起各方的关注、讨论。当时的国民政府为应对这一情况，明确规定外商在华设立公司，应按照中国法律申请注册，方能取得法人资格。1944年，经济部又因为“重庆为战时陪都所在，外商登记事件较多，为顺利推行起见，兹特变通规定；凡美商在我国境内设立支店呈请登记时，关于呈请书所载本店之名称、所在地、资本总额、设立年月日及执照号数等事项，准由该商本店所在地之州政府予以证明。”② 1946年颁行的新《公司法》，正式出台外国公司在华经营的相关条款。之后，在中国注册登记的外国公司数量增加很快。自新《公司法》施行至1947年6月，在中国登记注册的外国公司共125家，占中国同时期全部注册登记公司总数的11.8%③。

在华经营的外国公司资本并非全部来自外国，“华人附股”屡见不鲜。所谓“华人附股”，是指华商或者华人以“附股”形式对外国企业投资入股。华商附股的外国公司，存在于航运业、保险业、银行业、棉纺织工业、出口加工工业、船舶修造工业以及公用事业等各种行业之中。诸多“华商附股”的外国企业中最具代表性的是旗昌轮船公司。旗昌轮船公司的设立，标志着华人附股进入了一个实质性的新阶段④。1861年4月、5月间，旗昌轮船公

---

① 按照香港的有关法规，企业形式的分类有公开的股份公司、私人公司和个人商店三种，公开公司类似股份有限公司组织。参见陈真等：《中国近代工业史资料》（第二辑），生活·读书·新知三联书店1958年版，第254页。

② 南京、重庆、北京市工商行政管理局：《中华民国时期的工商行政管理》，工商出版社1987年版，第54～55页。

③ 张忠民：《艰难的变迁：近代中国公司制度研究》，上海社会科学院出版社2002年版，第369页。

④ 张忠民：《艰难的变迁：近代中国公司制度研究》，上海社会科学院出版社2002年版，第112页。

司最初计划招股32万银元，最终17万元由上海方面认购，7.5万元由香港方面认购，另外7.5万元旗昌洋行经理金能享投资约2万元，其余的绝大部分都由在上海的旗昌洋行的"中国老朋友"认购（详见表1-3）。1861年8月~1862年3月，旗昌轮船公司的创办资本扩大到白银100万两，其中华人股东以"附股"形式投资的公司股本甚至超过旗昌洋行外籍人士认购的股份份额，仅买办陈竹坪和大丝商顾春池两人认购的股份就不下20万两①。

表1-3　旗昌洋行创办初期股东持股情况估计

股东类别	已知股东人数	估计所持股份
旗昌洋行成员	不明	2 000~3 000股
非旗昌洋行外籍人士	15人	3 000~4 000股
华人股东	9人	3 000~4 000股
合计		10 000股

资料来源：[美] 刘广京：《英美航运势力在华的竞争（1862~1874年）》，引自张忠民：《艰难的变迁　近代中国公司制度研究》，上海社会科学院出版社2002年版，第131页。

总体来说，中国近代企业类型经过艰难的演进，形成了类型丰富、特点鲜明的近代企业集群，为之后公司继续发展以及公司的现代化打下了坚实基础。全部九种企业类型中，有五种类型的企业均属于股份制企业范畴。股份制企业是以股份形式将社会上分散的私人资本和其他形式资本集中起来设立的企业，是商品和信用经济发展到一定阶段的产物，是社会化大生产时代出现的标志②。广义的股份制企业包括无限责任公司、两合公司、股份两合公司、有限责任公司、股份有限公司；狭义的股份制企业专指股份有限公司，即有限责任公司和股份有限公司③。出于融资形式的考虑，下面则是从广义的股份制企业来分析。

① [美] 刘广京著，邱锡、曹铁珊译：《英美航运势力在华的竞争（1862~1874）》，上海社会科学院出版社1988年版，第13、26页；汪敬虞：《十九世纪西方资本主义对中国的经济侵略》，人民出版社1983年版，第486页。

② 朱荫贵：《中国近代股份制企业研究》，上海财经大学出版社2008年版，第1页。

③ 王处辉：《中国近代企业组织形态的变迁》，天津人民出版社2001年版，第207、208页。

第二节　中国近代企业股权变化

股份制企业出现之前，山西票号等传统金融企业曾出现过所有权与经营权初步分离的企业组织形式，但从其内部来看，他们仍然是一种原始物权关系，没有完全实现资本的社会化，在某种程度上还是合伙制的一种延伸①。1872 年轮船招商局的诞生，标志着股份制组织形式开始在中国社会中出现并逐渐发展成为近代中国新式工商企业主流的资本组织形式。按出资主体的差异，可将企业划分为官营企业、民营企业以及外资企业三大类。外资企业，由于其实际管理权并不归国人所有，下文不再专门讨论。官营企业又可划分为官办、官督商办、官商合办三类，官办企业在其创办初期通常是官方独资的，之所以将其归为股份制企业进行分析，是由于在企业发展过程中官办企业呈现出吸纳商股或民营化趋势，逐步演变为官商督办或官商合办或民营股份制企业，从股权结构变化上可以归入这三种企业类型，故本章不再单独讨论。民营企业则可分为独资、合伙和股份制三类。由于民营企业中独资及合伙不具有股份制的形式，此处主要研究民营企业中的股份制这一类型，相关部分在其他章节中论及。

一、官督商办股份制企业

所谓“官督商办”，就是以招商的形式，在政府监督下，利用商人资本，创办民用工业②。一方面模仿了西方股份公司的一些基本做法，另一方面又是以近代中国公司制度演进初期特有的“官督商办”的形式创办起来。首先，李鸿章在 1872 年创办轮船招商局时提出的“由官总其大纲，察

---

① 兰日旭：《中国近代银行制度变迁及其绩效研究》，中国人民大学出版社 2013 年版，第 25 ~ 26 页。

② 王小侠：《晚清洋务运动“官督商办”制度探论》，载于《社会科学辑刊》2002 年第 5 期。

其利病，而听该商等自立条议，悦服众商”及“所有盈亏，全归商人，与官无涉”①，通常被视为“官督商办”的基本原则。“官督商办”作为极具中国特色的近代股份制企业组织形式之一，它的出现不是偶然的，而是顺应时代需求的必然产物。首先，晚清政府国库空虚，财政困难。对于清廷财政窘迫的状况，李鸿章有所概括：“军兴以来，凡有可设法生财之处，历经搜刮无遗，商困民穷，势已岌岌。”② 其次，外商在华企业获取高额利润以及买办的暴富深深刺激了洋务派，“分洋商之利”同样是洋务派兴办民用企业的动机之一。此外，晚清政府兴办军用工业后，对原料能源、特别是对煤和铁的需求日益迫切，需要相应的能源工业、采掘工业和交通运输业的发展作为配套条件。最后，在当时条件下创办民用工业需要权势显赫的官僚为之指导，给予扶持，且西方新式股份制企业对于清政府官员而言都是陌生的东西，需要得到社会上的商人，尤其是具有洋务经验、熟悉西方新式企业经营管理方式且广有资财的买办商人的支持。基于此，晚清政府不得不将目光转向民间，采取招徕社会上私人资金“以商力佐官力之不足”的方式兴办③，“官”与“商”得以结合，“官督商办”这种方式应运而生。

轮船招商局的成立，开启了近代中国通过向民间发行股票“招商集股”、筹集资金进而兴办股份制企业的浪潮。从 19 世纪 70 年代到 1903 年，这种性质的企业数量很快从一家增加到几十家，形成了中国近代第一批股份制企业群体。可以说，中国的第一家轮船航运公司，第一个近代煤矿，第一个近代钢铁公司，第一个近代纺织厂，第一条实用铁路，第一条电报线，都是采用官督商办股份制企业的资本组织方式④。近代中国官督商办企业发展趋势如图 1－1 所示。

---

① 李鸿章：《李鸿章全集（第 2 册）》，海南出版社 1997 年版，奏稿“试办招商轮船折”（同治十一年十一月二十三日）。

② 李鸿章：《李鸿章全集（第 1 册）》，海南出版社 1997 年版，奏稿“论海防筹饷”（光绪元年五月十一日）。

③ 台湾“中央研究院近代史研究所”：《海防档》，台湾“中央研究院近代史研究所” 1957 年版，甲“购买船炮”（三），第 866 页“同治六年五月初一日上海通商大臣曾国藩函”。

④ 朱荫贵：《中国近代股份制企业研究》，上海财经大学出版社 2008 年版，第 4 页。

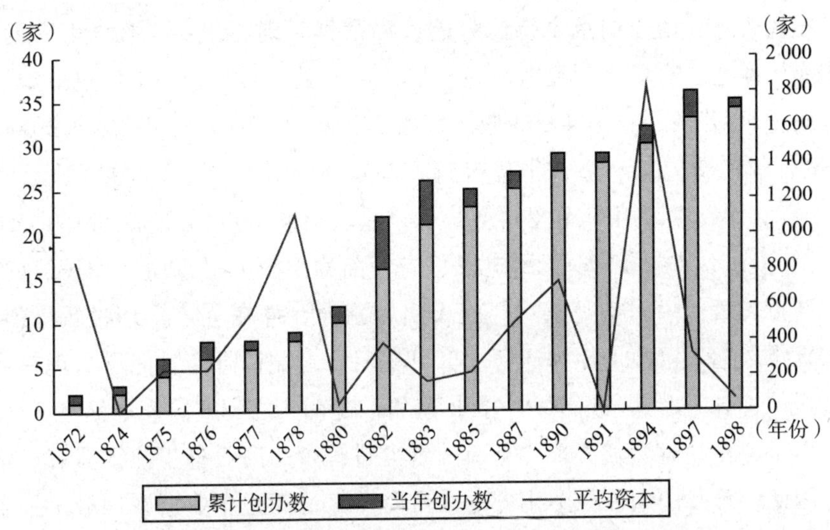

图 1－1 近代时期官督商办企业创办数量及平均资本概况

注：为保持折线图的连续性，平均资本不详的年份暂设为 0。

资料来源：杜恂诚：《民族资本主义与旧中国政府（1840～1937）》，上海人民出版社 2014 年版，第 252～487 页。

（一）官督商办股份制企业的融资来源

“官督商办”的资本组织形态，包含了企业在兴办和经营管理中的两种可能：一种是商人出资官为扶持，企业的经营权主要掌握在商人手中的“商事商办”；二是商人出资官为控制，企业经营权主要落在官员或官方色彩浓厚、秉承官方意志行事之人手中进行经营的“商事官办”①。这两种情况下的出资方式却只有一种：商人出资。开平矿务局从创办到投产，所用皆为商人股款，商人股款以外的资金均由承办商唐廷枢筹垫，其招商章程亦只提及商股，未提及官款②。上海机器织布局创办之初，所有资金全部来自商人股款，主持人郑观应甚至不能接受官款垫借，“非禀承宪示请拨官款，不足以昭示郑重。然历来官局易招物议，若承领官款，则属目尤难。”③ 1880 年，上海机

① 朱荫贵：《中国近代股份制企业研究》，上海财经大学出版社 2008 年版，第 211 页。

② 中国史学会：《洋务运动（七）》，上海人民出版社 2000 年版，第 130～131 页，唐廷枢《禀复遵批议定开平矿务设局招商章程》。

③ 郑观应：《郑观应集》（下），上海人民出版社 1982 年版，第 537 页，《禀北洋通商大臣李傅相订立织布机器合同》。

器织布局改组，由李鸿章主持修订的该局章程明确提出："事虽由官发端，一切实由商办，官场浮华习气，一概芟除。"① 其章程规定，上海机器织布局拟募股金40万两，分为4 000股，每股100两。"在局同人"共集2 000股（戴恒、蔡鸿仪、李培松、郑观应四人各认500股），其余2 000股公开招募②。1880年创办的山东峄县中兴煤矿也是"官督商办"企业，声明"不领官本"，全由私人投资③。天津电报总局（前称津沪电报总局）创设过程中，盛宣怀在其章程中明确写道："商人出资承办，意在急公。凡属西法创举，必应历年久远，以数十年为通筹。庶可冀后日之益以补今日之继。现在众商出资报销，自应准其永远承办，推广施行。是商人之利亦国家之福也。"④

但是，在"官督商办"企业具体筹办过程中，商股募集往往具有一定困难。因此，筹办初期往往不止有商人出资，官督商办企业资本一般由三个部分构成：招收商股、垫借官款及向外借贷。其中，垫借官款是官督商办企业的一种特有经济现象。它是企业在开办之时或创办之初，由官府以债权人的身份垫借一定数量的资金作为企业的建设费用或者是流动资金。所垫借的官款往往不是以入股的方式投入企业的运营中，而是采取借贷的方式，缓解企业开办资金不足，日后须陆续归还。在开平煤矿发展的过程中，进行最后一项挖河工程时出现资金短缺，垫借官款3万两⑤。到1884年，垫借的官款增加至24.3万两，至1887年，所欠官款减少至9 033两⑥。至于上海机器织布局，则是在1890年时马建忠提出，织布局规模有限，"所夺洋商之利，奚啻九牛之一毛哉""拟请将原设织局扩充资本"，形成宏大规模⑦。于是由马继任总办，得到借拨银40万两，其中包含官款10万两。⑧ 中国通商银行创办之

---

① 中国史学会：《中国近代史资料丛刊·洋务运动》，上海人民出版社2000年版，第469页。

② 杜恂诚、严国海、孙林：《中国近代国有经济思想、制度与演变》，上海人民出版社2007年版，第159页。

③ 《山东峄县煤矿说贴》，载于《沪报》光绪九年二月初九日。引自王处辉：《中国近代企业组织形态的变迁》，天津人民出版社2001年版，第222页。

④ ［美］费维恺著，虞和平译：《中国早期工业化盛宣怀1844~1916和官督商办企业》，中国社会科学出版社1990年版，第262页。

⑤ 唐廷枢编：《开平案据汇编》，易著堂1906年铅印本，第53~57页。

⑥ 刘佛丁：《开平矿务局经营得失辨析》，载于《南开学报》1986年第2期。

⑦ 马建忠：《适可斋记言》，中华书局1960年版，第5页，《富民说》。

⑧ 顾廷龙，戴逸主：《李鸿章全集》，安徽教育出版社、安徽出版集团2008年版，第10页。

初拟定“本银行资本规银五百万两，分作五万股，每股一百两。……先收股本规银二百五十万两……本银行系奉特旨招商合力兴办，公议拟请户部拨存生息，公款二百万两，以示官商维系，取信中外。开办之初先收商股二百五十万两，准领生息公款一百万两”①。

总体来看，近代许多官督商办企业在创办初期或经营过程中都曾出现过垫借官款的情形。而且，企业所借官款是否作为股本投入企业主要取决于官府的意愿。但是，无论官款是借来的还是作为官股，企业均须付息还款，实质与借款无异。最后，官督商办企业中的垫借官款或官股都会陆续还清，官股总体呈逐渐减少直至清零的趋势。

（二）官督商办股份制企业典型案例

轮船招商局作为近代第一家官督商办股份制企业，同时是晚清洋务运动仅存的硕果，经历了从官督商办到商办再到收归国营的历程，是极具官督商办企业资本构成变迁的典型企业。

1. 官督商办时期

轮船招商局局规中规定招商局资本100万两，先收50万两，分1 000股发行，每股1 000两，在商董选任和职权上“每百股举一商董，于众董之中推一总董……商总为总局主政……总局分局栈房司事人等由商总商董挑选精明强干朴实老诚之人”②。倘若以局规拟招资本100万两、每股1 000两且先收500两，股票数量较少，即使每人仅购1股，股东也不过千人。而且股票面值过高，受众群体过小，会使招商集资陷入困境。因此，在实际募股及后续发展中，轮船招商局将每股面值设为白银100两。

招商局开办初，资本总额约60万两，其中唐廷枢“尽将自己所有及邀集亲友极力附股”募集资本47.6万（1877年增至75.1万两），拨借直隶官款12.3万两，所有资本中商股占近八成③。招商局在1881年招足100万两之

① 上海市档案馆：《上海档案史料丛编旧中国的股份制1872～1949年》，中国档案出版社1996年版，第70页。

② 交通部、铁道部交通史编纂委员会：《近代交通史全编（第二册）》，国家图书馆出版社2009年版，第227页。

③ 载于《字林沪报》1882年10月14日。

后，由于营业较为顺利，股票面值达200余两，升值达200%以上。1882年招商局决定另招新股100万两。为了“洽旧股友之心”，规定凡持有百两旧股者，每股只须再交银80两，便可领到一百两新股票。到1883年，新股100万两业已收足，招商局股份银总共达到200万两。① 在招商局两期共200万两资本总额中，徐润两次各入股24万两，共48万两，是招商局的最大股东，由徐润出面“招徕各亲友之入股者亦不下五六十万两”；唐廷枢入股不少于8万两，他“随带资本并‘南浔’轮船入局经营”“凑集商股数十万”；朱其昂股份至少有3万两（60股）；陈树棠在招商局拥有股份10万两；盛宣怀早期投资约4万两；尚未入局的太古买办郑观应在招商局早期也占有股份。此外，唐廷庚、朱其诏、朱其莼、宋晋、范世尧、陈雨亭、郑聘三、王渊如、刘树庭、吴左仪、黄灼棠、汪子述、郑陟山、唐静庵等人作为商董，在招商局当然占有股份。

招商局十分重视在南洋华侨及华裔商人中吸收投资者。1879年，李鸿章委派张鸿禄前往南洋各地勘察商情并命候选知县温宗彦在南洋华侨及侨裔商人中招股。在葛罗吧、三宝垅、泗水及新加坡等地招股65 200两，入股者有胡岳东、蔡江发等38人，在暹罗招股5万两，入股者有刘元荣、陈金钟等28人，其中任暹罗官职者11人。招股数目虽然不大，但对于扩大招商局在南洋一带的轮运业务具有一定的积极作用。

据招商局1897年账略，该年招商局从公积基金与自保船险公积中各提出100万两，转入股本项下，填写股票分发各股商，新老股本共计达到400万两。需要特别说明的是，以1883年为开端，盛宣怀多次利用官权侵吞商股，截至19世纪80年代末，盛宣怀大约占有招商局25%的股票，即约50万两，徐润、唐廷枢及朱其昂等人在招商局的巨额投资化为乌有，自此，盛宣怀及其家族一直是招商局最大股东。1897年股本增至400万两后，盛一人独占1.1万股，计股银110万两。此外，官督商办时期的招商局股本呈现分散化趋势。1909年8月15日，招商局在上海张园举行第一次股东大会，与会代表达732人，代表股权31 164股，根据小股东人数虽多但股权更为分散的状

① 张后铨等：《招商局史：近代部分》，中国社会科学出版社2007年版，第48页。

况，判断实际股东人数远多于 732 人。①

除对外广泛招商集资，轮船招商局“筹备之时，借领直隶练饷公帑，纯系存款，非股本也”②。“官款垫借”也由此而成为官督商办企业资金构成中的一大特色。轮船招商局创办之初曾拨借直隶练饷 20 万串（折银 12.3 万余两），须向官方“预缴息钱，所有盈亏全归商认，与官无涉”③。这是招商局第一笔源自官方的借款。在后续发展过程中，官府也多次筹拨官款支持招商局的发展。盛宣怀督办该局后提出的《理财章程》大旨为，“招商股本二百万两，连欠款共五百五十万两，作为接管之成本”“洋债限十年还清，计三十万磅（镑）。所有公款八十三万两，拟请奏明，俟洋款还清，再行分年在遭运水脚项下扣还各省”④。招商局创办伊始，官款作为借款构成其资本总额的一部分，须提前付息、按时还款，并未作为股本投入局中。1881 年，经李鸿章提议将官款作“官股生息”⑤，两江总督刘坤一也极力主张将官款“概作官股存局，一切均照商股办理”⑥。这一主张为总理衙门所认可，称其“所奏不为无见”⑦。带有借款性质的官款变成了直接参与招商局利润分割的官股。虽然官款已作官股入局，但仍须按时偿还，与商股仍然存在区别。1891 年，轮船招商局还清了全部所借官款，“招商局前欠官款，因经济困难奏准免息，数年来局基渐固，公积增至七十余两，官款业已还清，故本年内由北洋大臣奏准，在公积内提出官款免利，报效银十万两，指定作为预备赈济之用。”⑧至此，资本总额全由股本及其他借款构成，再无官股及官方借款。招商局创办初期融资来源如表 1 – 4 所示。

① 张后铨等：《招商局史：近代部分》，中国社会科学出版社 2007 年版，第 241 ~ 253 页。

② 聂宝章：《中国近代航运史资料（第一辑，下册）》，上海人民出版社 1983 年版，第 785 页。

③ 中国史学会：《洋务运动（六）》，上海人民出版社 2000 年版，第 6 页。

④ 交通铁道部交通史编纂委员会：《交通史航政编（第一册）》，上海民智书局印刷所 1931 年版，第 156 ~ 157 页。

⑤ 李鸿章：《李鸿章全集（第 3 册）》，海南出版社 1997 年版，卷 40，第 22 页。

⑥ 中国科学院历史研究所第三所工具书组校点：《刘坤一遗集》，中华书局 1959 年版，第 607 页。

⑦ 中国史学会：《洋务运动（六）》，上海人民出版社 2000 年版，第 69 页。

⑧ 陈玉庆整理：《国民政府清查整理招商局委员会报告书》，社会科学文献出版社 2013 年版，第 43 页。

表 1-4　**1873～1881 年轮船招商局股本、借款一览**　单位：两

年份	商股股本	企业借款	
		官府借款	其他借款
1873～1874	476 000	123 023	—
1874～1875	602 400	136 956	512 638
1875～1876	685 100	353 499	1 084 858
1876～1877	730 200	1 866 978	1 367 109
1877～1878	751 000	1 928 868	1 890 834
1878～1879	800 600	1 928 868	1 206 720
1879～1880	830 300	1 903 868	1 152 878
1880～1881	1 000 000	1 518 867	1 101 662

资料来源：轮船招商局第 1～11 届账略。参见：张国辉：《洋务运动与中国近代企业》，中国社会科学出版社 1979 年版，第 168～169 页，其中个别数字根据招商局账略作了修正。

2. 商办时期

1912 年南京临时政府成立之后，在政府政策的支持下，轮船招商局改为商办。

1914 年 2 月 16 日，招商局在上海召开股东特别会议，讨论核定资产额问题。为了“保全资产”“杜绝私卖私借”和避免“局外人之妄想”，股东会议决定，用公积加填股份 440 万两，以 400 万两分派股东，以 40 万两作为花红公积分派各办事人员。至此，招商局股本增加至 840 万两①（见表 1-5）。

这一时期，“愚斋义庄”是轮船招商局最大股东。“愚斋义庄”是以盛宣怀（号愚斋）的名字命名的大财团。盛宣怀在招商局前后活动了 40 余年，不仅长期担任会办、总办、督办、会长等要职，掌握了该局的最高权力，同时也控制了该局大量股票，成为该局最大股东②。当时招商局共有股票 4 万股，而愚斋义庄在公共法庭立案的股票即有 2.2 万股，享有近 4 500 权，加

① 张后铨等：《招商局史：近代部分》，中国社会科学出版社 2007 年版，第 272～273 页。

② 盛宣怀 1916 年 4 月病死，但这并不意味着盛氏家族对招商局控制的终结，在盛宣怀死去的当年，其子盛重颐担任了招商局董事兼经理，盛宣怀的姻亲孙宝琦在 1919～1924 年担任该局董事会会长，盛宣怀的其他子嗣及亲友均在招商局担任要职。

上各房私股约1万股，合计不下七八千权，占招商局全部股票份额的60%左右，“实为最大股东”。1921年5月28日，第47届股东大会在上海总商会会所召开，与会代表达到800多人，参会股东代表人数的增加也侧面表明招商局股东总人数的增加。

表1-5　　招商局官督商办和商办时期股权状况　　单位：万两

性质	年份	股本	官款	大股东	大股东持股（万两）	主导人	股本增加原因
官督商办	1881	100	151.89	徐润	24	徐润、唐廷枢	招商集资
	1882		121.8				
	1883	200	96.43	徐润	48	徐润、唐廷枢	招商集资
	1884	200	119.26	盛宣怀		盛宣怀	
	1886	200	117.02				
	1887	200	106.53				
	1888	200	79.37				
	1889	200	68.82				
	1890	200	9.02	盛宣怀	约50	盛宣怀	
	1897	400		盛宣怀	110		
商办	1914	840		盛宣怀	约60%	盛宣怀	一股拆两股

资料来源：张后铨等：《招商局史：近代部分》，中国社会科学出版社2007年版。

3. 国营时期

1927年，招商局进入了一个重大转折时期。国民政府成立后，开始对招商局实行全面控制，1932年把招商局纳入官僚买办资本体系。招商局收归国营后，交通部要求定期收回该局股票。新理事会规定航业股2股、产业股1股合为1套，每套发给现银50两，委托中央银行验票付款，要求从1932年1月1日起至1933年2月底止，将股票逐步收回。这次收回股票，中央银行共用银2 126 340.45两。而当时招商局账面股本为840万两，实际资产远高于此数。招商局收归国营之初，具体局务由著名实业家刘鸿生主持。

1948年10月1日，经交通部、工商部核准变更登记手续并颁发新执照，招商局改组为股份有限公司。招商局股份有限公司资本总额定为金圆券6亿元，分为600万股，每股金圆券100元，其票面分为5股、10股、50股、100股、1 000股5种。上述股份半数为国民政府所有，并以交通部为股东代表。其余半数计300万股合金圆券3亿元，由财政部委托中央银行按照票面金额十足发行，从9月10日起，公开对外出售。购入招商局股票的股东一共仅60人，每人10万股，合计600万股，[①] 而这些股东又全部是国民党当局所指定的政府主管部门官员和本企业原各级负责人，没有任何一名商人股东，这就表明它不是一家真正的股份有限公司，它的官僚资本企业的性质并没有发生任何实质性变化，仍然是不折不扣的国有制企业。

二、官商合办股份制企业

官商合办，是一种由政府与私人共同投资入股、共同参与经营管理、共同承担盈利或亏损的企业形式。官商合办企业是官督商办企业出现诸多矛盾后，政府与商人投资者相互妥协而产生的一种企业形式。官督商办的主要特点是商人出资，政府进行扶植、控制。政府的行政权凌驾于商人的股权之上，缺乏维护股东权益的动力，反而倾向于追求政府自身利益最大化，商人股东却无权维护自身权益。在这种情况下，官督商办模式日渐受到质疑。于是，官商合办公司应运而生。根据《公司律》的规定，无论官方还是私人，均依据其股份界定权利、义务。近代中国最早提出创办官商合办公司的是马建忠[②]，但没有引起政府重视。直到1888年，才出现了最早的官商合办公司——华新纺织新局[③]。此后，新的官商合办企业不断设立。尤其在甲午战争后，清政府财力日益支绌，又需要支付大量赔款，因而对于近代工商业的投资更为迫切。官商合办公司进一步发展，出现了较为著名的景德镇瓷器公司、北洋烟草公司、日晖织呢商厂等企业。

---

① 张后铨等：《招商局史：近代部分》，中国社会科学出版社2007年版，第503～507页。

② ［美］陈锦江：《清末现代企业与官商关系》，中国社会科学出版社1997年版，第95～101页。

③ 中国科学院上海经济研究所、上海社会科学院经济研究所：《恒丰纱厂的发生发展与改造——中国最早的一家棉纺织厂》，上海人民出版社1958年版，第1页。

（一）官商合办股份制企业的股权构成

官商合办企业中，国家资本和私人资本的出资比例不外乎三种情况：官多商少、官少商多、官商各半，如表1-6所示。

表1-6　　部分官商合办企业之官商出资情况

官商出资比例	成立年份	企业名称	创办资本额		
			合计	其中官股	其中商股
官多商少	1904	蒙自官商公司	66.6万元	48.5万元	18.1万元
	1910	泾铜矿务公司	6.9万元	5万元	1.9万元
	1910	湖北毡呢厂	43.3万元	30万元	13.3万元
		广东制造皮革公司	39.15万元	20万元	19.15万元
	1906	增源造纸厂	16.1万元	90.70%	9.30%
	1909	滦源造纸厂	224	14万元	8.4万元
官商各半	1908	广州自来水厂	120万两	50%	50%
	1909	北京溥利呢革厂	100万两	50万两	50万两
	1908	大清银行	1 000万两	500万两	500万两
	1908	广州自来水厂	120万两	50%	50%
		伊犁皮毛公司	30万两	15万两	15万两
		四川冕宁金矿	30万两	15万两	15万两
官少商多	1907	川江轮船公司	28万元	40%	60%
	1908	交通银行	500万两	40%	60%
	1909	浙江银行	71万元	31万元	40万元
		滦州煤矿公司	300万两	80万两	220万两
	1909	广东电力公司	150万元	50万元	100万元
		山东博山玻璃公司	15万两	5万两	10万两
	1905	丹凤火柴厂	105	0.7万元	9.8万元
	1905	江西机器造纸厂	42万元	6万元	36万元
	1907	龙章机器造纸公司	61.6万元	13.60%	86.40%
	1902	北洋烟草厂	9万元	27.80%	62.20%

官商合办企业中官商出资比例并非一成不变，官商出资比例的大幅变动完全引起了企业股权结构变化，企业在商办、官商合办、官办三种企业类型中不断转换。

（1）股权变化中折射出官商合办转为商办。刘鸿生开始筹建中国火柴原料公司后，由于资金不足，中国火柴原料公司筹备处向国民政府呈文，要求政府垫拨国币 150 万元，俟后再行归还①。财政部收到该公司呈请后提出加入官股，“至请给予补助一节，如因股款不敷，自可由部酌量加入官股，以期增厚实力，扩充生产”②。最终，刘鸿生等决定接受官股，中国火柴原料公司股本 200 万元，官商各半③。到 1944 年，经过增资扩股，中国火柴原料公司股本至 5 000 万，其中官股 1 100 万元，持股比例由 50% 下降至 22%④。1947 年该司再次增资募股，本次募股之后，官股份额从 22% 减至 17.8%⑤。1948 年 11 月，财政部投资于该公司的股份被该司原股东收购，至此，中国火柴原料公司成为完全商办的企业。由官商合办转变为完全商办的企业还有广东电力公司、浙江实业银行等（如表 1－7 所示）。

表 1－7　　广州电力公司、浙江实业银行官商股份概况

公司		年份	股本总额	官股		商股
				数额	占比	
广州电力公司		1909	150 万元	50 万元	33.33%	100 万元
		1919	—	无	0	—
浙江实业银行	浙江银行时期	1909	54.22 万两	30 万两	55.33%	24.22 万两
	中华民国浙江银行时期	1911	72.29 万元	47.25 万元	65.36%	25.04 万元

① 上海社会科学院经济研究所：《刘鸿生企业史料（下册）》，上海人民出版社 1981 年版，第 167 页。

② 上海社会科学院经济研究所：《刘鸿生企业史料（下册）》，上海人民出版社 1981 年版，第 168、169 页。

③ 1941 年 4 月 20 日中国火柴原料公司股东会临时记录，刘鸿生企业史料，卷号 1～16。

④ 中国火柴原料厂特种股份有限公司 1944 年 7 月 27 日第 3 次股东临时会议记录，刘鸿生企业史料，卷号 1～16。

⑤ 上海社会科学院经济研究所：《刘鸿生企业史料（下册）》，上海人民出版社 1981 年版，第 286 页。

续表

公司		年份	股本总额	官股		商股
				数额	占比	
浙江实业银行	浙江地方实业银行时期	1915	69.89 万元	31.03 万元	44.40%	38.86 万元
		1918	71.03 万元	31.03 万元	43.69%	40 万元
		1921	176 万元	31.03 万元	17.63%	144.97 万元
	浙江实业银行时期	1923	—	无	0	—

资料来源：中国火柴原料厂特种股份有限公司1944年7月27日第3次股东临时会议记录，刘鸿生企业史料，卷号1～16。《浙江银行章程》第二条、第十二条，上海市档案馆藏档，卷号Q270－1－55。引自何品：《从官办到官商合办再到商办　浙江实业银行及其前身的历史变迁1908～1937》，上海远东出版社2014年版，第25页。

（2）股权变化引发官商合办转化为官办。1937年，中国茶叶公司以官商合办的形式成立。公司资本为国币200万元（先收100万元），实收资本为1 180 500元，其中实业部45万元，安徽省20万元，江西、福建、湖南、湖北四省各10万元，商股130 500元①。抗战爆发后，中国茶叶公司奉行政院令增资改组，资本增加到500万元，除原有股份外，再由财政部增拨官股2 819 500元（其中819 500元系代垫旧股未收齐之数，若将来旧股如愿续缴时，此款再归还国库），中央信托局增加100万元。② 增资改组后，商股仍然存在但比例减少。1940年5月，根据财政部指示，由国库拨款将中国茶叶公司资本增加至1 000万元，并强行退出商股以及各省及中央信托局之官股，至此，中国茶叶公司成为全数资本均为官股的官办企业。由官商合办转为官办的还有龙烟铁矿公司、北京薄利皮革公司等。龙烟铁矿公司额定资本为银洋500万元，官商各半。商股分别由交通部出122万元，农商部出128万元。商股由中华汇业银行募集，共150户。③ 经过多次增资落空、发展失利，龙烟铁矿公司面临破产。最终，龙烟铁矿于1928年作为北洋政府的官产

① 郑会欣：《从官商合办到国家垄断：中国茶叶公司的成立及经营活动》，载于《历史研究》2007年第6期。

② 陈永杰：《民营企业发展与混合经济改革》，浙江大学出版社2016年版，第46页。

③ 郑连明：《龙烟铁矿公司创办始末——北洋官僚资本个案剖析》，载于《近代史研究》1986年第1期。

被国民政府接收。北京薄利皮革公司原由清政府陆军部倡办，股本构成为官商各半，1916 年后北洋政府退还全部商股，改为完全官办。

（3）股权变化引致官商合办、商办或官办三种形式之间的多次转化。湖北纺纱局是由张之洞发起创办的官商合办企业。但是，该局尚未完全建成之际，张之洞便委派大量官僚干预日常事务，商人无奈要求退股。在张之洞的主持之下，湖北纺纱局拨还以商股或印票的方式将该局商股清退为零，遂转化为官办企业。后由于经营不利、连年亏损，清政府官员再次强令湖北纺纱局招商承办，该局再次成为官商合办性质的企业。企业性质经过多次转换的企业还有中国银行、交通银行等。

（二）官商合办股份制企业案例分析

众多官商合办企业中，中国银行的股权结构变化极具代表性，其股权结构变迁能够反映出官商合办企业的股权变化。

中国银行是由大清银行改组而成，最早可追溯到 1905 年成立的户部银行。1913 年公布的《中国银行则例》颁定股本总额为 6 000 万元，分 60 万股，每股 100 元，由政府先认垫一半，“余由人民认购”[①]。中国银行成立之初的股份均由政府拨给。正监督吴鼎昌曾呈准财政总长先由政府垫付资本 750 万元开办，是年底拨到 266 万余元。次年，南京临时政府前存于上海中国银行内作为军用票兑换准备的规元 20 万两（1933 年废两改元，1 两约合 1.4 元），亦被拨作中国银行资本，连前款共计 293 万余元，连股利凑成 300 万元。[②] 后经总裁汤睿一再请求，北洋政府才拨给无市价的元年六厘债票 1 000 万元，作价 700 万元，将中行的资本额在名义上补足至 1 000 万元之数。此后，北洋政府拨付的 1 000 万元债票被财政部移作他用，到 1917 年 12 月底凑足官股 500 万元。此时商股招集工作尚未展开，商股比例极少，事实上是一家官办的独资银行。

1915 年 9 月，《中国银行招集商股章程》得以批准，中国银行开始招募

① 中国银行总行，中国第二历史档案馆：《中国银行行史资料汇编　上编（1912 ~ 1949）》，档案出版社 1991 年版，第 111 页。

② 中国银行总行，中国第二历史档案馆：《中国银行行史资料汇编　上编（1912 ~ 1949）》，档案出版社 1991 年版，第 74 ~ 75 页。

商股[①]。至1917年11月，募到股款364.33万元。同月，北京政府以大总统教令的形式修正了《中国银行则例》（民六则例），全行股本总额仍为6 000万元，先招股到1 000万元，但对于官股与商股的比例则未加以限定。《则例》颁布之后，中国银行开始第二次招集商股，至1917年年底募得股款合前共计727.98万元，计逾额227.98万元，逾额作为扩充股本。此时，中国银行的官商股份合计已招足1 000万元，且商股多于官股，形成官少商多的局面。1921年，中行股东总会决定续招股本，已使股本合定额之半，先收772.02万元。至当年12月底，共募得股款599.89万元。次年尚有续购者，合计148.15万元。截至1923年，中行前后三次共募得商股股款1 971.02万元。商股逐渐增加的同时，官股呈现与之相反的趋势。受财政赤字的影响，在以后多次扩充资本的过程中，政府不但无力增加自身的股份，而且连以前投入的份额都无法维持，不断把它们充作借款的抵押资产，押给了金城、大陆、上海商业储蓄等银行，由于到期无法赎回，便转让给这些银行。经过多次抵押转让，1923年政府在中国银行总股份额的1 976.02万元中仅持有5万元[②]，中国银行转化为商办银行。

1928年，在南京国民政府的主持下中国银行改组为国际汇兑银行，国民政府随之分别于1928年、1935年、1943年三次强行加入官股。1928年，国民政府在中国银行增加官股495万元，官股总额500万元。至1935年，中国银行再次增加官股1 500万元，此时股本总额为4 000万元，官股和商股各2 000万元，形成官商各半的情况。1943年6月，国民政府第三次增加中国银行的官股至4 000万元[③]，占全部股本的2/3，至此，中国银行又一次成为以官股为核心的官商合办股份有限公司。近代时期中国银行股权结构变化如表1－8所示。中国银行商股部分股权结构呈现明显的分散趋势，且符合大股东人数较少拥有大多数股份、小股东人数较多股份较少的特征："1916年，中国银行共有商股股东1 736户，其中千股以上仅有1人，500～999股有3人，100～499股有74人，10～99股有601人，10股以下则多达1 057人。

① 中国银行总行，中国第二历史档案馆，《中国银行行史资料汇编　上编（1912～1949）》，档案出版社1991年版，第133页。

②③ 中国银行总行，中国第二历史档案馆，《中国银行行史资料汇编　上编（1912～1949）》，档案出版社1991年版，第88～95页。

到1949年5月，中国银行商股股东4 458人，其中1 000～5 000股8人，500～1 000股30人，100～500股525人，100股以下达3 895人。”①

表1-8　　近代时期中国银行股本概况　　单位：万元

日期	总额	官股	商股	商股股东情况
1912年年底	266. 2622	266. 2622	未招	
1913年3月	293. 0587	293. 0587	未招	
1914年8月	993. 0587	993. 0587	未招	
1915年年底	1 236. 6355	1 000	236. 6255	
1916年	1 236. 6285	1 000	236. 6285	共1 736人
1917年11月	792. 43	428. 1	364. 33	
1917年年底	1 227. 98	500	727. 98	
1921年年底	1 827. 86	500	1 327. 86	
1922年年底	1 976. 01	140	1 836. 01	
1924年年底	1 976. 02	5	1 971. 02	
1928年11月	2 471. 02	500	1 971. 02	
1935年4月	4 000	2 000	2 000	
1937年4月				百股以上476人
1943年6月	6 000	4 000	2 000	
1949年5月	6 000	4 000	2 000	共4 458人

资料来源：中国银行总行、中国第二历史档案馆合编：《中国银行行史资料汇编　上编（1912～1949）》，档案出版社1991年版。

三、商办股份制企业

商办，也就是“民办”，由民间资本创办，也由民营企业家经营，且不受官家控制。当然出资者中也有当官的，如中兴煤矿的股东都是声名显赫的大官，但均以个人名义入股，而非官股。商办股份制企业在中国近代出现的

① 中国银行总行，中国第二历史档案馆，《中国银行行史资料汇编　上编（1912～1949）》，档案出版社1991年版，第180～243页。

时间并不晚，洋务运动晚期已经开始起步。在甲午战争前，兴办的近代民营企业共计 170 家，但 1875 年以前兴办的民营企业现在所知只有 4 家，即甘章船厂（1858 年）、继昌隆缫丝厂（1874 年）以及 1875 年创办的廉益恒榨油厂和程恒昌轧花厂①。1895 年甲午战争之后，民营企业才作为一种重要的企业类型登上中国经济舞台。自此，中国近代商办股份制企业凭借经营者的智慧及其顽强的生命力迅速发展，无论从资本量还是兴办企业数量都不逊于官办企业，甚至明显优于官办企业，成为中国近代生命力最旺盛的企业群体。

（一）商办股份制企业股权构成变化

民营企业的股权结构跟官办企业在形式上完全不一样，它的设立基本是以创立者或创立者指定的人为核心展开融资构建活动。民营企业起步之后发展迅速，无论在企业数量还是资本总额上都占据优势，尤以一批民间资本股份制企业集团的兴起最引人注目。中国近代民营企业集团的股权结构尽管都是以民间或私人投资为主，以及非官股的官员个人名义入股，但其资本来源和构成形式却差异极大。有以家族为中心的家族结构股权模式，如荣家企业集团；有以官僚、军阀等人物的资金投入为主的股权模式，如周学熙企业集团；也有以一已之力创办随后得到长足、快速发展的，如由范旭东创办永久黄集团；更有以侨资为核心创办的，如由郭乐兄弟集聚侨资所创办永安纺织印染公司。

从股权集中程度来看，近代民营企业的股权形式多种多样，有像大生系统企业那样股权分散的；也有像荣家企业集团那样股权集中的。股权的分散与集中不是固定不变的，而是随形势变化呈现出由初期集中为主向分散化转变的趋势。

民营股份制企业开办之初，股本筹集有相当一部分只是在亲朋好友之间的小范围内募股集资，股权较为集中。刘鸿生企业集团，该集团第一家公司——华商鸿生火柴无限公司的发起人共有 7 户，共集资 12 万元，其中刘鸿生一人出资 9 万元。鸿生火柴厂于 1926 年改组为股份有限公司，增加资本至 50 万元（刘鸿生之前垫资 20 万元转为股本），所有股额也经发起人刘鸿生、杜家

① 王处辉：《中国近代企业组织形态的变迁》，天津人民出版社 2001 年版，第 134 页。

坤、刘吉生、杨奎侯、黄敏伯、陈伯藩、顾丽江、王叔炎 8 人完全认足①，其中刘鸿生为最大股东。无论是最初的鸿生火柴无限公司，还是改组后的鸿生火柴股份有限公司均未对外招股集资，丝毫没有体现股份公司广泛募集社会资本的特点。荣家企业更为典型。该企业集团以荣氏兄弟在 1896 年创办的广生钱庄为开端。广生钱庄总资本额 3 000 元，其中荣氏兄弟出资 1 500 元，占股 50%，另外 1 500 元由其他三人出资。荣家企业的茂新面粉厂前身是保兴面粉厂，1903 年更名茂新面粉厂（茂新一厂）时的总资本为 5 万元，荣氏兄弟投资 2.4 万元，占股 48%。而后，荣宗敬在 1909 年低价购入茂新面粉厂股票，扩大了在茂新的股份，成为茂新的最大股东。此外，荣氏企业集团中的福新、申新系统也是如此（见表 1－9）。

表 1－9　　荣家企业部分工厂/公司股本总额及股东分布概况

厂别/公司	总股本	股东分布
福新一厂	4 万元	荣氏兄弟 2 万元、王氏兄弟 0.8 万、蒲氏兄弟 1.2 万元
福新七厂	30 万元	荣氏兄弟 18 万元、王氏兄弟 12 万元
申新纺织无限公司	30 万元	荣氏兄弟 18 万元、张叔和 6 万元、潘调卿 3 万元
申新三厂	150 万元	荣氏兄弟 108.5 万元
申新七厂	50 万两	荣氏兄弟 30 万两、叶琢堂 20 万两

注：①荣氏兄弟——荣宗敬、荣德生，王氏兄弟——王禹卿、王尧臣，蒲氏兄弟——蒲文汀、蒲文渭。

②申新纺织无限公司其余 3 万元股本由华卫中、荣永达、惠卿、陆辅臣、严裕昆等人认购。

资料来源：上海社会科学院经济研究所经济史组：《荣家企业史料（上册）》，上海人民出版社 1962 年版。

随着近代中国股份制公司的演进，民营股份制企业规模逐渐扩大，股权呈现分散化态势。比如南洋兄弟烟草公司，该企业在 1906 年初创时，仅为简照南、简玉阶昆仲与其叔父简铭石及其他兄弟子侄等家族成员出资 10 万元成立的一家典型家族公司。1915 年改组为无限公司，又于 1918 年改组为股份有限公司。1919 年 7 月，公司为增强其竞争能力并取得进一步发展，遂有扩

① 上海社会科学院经济研究所：《刘鸿生企业史料（上册）》，上海人民出版社 1981 年版，第 77、93 页。

充改组招股之议，“旋即编订章程，登报招股，额定资本1 500万元，分为75万股，每股20元，凡海内外中华民国国民，均得附股，一时投资附股者，颇为踊跃；军政要人，咸投巨资，海内外知名之士，如张菊生、蔭桐荪、杨小川……诸公均乐附股，共计股东15 500余户”①。创办于1926年的上海新亚药厂，1927年改组为股份有限公司之初，股本仅1万元，股东也仅限于发起人及亲朋好友很小的范围之内；但到1939年，公司历经多次增资扩股，股本增加到5万股，100万元，一次临时股东会议出席的股东人数就已经达到585户，而所代表的股份还只占到股份总数的64%。1941年公司再次增资至800万元，股东人数也再次随之增加。1942年12月的一次股东临时会，出席的股东户数已经达到2 553户，而所代表的股份也仅占总数的61%。②

当然，在近代民营股份制企业股权分散化变动的同时，大股东享有大多数股权的状况并未得到根本性改变。一般大股东以较少的人数享有公司大多数股权，小股东虽然人数很多，但掌握股权较少，更为分散。以荣家企业中的申新四厂及申新九厂为例。随着申新四厂及申新九厂的发展，其股本及股东数量均呈上升趋势，但荣氏所占股本比重仍居高不下（见表1－10）。

表1－10　　　　申新四厂、九厂股本/股东概况

厂别	年份	股本（万元）	股东（户）	荣氏占比（%）
申新四厂	1921	28.5		52.6
	1934	98	20	94.1
	1937	220	36	87.5
申新九厂	1931	40		100
	1939	500	5	
	1941	5 000	40	85.4

资料来源：张忠民：《艰难的变迁　近代中国公司制度研究》，上海社会科学院出版社2002年版，第330～331页。

① 陈真：《中国近代工业史资料（一）》，生活·读书·新知三联书店1957年版，第495页。

② 陈礼正、食愿横：《新亚的历程——上海新亚制药厂的过去现在和将来》，上海社会科学院出版社1989年版，第7页。

（二）商办股份制企业典型案例分析

由张謇创办的大生企业集团包括南通大生纱厂及其系统企业，包括棉纺织、垦牧、机械、面粉、榨油、制盐、内河及长江航运、码头、仓库、金融、房地产等30多个企业①。该企业集团在创办之初凸显出民营企业创办初期集资困难的状况，又在经营过程中经历了商办、官商合办等形式的转变，同时取得了极大的成功，是近代民营股份制企业的典型代表。

张謇创办大生纱厂的经历极为艰难。1895年创办之初，最初议定认集股本60万两，每股100两，共6 000股，分别在上海和通州集股。此时大生纱厂的性质为商办，但由于受到1883年上海金融风潮影响，国人仍对股份制企业持怀疑态度，集股过程困难重重，难以实现办厂目的。之后，拟将4.08万锭纺纱设备作价50万两，另招商股50万两，走“官商合办”的路线。然而，商股招募依然极为困难，到1897年农历2月24日，在上海和通州两地方招股5.89万两，此时购买厂基及各项零星支出已用去2万多两。由于筹集50万两商股仍遇到重重困难，随后刘坤一提议由张謇领2.04万锭官机，作价25万两，另筹集商股25万两作为开办资金。张謇决定采取这一方案，纱厂从“官商合办”改为“绅领商办”。官股方面只拿官利、股息，不问厂务，官股与借款无异，所以名为“绅领商办”，实为“商办”。截至1897年5月下旬，商股实际召集了18万两，直至纱厂开车后一个月，商股也才收到19.51万两，原始资本规银50万两，实收仅44.51万两（见表1－11）。

表1－11　　大生纱厂原始资本来源

类别	官股	商股				官商股合计
		地方公款	私人及团体投资	未确认身份股	合计	
股额（万两）	25	4.19	10.72	4.6	19.51	44.51
占有总数（%）	56.17	9.41	24.09	10.33	43.83	

资料来源：《大生系统企业史》编写组：《大生系统企业史》，江苏古籍出版社1990年版，第10～24页。

① 注：关于大生纱厂股权结构及发展历程，均由《大生系统企业史》各章整理所得。

其中，地方公款有：通州周署1 000两，海门积谷2 000两，洋务公款1.55万两，泰州分署400两，盐务公款2.3万两。同时声明：只作存款，不作股金，一年后必须收回本利。后由于大生纱厂赚钱，才转作股金。私人及团体投资中，官僚投资6.49万两，占60.54%，共23户；商业资本家的投资共计2.54万两，占23.7%，共九户；还有地主、团体及慈善赈款及厂董的投资，如表1-12所示。

表1-12　　大生纱厂原始“私人及团体投资”

项目	官僚	商人	地主	团体及慈善赈款	厂董	合计
股额（万两）	6.49	2.54	0.08	1.2	0.41	10.72
占总数（%）	60.54	23.7	0.74	11.2	3.82	100
户数（户）	23	9	6	3	3	44

资料来源：《大生系统企业史》编写组：《大生系统企业史》，江苏古籍出版社1990年版，第10～24页。

由于纱厂年年盈利，1902年张謇又将盛宣怀领而未用的另一半官机领来，作价25万两，官股增加到50万两，国人看到纱厂连连盈利，商股也增加到63万两，官商新旧股合计113万两①。之后，随着大生纱厂的发展，股本逐年增加，商股股东人数也随之增加。到1930年举办股东会之时，到会股东253户，计股本银171.71万两。当年股本已达300多万两，意味着实际股东人数定然不止253户。从最初的40多户到1930年参会代表达200多户，无疑代表大生纱厂股权的分散化。大生第一纺织公司近代时期历年股本总额及股权变化如表1-13所示。

表1-13　　大生第一纺织公司股本总额及公股比重的变化

年份	实收股本总额	公股部分	公股部分占总额	私股部分	变化原因
1899	规元44.51万两	25万两	56.17%	19.51万两	

① 翰墨林编译印书局：《通州兴办实业章程》，翰墨林编译印书局1910年版，第210页，《通州大生纱厂第五届说略并账略》。

续表

年份	实收股本总额	公股部分	公股部分占总额	私股部分	变化原因
1900	规元 51.94 万两	25 万两	48.13%	26.94 万两	私股新增 7.43 万两
1901	规元 56.95 万两	25 万两	43.90%	31.95 万两	
1902	规元 78.75 万两	25 万两	31.75%	53.75 万两	私股新增 20.75 万两
1903	规元 113 万两	50 万两	44.25%	63 万两	公股新增 25 万两私股新增 10 万两
1915	规元 200 万两	75 万两	37.50%	125 万两	历届余利配股每股 50 两，私股新增 30.5 万两
1919	规元 250 万两	75 万两	30.00%	175 万两	私股新增 50 万两
1922	规元 257.505 万两	75 万两	29.13%	182.505 万两	私股增壬戌零股 7.505 万两
1927	规元 350.705 万两	75 万两	21.39%	275.705 万两	私股增副厂 93.2 万两
1931	规元 336.265 万两	75 万两	22.30%	261.265 万两	副厂实为 80 万两
1932	规元 381.265 万两	121.1625 万两	31.78%	260.0525 万元	额定股本由 200 万两增为 400 万两，公股升 60%
1933	银元 535.213 万元	169.6276 万元	31.69%	365.5854 万元	废两改元，公私各升 40%
1936	银元 535.269 万元	198.26065 万元	37.04%	336.5854 万元	—
1946	法币 629.629 万元	—	—	—	—
1947	法币 192.7156 亿元	45.6543 亿元	23.69%	147.0613 亿元	资本由 630 万元增值为法币 200 亿元，每股 10 元

资料来源：大生第一纺织公司历届股本实况表，出自《大生纺织公司年鉴（1895～1947）》附录二《统计表》。引自顾纪瑞：《大生纺织集团档案经济分析 1899～1947》，天津古籍出版社 2015 年版，第 100～101 页。

另有大生三厂筹设于 1914 年，大生三厂经营过程中表现出较明显的股权分散化，见表 1－14。

大生企业集团作为近代最具代表性的商办企业，其经历可谓十分坎坷。第一次世界大战结束后，帝国主义对中国的经济侵略变本加厉。1922～1937 年，大生系统的主要企业都先后处于债权人——金融资本组成的银团控制之下。1922 年以后大生系统在经济上更集中于纺织业，可以说，这个时期的大

表 1－14　　大生三厂实收资本及股东概况

年份	实收资本	股东概况
1914	120 万两	
1919	150 万两	
1922	198 万两	73 人持股 75.05%
1923	236 万两	
1926	238 万两	
1931	228 万两	大于 2 000 两 314 人
1933	319 万元	
1947	法币 100 亿元	947 人

注：①1933 年起因币制改革“废两改元”，228 万两改为 319 万元，所以 1933～1936 年实收资本为 319 万元。

②1947 年大生三纺进行资产重组，确定股本为法币 100 亿元，其中公股部分为 2.765 亿元，共三户，占 2.81%；私股部分占 97.19%，私股股东 944 户。

资料来源：《海门大生第三纺织公司股本二千两以上股东名单》，1931 年，原件存南通市档案中心，档案号：406－111－0026。引自顾纪瑞：《大生纺织集团档案经济分析 1899～1947》，天津古籍出版社 2015 年版，第 171 页。

生系统基本是大生纺织公司。1938 年 3 月，日本侵略军侵占南通，日本钟渊财阀企图吞并大生纺织企业。经过半年的谈判，大生各厂被日本侵略军接管，交由钟渊经管。1943 年被发还给大生资本集团，在大生董事/亲日派汉奸陈葆初的主持下开工生产，直到抗日战争胜利。抗日战争结束后，官僚资产阶级在国民政府的支持下，利用它在大生纺织公司的官股地位，从大生集团内部展开对企业的争夺和控制。大生集团民间资本一方，以张謇家族为代表，通过一定程度的妥协，保住了大生各纺织厂的管理权，经营权则落入官僚手中。

第三节　中国近代企业股权变化缘由

通过前面分析，可以看出近代中国企业股权结构的变迁受到多种因素的影响。具体而言，可以归结为如下几点。

一、股权融资结构变迁中的政治因素

中国近代是一个艰难的时代，政治权力对企业的影响无处不在，具体到企业股权融资结构的变化，无论是官办、官督商办、商办——之间的股权结构转化还是某种企业组织形态的兴起与衰落，都与政权的变化密切相关。

（一）企业经营中的政治权力博弈

近代时期，政治权力对官督商办及官商合办企业股权结构的影响深远。

首先，官督商办企业形态就是在官府的主导下形成并兴起的，官府是否出资、政府所出资金作为借款还是股本等都是由官方决定，商股股东无从选择，自然会影响企业的股权融资结构。关于这一点，轮船招商局中官款的前后变化，反映得最为明显。表面上看，官督商办时期的轮船招商局实际经营者与其最大股东基本一致（见表1－5），实则该局督办人选均由洋务大臣李鸿章指定，原因是李鸿章坚持所谓“商事商办”，在盛宣怀成为招商局大股东之时任命其为该局督办，盛宣怀成为该局大股东靠的仍是其手中的政治权力。

其次，官商合办企业中官商出资比例基本全由政府决定，且屡次出现政府强行退股或入股的情况，进而影响股权结构，如前述所言。除前面提到的官商合办企业，交通银行也是一个典型例子。交通银行于1908年以官商合办的形式正式成立，初始资本500万两，其中官股4成、商股6成，官少商多。此后交通银行官商股的比例经历八次变迁，最终在1943年成为以官股为主导的银行，当年官股占比高达86.67%，此次股权融资结构的变迁是通过官府强行入股所实现，见表1－15。

表1－15　　交通银行股权结构形态

年份	实收股本	官股		商股	
		实收股本	占比（%）	实收股本	占比（%）
1910	500万两	200万两	40	300万两	60.00
1918	450万两	150万两	33.33	300万两	66.67

续表

年份	实收股本	官股		商股	
		实收股本	占比（%）	实收股本	占比（%）
1921	435.81 万两	150 万两	34.42	285.81 万两	65.58
1922	771.51 万元	225 万元	29.16	546.51 万元	70.84
1928	871.51 万元	178 万元	20.42	693.51 万元	79.58
1935	1 893.51 万元	1 200 万元	63.37	693.51 万元	36.63
1936	2 000 万元	1 200 万元	60.00	800 万元	40.00
1943	6 000 万元	5 200 万元	86.67	800 万元	13.33

注：民国十一年改股本计账单位，由银两改为银元，银一两折合银元一元五角。
资料来源：沈居安：《交通银行史话 1907～1949》，青岛出版社 2017 年版，第 40 页。

最后，政治权力对股权结构的影响在民营股份制企业中也有所体现，如前文案例所分析的大生纱厂的股权结构变化。

（二）政权变换下的企业发展趋势

政权变换下的企业发展趋势则表现在不同政治时期政府对企业发展所持态度不同，从而改变企业类型，进而影响股权结构。近代诸多股份制企业股权的改变都与政权变更息息相关。轮船招商局作为中国第一家股份制企业，是经由清政府批准、在李鸿章主导下成立的第一家采取“官督商办”形式的近代企业。之后，从晚清政府到北洋军阀政府再到南京国民政府，该局性质经历了由官督商办到完全商办再到收归国营的变迁历程，这一变化则在股权上表现出与其完全一致的趋势。利用 1935 年白银危机，国民政府通过强行入股等方式逐渐实现了对南洋兄弟烟草公司、上海四明商业储蓄银行、中国通商银行、中国实业银行等企业的控制，并企图控制申新纱厂、刘鸿生企业集团、上海永安纺织印染公司等企业。

二、股权融资结构变迁中的社会风气变化影响

股权融资最初在中国采取之际，国人对其不甚了解，也没有相关的投资

经历，且近代中国生产力发展水平低下，积累率不高，资本市场发育不完善，这些都使近代中国公司自其产生之日起，就普遍遇到股本募集不易的难题。1872 年轮船招商局的成立为开端，随着轮船招商局、开平煤矿等向社会公开募股集资的早期近代企业经营的成功、高额官利的派发，招商集资成为社会风尚。社会上已是“股份风气大开，每一新公司起，千百人争购之，以得股为幸”。全国各地创办的新式工矿企业纷纷都以股份公司的形式，向社会大量集资①。

投资者认购股票并非向企业作长期投资，更像是一种投机行为，主要目的为短期牟利。甚至有些企业创办者并不是真的想发展实业，而是企图通过招商集资的方式一夜暴富。正是因为国人对招商集资了解尚浅，所以在 1883 年上海金融风潮到来后，招商集资很快陷入低谷，许多正在筹资集股的企业很快就难以为继，公司股票无人问津。直到 20 世纪初，早期近代企业的募股集资仍然处于十分艰难的境地，其典型事例是张謇在大生纱厂创办过程中的股本筹集。大生纱厂原定招股 60 万两，因市面不佳，虽经张謇四处奔走，“凡以纱厂集股告人者，非微笑不答，则掩耳却走……而已集之股滞於十八万。”最终不得不以官机入股加之地方公款等形式，大生纱厂才得以开办。从招股不易到风气大开、争相附股再到招商集资陷入低谷，无一不与社会风气相关。

三、企业主导者变更的影响

无论是企业主导者对公司发展的规划，还是关于企业的经营理念，抑或对企业所持态度，都会影响企业的股权结构。郑观应在主持上海机器织布局的创办及经营之时，不能接受官款垫借，“非禀承宪示请拨官款，不足以昭示郑重。然历来官局易招物议，若承领官款，则属目尤难”②，这一时期上海机器织布局并无官股或垫借官款。到 1890 年，马建忠接替郑观应时，改变了

---

① 张忠民：《艰难的变迁：近代中国公司制度研究》，上海社会科学院出版社 2002 年版，第 144 页。

② 郑观应：《郑观应集》，上海人民出版社 1982 年版，第 537 页。

股权融资结构，“拟请将原设织局扩充资本”，形成宏大规模。[①] 由此，上海机器织布局得到借拨银40万两，其中包含官款10万两[②]。

盛宣怀接替徐润、唐廷枢等买办主持轮船招商局时，局内股权发生重大变化。1883年上海金融风潮期间，徐润因个人投资亏欠局款16.2万两，盛宣怀借机查办招商局，得出“本根不固，弊窦滋生，几难收拾”的结论[③]。因为此事，徐润与唐廷枢于1884年被迫离开轮船招商局。盛宣怀迫使徐润交出招商局股票830股，抵消所欠局款8.8万两，唐廷枢则交出800股抵消所欠局款7.7万两，与唐廷枢和徐润关系密切的股东也开始纷纷退出招商局，唐、徐“控股”的格局从此被打破。不仅如此，盛宣怀入主招商局后还开始实行压低股息、提高“花红”的手段增加自身收入，自己每年可得5 000～10 000两的“花红”（相当于500～1 000股的股息收入），并低价购入招商局股票，逐渐成为招商局第一大股东。

在民营企业中，荣家企业的荣宗敬、荣德生兄弟出于掌握企业大权的想法，选择以无限责任公司的形式创办企业，严格限制股权分散。在这样的经营理念之下，荣家企业集团的经营决策以荣宗敬的个人意志为转移，且该集团的股份始终大多属于家族内部人员。后期股东人数有所增加，但只拥有极少的股份。除此以外，洋务大臣张之洞、刘鸿生企业集团主导者刘鸿生、创办永久黄企业的范旭东等人对企业股权的影响亦很深远。

四、企业自身状况变化

从逐利的本性出发，商人是否向一家企业投资或购买该企业的股票，除受投资理念及金融环境影响外，亦在很大程度上取决于该企业的盈利状况。

商人购买某企业股票的意愿及购买数量与该企业经营状况呈正相关关系。资金是企业不得不面对的重要问题。若企业自有资金难以维系或支撑

---

① 马建忠：《富民说》《适可斋记言》，中华书局1960年版，第5页。

② 顾廷龙，戴逸主：《李鸿章全集》（第13卷），安徽教育出版社、安徽出版集团2008年版，第10页，《马道来电》光绪十七年五月二十八日戌刻到。

③ 熊月之：《稀见上海史志资料丛书（第三册）》，上海书店出版社2012年版，第63页。

企业扩大规模，增资扩股成为必然。大生纱厂在其初创过程中，招股困难程度堪称近代企业的典范，股权集中度较高。但由于自开厂以来，纱厂年年盈利，国人看到获得投资回报的可能性，大生纱厂又有增资扩股的需求，商股由最初19.51万两（包含地方公款9.41万两）一跃增加至63万两。大生三纺原定股本为120万两，但在建厂过程中，因为“工料工食市价之开涨”，三厂引擎间尚未建成，用款已超过原集资的120万两，不得不续招新股。总之，大生纱厂通常是基于生产经营的需要来增资扩股，从而股权结构发生改变。再如，1936年的上海永安纺织印染公司因资金周转困难，通过中国建设银行和中国银行发行500万元的公司债（此时两个银行均受官方控制），宋子文通过这件事取得了永纱20万元以上的股份，引起该企业股权的变化。

第四节　中国近代企业股权变化特征

纵观中国近代企业股权融资结构的变化，明显可以发现它们在长期变迁中存在如下一些特色。

一是近代企业有意识地把企业盈余、公积等提炼成股本。

招商局股本从200万两到400万两，再从400万两到840万两，很大程度上是通过这种方式实现的。1918年成立的东亚银行在1947年增资过程中，“由公积金拨出279万9 300元作为红利，以股份分派，凡有二股者，得红股一股，再将其余未发之股份每股供银100元，由股东认领，但须有5股方可认领1股；至于未发之股份约有16 000余股，如股东不愿认领，已有人担任认足。”① 周学熙企业集团中的启新公司在发展过程中几次用公司盈利转作股本。1921年原股本285万元增为600万元，就是将原股拆分，由一股变为二股。到1923年股本“总数已达1 300余万元，公积金亦有300万”②。荣家企

① 兰日旭：《中国近代银行制度变迁及其绩效研究》，中国人民大学出版社2013年版，第84～85页。

② 周小鹃：《周学熙传记资料汇编》，甘肃文化出版社1997年版，第51页。

业集团在创设新厂时多次以原厂公积作为股本投入新的工厂。“申新除发股息外，一般不发红利给股东，盈余不断滚下去，用来扩大再生产。”① 荣家各系统企业的自有资本增长状况如表1－16所示。还有上海永安纺织公司、华新棉纺织股份有限公司、上海大中华橡胶厂、民丰造纸股份有限公司等企业都是通过这种办法实现了自身的资本扩张。总而言之，此种办法在近代企业中被普遍采纳。

表1－16　荣家企业之自有资本增长（1903～1923年）　单位：千元

年份	茂新粉厂系统		福新粉厂系统		申新纱厂系统		粉、纱厂系统合计	
	自有资本	指数（1903年=100）	自有资本	指数（1913年=100）	自有资本	指数（1916年=100）	自有资本	指数（1903年=100）
1903	50.00	100.0	—	—	—	—	50.00	100.0
1913	277.78	555.6	40.00	100.0	—	—	317.78	635.6
1916	277.78	555.6	351.93	879.8	217.49	100.0	847.20	1 694.4
1920	800.00	1 600.0	2 936.91	7 342.3	1 892.46	870.1	5 629.37	11 258.7
1923	879.13	1 758.3	2 968.14	7 420.4	6 563.09	3 017.7	10 410.36	20 820.7

注：①本表资料根据企业会计报表及账册资料整理；其中茂新在1916年以前因为会计账表缺乏，除资本根据文件记载外，并未将公积数字估计在内。

②1916年福新粉厂系统数字包括福新一、二、三厂。

③因资料所限，致年份之间间隔未能一致。

④茂新粉厂于1913年增资为20万两，合277.78千元。我们假定1916年的自有资本亦为277.78千元。1920年茂新系统已有四个厂，缺少当时的自有资本数额，我们假定以1923年的资本额80万元作为该年的自有资本数额。

资料来源：上海社会科学院经济研究所经济史：《荣家企业史料（上册）》，上海人民出版社1962年版，第112页。

二是股权构成一定程度上呈现出由集中向分散化的变迁趋势。

中国最早开始以“招商集资”的方式兴办企业之时，股权较为集中，一是因为广大民众对这种新型投资方式尚不熟悉，二是当时投资观念较为传统，加上最初每股价格过高并非人人都有实力购买。随着股份制企业的发展，民众了解程度逐渐提高，配上中国特有的官利制度，确实有利可图，招商集资、

① 上海社会科学院经济研究所经济史：《荣家企业史料（上册）》，上海人民出版社1962年版，第112页。

买股投资的风气大开，股权逐渐分散化。如前文所述，招商局创办之初资金主要靠徐润、唐廷枢“因友及友，辗转招集”而来，体现出明显的“人缘”特征，股权较为集中。在其后续发展过程中，通过不断公开募集商股以及向各办事人员分派花红公积的方式，招股逐渐容易、股东数量也逐渐增加，股权逐渐分散化。再如，大生三纺初创时股东数量为73户，1931年时股本2 000两以上的股东就有314名，到1947年，经过资产重组，私股股东就达到944户。此外，以民间资本为主的上海商业储蓄银行在创立时资本才10万元，到1921年就增加到250万元，1931年更是上升到500万元；不仅资本增加的速度很快，股东数量也由1915年5月的11个增加到1916年2月的24个。金城银行、聚兴诚银行、大陆银行、盐业银行等也呈现出同样的趋势。当然，近代中国股权的分散化与现代有些相似，即只是中小股东的分散化，大股东仍然以较少的人数掌握多数股份。

三是股权变化反映出公司经营管理权归属的变迁。

变动剧烈的近代社会，深深影响到社会的各个领域和各个方面，中国近代股份制企业股权结构及其经营管理权的归属问题也烙上了时代的印记，具有鲜明的特点。不同于现代企业流行的股权分离制度，中国近代股份制企业基本遵循所拥有股份数量与其对企业的管理控制程度相匹配的特点，即股权结构的变迁亦可反映出公司经营管理权归属的变迁。以前文所举大生纱厂为例，其创办经历了商办—官商合办—绅领商办实为商办的过程，其关键因素即股权的变迁。此外，中国银行在历史发展的过程中也经历了几次经营控制权的转移。其创办之初只有官股，经营管理权自然归属于政府。后来，由于政府受财政赤字的影响，拥有的中国银行股份不断转移给商办企业，致使所有股份几乎全为商股，控制权也由政府转移至拥有改行股份的经营层手中。但是，由于中国近代企业发展过程中官商关系的复杂性，也存在例外状况。如前文所述，官督商办企业在兴办和经营管理中具有两种可能性：“商人出资官为扶持”以及“商人出资官为控制”。“商人出资官为控制”则是股权与经营管理权不符的情形，这也符合晚清社会官权依旧凌驾于民众之上的时代特征。

四是股权结构变化的路径选择强制性与渐进性并存。

中国的股份制企业这种组织形式是由西方传入的，虽然在发展过程中烙上了中国特有的时代印记，但仍符合公司制发展过程中的一般市场规律。一方面，近代企业股权结构的变迁符合从集中到分散的渐进化过程，许多企业股权结构的变化顺应了企业经营的需要和发展的规律。另一方面，政权的干预对股权结构变化产生了重大影响。如前文多次提到的中国银行，该行1923年已经转化为商股占绝对多数的商业银行，1928年及之后，南京政府三次对该行强行入股，使中国银行的官股比例达2/3，把中国银行变成了官股为核心的企业。

第二章
中国近代企业融资特色：官利制与分期缴纳制

中国近代是传统向现代社会过渡和逐步定型的时期，信息不确定性和不对称性程度明显加大。此时，企业类型不断增加，企业融资方式得到拓展。企业出资者为了降低自身的风险，获取更多的回报，亟须从制度上获得保障；而企业经营者则在获取收益的同时，还诉求对企业的控制平稳、持久，避免不必要的干扰。如何在出资者与经营者之间取得平衡，就成为企业创办之时必须得以解决的。在此背景下，近代中国企业的经营者不断在传统与现代企业制度中扬弃，渐趋摸索出一些融汇中西、传统与现代的融资机制，从而保证了近代股份制企业在缺乏必要和强有力的正式制度保障条件下迅速发展，并形成了一批具有强大资金实力和发展前景的企业集团。

第一节　官利制的缘由及其影响

1872 年轮船招商局的诞生，标志着在中国企业资本组织形式中除了独资、合伙外又增加了股份制公司这一新型的资本组织。在随后的企业组织发展中，渐趋成为企业组织的主流形态，在近代企业中占据着日益重要的地位。在股份制企业发展变迁中，企业融资方式也在吸纳传统企业组织的做法基础上，形成了一个具有时代特色的企业利益分配机制——官利制。

一、官利制的缘由[①]

近代中国企业的股权收益结构具有与国外企业相似之处，但也存在明显的不同——中国企业收益分配中普遍采用官利制。而所谓“官利制”，就是近代中国企业在招收股份时，专门规定股权持有者每年不管企业经营状况如何，都可以从企业中获得一个固定的利息，即官利；此后如果还有盈余，则还可以获得一定比例的红利，即余利。对于官利制产生的原因，从现有的研究成果来看，还存在很大的争议。李玉认为：“官利制度从深层次而言，成因于民众传统的投资心态，是创业者对于投资者妥协的结果。”[②] 在他的另一篇文章中则进一步认为：“股票的‘官利’规定，是中国近代民众在股票投资方面的债券性要求，是近代经济手段同传统经营理念嫁接的结果，促使这项制度推广应用的重要原因是近代早期股票市场的巨大风险和官方相关商政的不良影响。”[③] 邹进文则认为官利制度是近代中国股票交易市场缺乏、资金短缺、民众普遍缺乏投资新式企业意识和对西方高风险心存疑虑的结晶[④]；但大多数研究者或具有相似提法或基本认同[⑤]朱荫贵提出的近代中国“官利”制度产生的原因是近代中国资金市场中资金匮乏、高利贷横行，以及传统资金流向的结果[⑥]。事实上，

---

① 兰日旭：《近代中国股份制企业“官利”制产生原因再探析》，载于《福建论坛（人文社会科学版）》2008 年第 5 期。

② 李玉：《北洋政府时期企业制度结构史论》，社会科学文献出版社 2007 年版，第 460 页。

③ 李玉：《中国近代股票的债券性——再论“官利”制度》，载于《南京大学学报（哲学·人文科学·社会科学版）》2003 年第 3 期。事实上，该文的前提与朱荫贵教授的观点是一致，都是传统高利贷资金市场等原因促成“官利”的产生；而股票市场风险、民众追求股票的“债券”性质等因素仅仅是在 1883 年上海金融风潮之后强化官利推行的因素，并不是真正促成其诞生的初始因素。

④ 邹进文：《近代中国股份制企业的官利》，载于《历史档案》1996 年第 2 期。

⑤ 如陈争平在《试论中国近代企业制度演变史上的“大生”模式》（载于《中国经济史研究》2001 年第 2 期）一文中认为“股息官利制度是因为在中国经济发展水平还很低，高利贷活动猖獗的情况下，股份制超前起步，因集资困难，为了招徕社会资金而形成的。”胡明在《近代中国“官利制”的研究：委托代理理论的解释》（http：//economy. guoxue. com/article. php/10581）一文中还对朱教授的观点，利用委托代理理论进行了论证。

⑥ 朱荫贵：《中国近代股份制企业特点》，载于《中国社会科学》2005 年第 5 期。张忠民在《近代中国公司制度中的“官利”与公司资本筹集》（载于《改革》1998 年第 3 期）一文认为官利制度产生与延续的因素为传统筹资方式与近代公司制度相结合、资金供给与资本市场现状以及人们投资理念密切相关的结晶。

上述观点的内涵在本质上是一致的，都是主张资金缺乏或与传统融资方式结合的结果。这点从逻辑上看是有一定说服力的，而实际上，近代中国是一个收入分配极不均衡的国家，大多数收入剩余集中在社会上层极少数人手中，如此特征决定了中国资金必然导致剩余的相对存在，此时的关键是如何把集中在少数人手中的资金引导到新式企业的投资上。此外，官利作为一种早已有之的“新式”制度，必然无法与传统企业本身的结构组织演进决然分离，尤其在封闭的中国被迫开放而尚未完全开放的情况下，新式企业制度的产生还是以传统企业的人员、资金、技术、经验为条件的基础上，更应如此。

（一）中国社会传统习俗影响的双重效应——相对的资金剩余

按照刘佛丁等（1997）的研究，旧中国人均国民收入还是有一定余资可以为中国新式企业提供股份所需的，如表 2－1 所示。

表 2－1　　中国人均国民收入（1850～1949 年）（系按 1936 年币值计算）

年份	1850	1887	1914	1936	1949
国民收入（亿元）	181. 64	143. 43	187. 64	257. 98	189. 48
人口数（千人）	414 699	377 636	455 243	500 789	541 670
人均收入（元）	43. 8	38. 0	41. 22	51. 51	34. 98

资料来源：刘佛丁、王玉茹、于建玮：《近代中国的经济发展》，山东人民出版社 1997 年版，第 71 页。

尽管当时人均国民收入极端低下，但如果考虑到中国社会的实际情况，社会上还是有相对剩余的资金可以满足新式企业融资的需求。按照王业键的估计，抗日战争前中国的国民收入中扣除人们的基本消费后，潜在的剩余应当不少于 1/4①。结合表 2－1 估计的数字，我们大致上可以得到 1850～1936 年，每年中国的国民收入剩余大约在 36 亿～64 亿元。这些剩余资金，受到当时中国社会财富分配极不均衡现状的制约，它们基本集中在少数富有阶层

① 王业键：《中国近代货币与银行的演进（1644～1937）》，台湾“中央研究院”经济研究所 1981 年版，第 85～86 页。

的手中，按照张仲礼的研究，1887 年时人口总数只占 2% 的富有阶层收入却占有全部国民收入的 21%，后来此种财富集中趋势虽然发生了一定程度的变化，但富有阶层还是占据了较高比例的收入。“1933 年时占全国人口 1% 的最富有阶层的收入只占全部国民收入的 4.7%，如果计算占全国人口 6.5% 的富有阶层的收入……占全部国民收入的 23.6%。”① 另外，据不完全估计，1840～1895 年间职业买办及买办商人仅买办收入约达 4 亿海关两，1896～1927 年间约有 13 亿 5 千万海关两，共为 17.5 亿海关两，② 这些收入还没有包括买办作为一个独立商人的经营所得。由此可见，旧中国财富的集中是极为明显的，当时那些富有者阶层还是留有大量的剩余资金在手中，为新式企业的筹资提供了可能。关于这一点，在后来中国近代新式企业的筹建过程中，他们就走在筹办洪流之前，为中国近代新式企业的发轫提供了第一桶金就是一个佐证。如买办阶层，“据统计，19 世纪 60 年代末 70 年代初，到 90 年代初期，民族资本创办的大小近代企业共计 120 多家，在这些早期的民族工业中，无论是从数量上还是资本总额上，都是买办创立的企业占绝大多数和优势，即使一些不是由买办创立的企业也有买办投资的股份，实际上是由这些买办创立的近代新式企业奠定了中国近代民族工业的基础。”③ 另有人“根据中国近代十个行业进行的统计分析，1872～1913 年，中国资本开设的新式企业共 145 家，已知的 202 个创办人或投资人中，按其原有身份来归类是：（1）地主和官僚为 113 人，占 55.9%；（2）买办为 50 人，占 24.8%；（3）商人为 37 人，占 18.3%；（4）华侨为 2 人，占 1%。”④ 这些占据人口一小撮的富有阶层投资新式企业的事实，正好吻合了中国社会尽管普遍存在资金短缺的现象，但两极分化还是为中国近代新式企业的诞生提供了最紧缺的资金。

当然，那时的关键是，在社会风气仍然处于传统保守的理念下，受到“重本轻末”“淡泊名利”“财不露白”“单干”等传统观念以及传统社会时期政府对有利行业垄断、民间资金流向有限等的影响，人们一般是不会把自己的财富炫耀于人，而只是把财富窖藏起来，或者更多投向土地以保值、修

① 刘佛丁、王玉茹、于建玮：《近代中国的经济发展》，山东人民出版社 1997 年版，第 280 页。
② 姜铎：《略论旧中国三大财团》，载于《社会科学战线》1982 年第 3 期。
③ 易继苍：《买办与上海金融近代化》，知识产权出版社 2006 年版，第 255 页。
④ 祝寿慈：《中国近代工业史》，重庆出版社 1989 年版，第 403 页。

建大院抑或转向仕途和传统金融行业，形成了“……人之有资本者，宁以之自营小企业，或贷之于人以取息，而不甚乐以之附公司之股。”① 这种思想一方面直接约束了企业创办者筹集股份工作的开展，此点正如时人沧水所言“……吾国人缺乏储蓄心，致将所有之金钱，闭置于手中，不能出其所蓄，以流通于社会，此实资本缺乏之根本原因。”② 源头上的约束还是在一定程度上影响了人们投资新式企业的想法；但另一方面上述传统观念也在一定程度上推进了中国社会财富的集中，即“窖藏金银”、投资土地和高利贷等做法，避免了资本的无形消耗。传统习俗的双重效应，迫使新式企业的创办者必须改变传统企业融资的某些做法或手段，以此打破人们的顾虑，这应是早期新式企业创办者施行官利制的原因所在。

（二）早期官办企业内在特征引发的资金持续来源缺陷与外资在华企业高额收益之间困惑的产物

中国近代企业起源于洋务运动的“军工”企业，大致发轫于1860年，到19世纪70年代已经形成了横跨南北的十几个大型军工企业。如此大规模地创办军工企业，其资金全是来自各级政府、海关，在企业管理上运用了西方现代企业的某些形式，如劳动雇用制，而所出产品又没有在市场流通，基本按照各地要求进行分配，这样，企业的正常运行完全取决于政府财政，财政收支盈余，则企业资金来源相对充裕，反之，则资金短缺，影响企业的运行。而就从清政府的财政状况来说，收支越来越困难，出现了“言常用则岁出岁入不相抵、言通商则输出输入不相抵、言洋债则竭内外之力，而更无以相抵”③ 的局面。财政如此困难的情况下，清廷内部出现了顽固派与洋务派的多次争论，其中一个核心就是要求清政府取消洋务企业，以节省财政开支，如1871年大学士宋晋向清廷奏称：“……今则军务未已，费用日绌，殚竭脂膏以争此未必果胜之事，殊为无益。……应请旨饬下闽浙、两江督臣将两处

---

① 梁启超：《敬告国中之谈实业者》，《饮冰室合集》文集之二十，中华书局1995年版，第118页。

② 沧水：《储蓄存款收付所共同经营之管见》，载于《银行周报》第四卷第三十一号，民国九年八月二十四日，第22页。

③ 转引自张郁蘭：《中国银行业发展史》，上海人民出版社1957年版，第33页。

轮船局暂行停止。”[①]“糜费论”的主张一提出就得到了很多官员的附和，后来在洋务派人物据理力争的条件下，虽然得到清政府的支持，使洋务企业得以转危为安，但洋务派也不得不改用官督商办、官助商办、官商合办的形式以减少顽固派的无端干扰。同时，受官僚化经营、管理腐朽的影响，早期企业经营的实际效果并不如人意，能够持续扩展的极少。军工企业的如此经营特征，一定程度上抑制了民间资金投资新式企业的欲望。在此情况下，洋务官员为了保存军工企业的早期成果，就只能另谋筹资途径以打破民间投资者的戒心。

当然，由于早期官办企业出现的种种弊端，特别是顽固派人物的多方掣肘，使中国近代新式企业创办者早期提出的召集商股的计划遭受很大的挫折，民众畏缩不前，不得不重新考虑如何吸取民间资金。

然而，与中国近代官办企业不同，早期进入中国的外资银行或企业，利润普遍偏高，如汇丰银行的盈利情况，在1881年时盈利102万元，到1890年则上升到268万元[②]。如此高额的收益率，人们在内心深处中自然偏好于附股外资企业，故在外资企业进入中国后，“……他们投资于外国人的企业，或者甚至伪托外商经营的企业……”[③]形成了一个附股于外资企业的热潮。据汪敬虞统计，仅在19世纪60年代到90年代初，在44家外资企业中就附有130多个华籍大股东，尚未包括其他依附于外资企业的华籍小股东[④]。

由于附股外资企业受制于众多条件约束，很多欲附股者无法如愿，自然他们在现实中倾向于投资现代企业。然而，现实的约束和内在需求之间的困惑，就使企业的创办者采用嫁接国外股权融资的模式于传统企业的做法，给予认股者高而稳定的收益，以此降低他们对现实约束的畏忌，从而有了官利制在近代企业中的广泛使用。

---

① 《申报》，同治十三年正月十九日。

② 汪敬虞：《19世纪80年代世界银价的下跌和汇丰银行在中国的优势地位》，载于《中国经济史研究》2000年第1期。

③ David Faure：The Chinese bourgeoisie reconsidered：business structure，political status and the emergence of social class. 转引自杨华山：《中国早期现代化建设的二难困境—晚清专利与官利制度述评》，载于《安徽史学》2002年第2期。

④ 汪敬虞：《十九世纪外国侵华企业的华商附股活动》，载于《历史研究》1965年第4期。

（三）中西嫁接的产物——股票、债券特征在银股（正股）与护本（或附本、存款①）中合力移植的结果

国外新式企业制度进入中国之前，中国企业组织形式仍然停留在独资、合伙阶段。那时，虽然在部分合伙制企业中已经萌芽了所有权与经营权的部分分离，但他们的分离仅仅是合伙制企业发展的一个新阶段，尚未超出人合与资合的范畴，其资合的所有权特征仍然保留在原始的物权阶段，所有权的替代物并没有在社会范围内流通，无法形成一个相应的股权交易市场；而人合部分的替代物——身股，虽然可以不断变化（就整个公司而言，其总量还超过了银股部分），但单个身股拥有者的数量却仅在十厘二三的范围以内波动，无法扩大到可以跟银股相抗衡的地步，反而受身股数量提升弹性空间小的特征影响，作为身股持有者的经营管理层，往往出于自身利益的考虑：一方面要求财东固定银股资本数量，即要求财东不增加分红的资本数量，但为了厚实资本，又要求财东不断增加资本，在此双层困惑和博弈下，自然就把后来增加的资本充当固定性存款，即像其他企业或商号、商铺中长期存在的存款那样——仅仅获取利息而不能获得其他收益，这样就可以防止财东持续增加银股资本而稀释股票收益，从而能够保证身股所有者得到的收益日益增加；另一方面经营者与财东关系是建立在信与义的基础上，他们之间的关系之所以能够持久维持，关键在于合伙经营的企业能够不断获取利润，因此，经营者出于彼此利益的一致性考虑，经营过程中往往以短期盈利为目标，很少顾及长期的发展。这样，他们每期所得自然就不会考虑厚实资本的要求，而把收益分配殆尽。如此做法，在社会经济关系相对简单的市场规则下，是能够得到发展和延续的，此时市场风险较小，尚无法危及企业的生存，企业的生存发展很大程度上取决于经营者的能力。

1840年以后，随着国外势力入侵中国，原先小范围经营的局面被打破，企业要面对的环境越来越复杂，此时如果继续沿用传统资合与人合的模式，

---

① 按照刘秋根《明清高利贷资本》（社会科学文献出版社2000年版）一书的研究，“企业”存款现象在明清时期已经在中国社会普遍存在；此处的存款即有此种意思，但同时也包括了票号中既有固定存款意味的护本或副本这部分资金。

是无法适应市场竞争日益激烈的状况，采用西方股份制模式组织企业自然就成为人们首选的做法。然而，此时中国尚未形成股票交易的市场，对西方企业以股票集资的方式理解不多，仅仅停留在感性认识的基础阶段。这样，对受到知识限制等因素影响的早期创办企业者而言，首批股份制企业的兴起自然而然就在形式上尽力采取西方股权集资的模式，而在内涵上则沿用中国早期合伙企业中银股分红与后来增加的资本只得利息的混合做法，即发行股票的形式上像西方企业那样所有股票资本都是一视同仁，事实上就把中国传统企业模式中利息与红利形式混合保存下来，但又没有把两者决然分开，而是把它们融合在一起——形成“官利”模式。如此做法部分解决了传统企业中的三大困惑，迎合了社会潮流。

一是初步解决了传统企业单个财东受投资收益差异的影响而无法持续投资一家企业的困惑。传统企业有一个明显的特征，就是大多数财东都投资多家企业，如山西票号中，一个财东投资两家票号的有介休冀以和、榆次王栋、祁县渠源潮、平遥毛履泰、祁县渠源桢、祁县张廷将六人之多，投资三家的有平遥李大全、祁县乔锦堂，而投资最多的为介休侯崇基，达六家之多。除了山西票号存在一个财东投资多家票号的现象外，钱庄及其他一些传统企业中也大量存在①。传统企业为何会出现如此奇特的现象呢？是一家企业发展到规模报酬递减的结果吗？还是财东为了促进掌柜们彼此竞争的结果？抑或为了分散企业经营风险？其实，我们看一下山西票号中的蔚字五联号就可以知道。蔚字五联号产生在1826～1829年之间，之前出现的票号也就日升昌一家，此时票号行业才刚刚起步，很难说已出现规模报酬递减的现象，更难谈得上财东具有刺激掌柜们彼此竞争的意识，投资于同一行业也难以起到分散风险的效果。而从现有资料来看，可能是财东与掌柜们博弈的结果：财东持有的银股在获取高额的回报后，极易出现增加股份以追求更多收益的行为；然而财东的行为无疑危及身股持有者的利益，从而促使财东与身股持有者达成一个新的均衡格局——后来增加的资本充作附股，不享有红利而只能获得一定的利息。如此做法保护了身股持有者的利益，但约束了财东持续大量投

① 钱庄投资情况参见中国人民银行上海市分行金融研究室编：《上海钱庄史料》，上海人民出版社1960年版一书的相关资料。

资的积极性，因而就出现了上述一个财东投资多家企业的现象。

然而，随着官利制模式的出现，单个财东大量投资于某一家企业需求的问题得到了完全满足和解决，改变了过去投资多家企业的无奈现象，并实现了收益的均等化。即为了适应单个财东大额投资的需求，中国股份制企业一兴起，在股票额度上就采取了每股股额大额化的趋势。如首家股份制企业——轮船招商局发行的股票，"……招集股银一百万两，分作千股，每股银一千两……"① 每股达到了一千两，如果没有雄厚资力的人是无实力购买股票的。后来创办的企业招集股份中，每股份额虽然有了一定程度地下降，但仍集中在每股数量一百两或银元上下，如表2－2所示（以金融类企业——银行为例）。

表2－2　近代（1928年之前设立）中国部分银行业股额统计

银行名称	每股数额	银行名称	每股数额
中国通商银行	50两（后改为100元）	大陆银行	100元
交通银行	100两（后改为100元）	中南银行	100元
中国银行	100两（后改为100元）	聚兴诚银行	1 000元
浙江兴业银行	100元	广东银行	100元
浙江实业银行	100元	四明银行	100两（后为100元）
上海商业储蓄银行	100元	中国垦业银行	100元
金城银行	1 000元	上海煤业银行	100元
盐业银行	100元	中国农工银行	100元
大中银行	100元	中国国货银行	100元
中国劝工银行	100元	上海广东银行	100元
东亚银行	港币100元	中兴银行	100元
中国实业银行	100元	上海女子商业储蓄银行	50元
永亨银行	100元	东莱银行	1 000元
中孚银行	100元	浙江银行	150元

① 《招商局会计史》，人民交通出版社1994年版，第187页。

创办者把每股股票的票面价格设计得如此巨大，明显不具有大众化的特征。因为当时社会财富的分配集中在社会上层阶级，而下层民众是无法拥有如此巨额的资金来购买股票。虽然存在下层民众合力购股的现象，“公司每股以十元或五元为率，富者一人可入几万股、几千股，贫者几人、几十人亦能入一股。”① 此处仅仅是十元或五元②，如果从上述一百元或以上，则情况就完全不同了，故可以由此推定合力购股这种现象不是一种普遍的，仅仅是属于一些特例，否则，企业创办者在每股额度的设计时就不必如此巨大，以增加筹集股本的成本和难度。

南京政府建立以后，随着废两改元和法币政策的实施，货币价值的下降，原有和新设企业的股份总额虽然有了很大提高，但具体到每股数量则下降幅度不大，基本由100元下降到40元左右作为标准发行，逐渐成为中国企业股份有限公司的融资准则。这点，如果跟早期银行相比，则其价值已经有了很大下降，无形中起到了稀释股份额的作用，为大众化铺垫了基础。

二是有利于实现所有权与经营权的真正分离，为相对完整的治理结构的出现创造了条件，解决了早期那种利益博弈中的困惑，即股东欲增加资本与稀释身股持有者的利益冲突。此时，财东可以把自己拥有的资金投入一家企业，而不必像以前那样投资创办多家同类企业，而收益又能够获得稳定保证。一旦担心企业经营不善的话，理论上，他们可以把自己拥有的股票在市场中出售③，以获取市场化收益，“……人们是把红利收益看成是在公开市场上对普通股进行估价的主要依据。……当市场变得有更高流动性时，投资者便追逐短期资本收益，这就起着增大交易量的作用。这时，对资本收益的预期，降低了对分红能提供适度持有期收益的需要。虽然，长期以来，对普通股进行市场估价的基本依据已经放弃了原先的、在交易中按比例获得活动利息的那种观念，而在现时代，看来是更加脱离了红利流量。新的战略已成为更加

① 汪敬虞：《中国近代工业史资料（第二辑，下册）》，科学出版社1957年版，第763页。

② 按照李玉《北洋政府时期企业制度结构史论》（社会科学文献出版社2007年版）一书的部分统计（第417～434页）可见，每股5元是极为罕见，基本都在10元以上，规模较大的都是100元或两。

③ 参见姚遂主编《中国金融史》（高等教育出版社2007年版）一书，近代中国三次金融风潮部分。

要靠预测未来的价格收益，而不是去获得最终的红利分配。”① 而受近代中国证券市场发展不充分的影响，股东们在面对经营不善的企业时更愿意直接派遣人员改组企业，由此给企业经营管理层产生极大的压力，以此促进管理层努力经营好企业。

与此相应地，管理层可以取得相对完整的控制权，改变过去那种以短期利益为代价的全部收益分配机制，可以更多地倾向于企业的长期发展，为自己经营管理留下更大空间。这点在近代中国股份制企业中表现极为明显，经营者只要条件具备就会在股权再融资中推动红利转股权、鼓动职工持股、提升自身的持股比重，以此提升经营管理层对企业的控制。因此，出于上述两方的现实需求，管理层给予股东高而稳定的收益回报，以换取对资金持续而稳定的使用，避免股东无端干扰。

三是更好地解决了早期财东与管理层之间的风险—收益的责权利困惑。传统上，中国的合伙制企业尽管采用了银股与身股的做法，但银股占有者的财东可以获取企业的所有收益，也要承担全部的损失风险，而身股持有者的管理层只须努力获取利润，得到相应的分红收益和优厚的薪金等报酬，不用为经营中出现的损失承担责任，如此做法就使企业的责权利有着内卷化的趋向，即财东与管理层以及员工都产生在以地缘、血缘为核心的社会资本网络之内，很难超出上述界限，这样便于财东从道德上对经营管理者的监督、约束，使企业的诚信规则能够在人员中得到实践，以防止企业经营过程中危害财东的利益，但这也在一定程度上约束了企业的扩展。现实中，西方现代企业进入中国，改变了中国封闭市场结构，此时各种风险逐步显现。较为典型的就是19世纪50年代末、60年代初发生的棉花投机风潮，影响颇大，那些刚刚进入中国设立分行的利生、利升、利华等几家银行尚未立足就倒闭了，给国人产生很大的震动，初步让人感觉到了市场风险的危害，开始认识到防范的重要性。在此种情况下，中国设立的股份制企业自然就要改变过去那种责、权、利不对称的现象。

投资者或财东不再仅仅依靠对经理们的考察，而是更多地把投资考察放

---

① ［英］乔纳森·巴伦·巴斯金、保罗·J. 肖米兰蒂：《公司财政史》，中国经济出版社2002年版，第245～246页。

到了企业收益上，即“投资者审视不确定的未来，靠的是那些通过过去取得的成就，这被证实为是有效的指导原则。在这一时期中，市场并不是非常有效的，但有关以红利支付和利息支付为形式而体现的公司现金流动方面的信息，在判断投资质量上起着重要的作用。”① 现实与传统的差异，自然就促成创办者必须对企业形式作出相应变化。而在风气尚未大开的近代早期，唯一的办法就是把尚未掌握现代公司精髓的企业形式植根于传统理念之中，以取信于人们，博得财东们的信任。正如盛宣怀所指出的“查公司原定章程本有官利，载在章程，股票行之有年，取信股东，肯入股份，全仗此着。”②

二、官利制对企业融资机制的影响

伴随股份制企业而推广的官利制，给近代中国企业融资结构和企业创办者、经营者等社会各界带来巨大冲击。具体而言，存在如下一些积极和消极的双面影响。

一是有利于企业创办者筹集股金。股份制企业刚刚设立之际，社会大众对股权融资认识不够，几乎无人对这一新生事物产生认同感。这正如张謇所指出的那样，“农工商业之能否发展，视乎资金之能否通融”，而“国家金融基础不立，而民间钱庄票号等金融事业，索索无生气重以倒闭频仍，信用坠地，于是一国现金非游荡，而无所于归，即窖藏而不敢或出”③。而创办者要想在极短的时间内筹集一大笔长期使用的创办资金，依靠没有经历资本积累、没有形成现代金融组织体系、政府财政收支赤字又日益严重的近代中国来说，其困难是难以想象的。采用西方国家渗入中国已有一段时间的现代股份制企业股权融资方式，则正如马克思所指出的那样，“假如必须等待积累去使某些单个资本增长到能够修建铁路的程度，那么恐怕直到今天，世界上还没有

① ［英］乔纳森·巴伦·巴斯金、保罗·J. 肖米兰蒂：《公司财政史》，中国经济出版社 2002 年版，第 213 页。

② 汪熙等主编：《汉冶萍公司（三）：盛宣怀档案资料选辑之四》，上海人民出版社 2004 年版，第 537 页，《盛宣怀致高木陆郎函》（1913 年 5 月 31 日）。

③ 《张总长又有实业政见发见》，载于《申报》，1913 年 12 月 2 日。

铁路。但是，通过股份公司的魔力，转瞬之间就把这件事业完成了。”① 股权融资，能够把分散在社会上的余资在相对短的时间内就聚集起来，成功创办现代企业。

采用股权融资方式，关键是如何才能吸引到拥有余资者出资入股，是企业创办者首先必须解决的问题。从轮船招商局等晚清股份制企业创办者的行为来看，他们都是围绕自身的社会关系网络，并给予丰厚且固定的官利，无疑是顺应了当时社会风气未开、传统向现代社会过渡的背景，在经历短暂的认股困局之后，很快就引发了中国近代首次股权融资的热潮，“凡属公司，自刊发章程设局招股之后，不须一两月而股分全行卖完。”② 丰厚的收益，且又遇上股市股票价格暴涨，引发了民众对股票的购买风潮。只是好景不长，受 1883 年上海金融风潮冲击，以股权融资方式筹集创办资金的活动就陷入了困境。之后，采用股权融资来筹集创办资金的活动虽然没有中断，但基本都是依靠给予的较高且稳定的官利，并在创办者的社会关系网络中推进和扩展开来。

在传统向现代社会过渡的过程中，金融风潮频发，仅在近代时期规模较大的危机就有 28 次之多，而股份制企业的创办者和经营者还能在相对稳定的社会关系网络中持续吸纳股金，是与官利制度的诸多特性密不可分的。首先是稳定。在企业创办章程中有着明确的规定，从股金缴纳起，不管企业是否经营，是否有收入，均必须支付。其次是相对高额的收益。在股份制企业在中国刚开始采用时，大约是一分，民国之后逐步降到六到八厘，如此收益略高于银行的存款利息收入。再次是企业经营得好，官利之外还有红利的收益，即余利。显然，如此高而稳定的收益，就使创办者能够在相对稳定的社会关系网络中吸纳创办和扩大企业所需的资金。给予官利的做法，不必像向银行等现代金融组织借贷那样需要提供各类资产作为抵押，也不必像向传统金融组织借贷那样受较小额度的限制。

同时，在企业收益分配中创新性使用官利制度来吸纳股金以创办或扩大企业，实际上是传统企业中财东选聘经理方式的反转，即企业创办者和经营

① 《马克思恩格斯全集》（第 23 卷），人民出版社 1973 年版，第 688 页。

② 《论买卖股票之弊》，载于《申报》，1883 年 11 月 1 日。

者（或经理）凭借能力、口碑等条件在自身的社会关系网络范围内选择股东，给予他们优厚的收益，从中取得资金长期使用的经营、管理、处置权。而当企业经营较好时，企业创办者或经营者为了保障经营管理权不被影响，他们在股权再融资之时自然会更偏好企业红利转股权（即利转股）、公积金与折旧积累转股权、给予职工持股和鼓励相关企业创办者或经营者之间互相持股，以此提升创办者和经营者的股权比重。

二是作为融合传统与现代资本组织形式的产物，有利于促进社会风气的开放。中国近代的对外开放与当前是完全不同的，它是在西方列强武力侵略下被迫做出的。此时，中国仍然处在熟人社会的人格化交往状态。独资或合伙制企业的融资，都在熟人圈内进行，缺乏任何政府层面的法律法规保障，引发的争端都是在行为习惯、道德规则、地域性公会等范畴之内加以化解。伴随西方入侵而渐趋渗入中国的现代企业制度，把现代融资方式等传入中国。股权融资、特别是西方在华企业的高收益给国人产生了强烈的冲击。在政府财政收支日益维艰的背景下，开始采用股权融资的方式以筹集创办“民用”企业。此时，股份企业创办者在吸纳中国传统合伙制企业中采取银股加倍本的做法，借鉴西方现代企业中的股票，将股权收益中的红利与利息合二为一，使依托社会关系网络来吸纳持有一定收益剩余民众的资金，就自然让拥有浓厚传统理念、社会风气尚未放开的民众能够顺利接受。由此创立起来的公司，成为中西合璧的产物。“公司法颁行之前类似公司的近代企业，只是在资本筹集方式以及企业的治理结构方面与传统的合伙企业有所区别，而在法律上并不具有真正的‘法人’地位。”①

官利这种融合传统与现代的做法，随着股份制企业的成批设立而逐步推广开来。在此过程中，尚未开放的社会风气也随之接触深入而逐步放开。企业创办者给予认股者稳定而高额的官利，刺激了民众对股权融资这一新生方式的认知，引致在民国之后认股面渐趋突破了创办者的社会关系网络，呈现出社会化趋势。之后，企业经营者随社会风气的开放而逐步降低官利的利息收益以便厚积资本、扩大企业规模，持股者也能逐步与之适应起来，渐趋使

---

① 张忠民：《艰难的变迁：近代中国公司制度研究》，上海社会科学院出版社2002年版，第62页。

中国近代股份制企业与现代公司制度之间的差异变得越来越少，呈现出了“趋同”的趋势。

三是增加了企业运行成本，部分制约了企业的成长壮大。官利制度自企业创办者收到股金开始就正式起作用了，尽管此时企业尚未生产或展开营业，无任何收益，但官利部分就必须进行结算，并按照一年为限期进行结算。对于刚刚设立的企业来说，起初的官利往往需要占用股份中已经收集的股金，这样不但会造成企业经营风险，而且降低了流动资金和可用资金的份额，给企业的成长和发展增加了许多困难。“利率虽因企业情况和行业领域不同而有差异，但大体 19 世纪 70 ~ 80 年代是年利一分，后降至八厘，20 世纪 20 ~ 30 年代降低到六厘。因为必须支付官利，所以企业年终结账，不是从利润中提分红利，而是先派官利，然后结算营业利益。不足，即谓之亏损；有余，则再分红利。”① 中国近代首家股份制企业——轮船招商局在 1872 年创立之后，在 1873 年开始的连续 6 年中，官利就持续分配。“第一年派利一分，第二年派利一分五厘，第三、第四年均派利一分，第五年派利五厘，今第六年仍派利一分。总共六年已派利六分。”②

如此高额的官利分配数量大大消耗了企业的大量流动资金，降低了企业用以积累的资金。当企业收益较低或不足时，甚至还出现了以以前积累的公积金等补充不足年份的官利支出，比如中国银行 1918 年 1 月颁布的章程就规定：“股东所得股利，若不满年息四厘或七厘者，得由公积金内提出，补足四厘、七厘之率。”③ 而随着企业经营业务的拓展，收益增加时，在企业盈利的分配中除了要支付固定的官利部分的支出，还要在剩余部分中进行分红，即余利，这样给企业留存为公积金等积累性资金的数量就极为有限。④ 为此，一些企业在实际的经营中就会与股东商定，逐步缩减官利的数量，甚至有些企业还会在章程中规定无盈余时不再提本派发官利。这点在荣家企业等中就

---

① 朱荫贵：《中国近代股份制企业特点》，载于《中国社会科学》2005 年第 5 期。

② 聂宝璋：《中国近代航运史资料（第一辑，下册）》，上海人民出版社 1983 年版，第 975 页。

③ 中国第二历史档案馆等编：《中华民国金融法规选编（上册）》，中国档案出版社 1989 年版，第 247 页。

④ 这点可以参见拙著：《中国金融现代化之路——以近代中国商业银行盈利性为分析中心》（商务印书馆 2005 年版）一书，第二章第二节商业银行盈利能力指向收益趋势部分。

广为存在，如1931年浦东商业储蓄银行股份有限公司章程中就规定："本银行股息定为常年八厘，但无盈余时不得提本充息。"①

第二节　分期缴纳制的形式及影响

近代中国"移植"股份制公司之后，采取股权融资来筹集资金创办企业和增资扩股以再融资扩充企业资本，极大地增强了企业融资的便利性，但在筹集股金过程中如何实现资金的缴纳，是公司资本形成中的关键一环。在近代，企业创办者和经营者从实际情况出发，推行了分期缴纳制的方式来筹集股金，一定程度上化解了股东对企业创办者的顾虑，能够按比例缴纳，以考察所投资的企业是否有利可图、企业创办者是否真正具有管理企业能力。经营者则因需从资本交付之日起就偿付官利，根据企业创办进展来分期缴纳则可以降低支付的利息，从而大大降低了企业的交易费用，增强了企业持续性发展的空间。

一、分期缴纳制的形式

近代中国采用股权融资的过程中，企业创办者和经营者实施的分期缴纳制的资金筹集方式，在实践中存在总股金和认股金额两种分期缴纳的形式。

（一）总股额度的分期缴纳

在近代刚刚采用股权融资方式之时，为了取信于民众，在社会上树立一个厚实的资本形象，股份制企业的发起者往往会向社会公布一个较高额度的资本总额。额定资本确定之后，伴随创办企业的章程一起发布。通过向社会发布的招股章程，则绝大多数的企业都会以一个较低的比例作为认股的额度，即先招额定股本的一半、1/3或1/4等，晚清时期的额定股本的分期缴纳情况，如表2-3所示。

① 上海档案馆编：《旧中国的股份制》，中国档案出版社1996年版，第358页。

表 2 – 3　　晚清时期部分股份公司的资本额和首次认缴额

公司名称	资本总额	首次认缴额
轮船招商局	100 万两	50 万两（实际才 47.6 万两）
开平矿务局	80 万两	20 万两
上海机器织布局	40 万两	40 万两
中国通商银行	500 万两	100 万两
汉阳铁厂（1895 年改制）	1 500 万元	100 万元
天津电报局	80 万两	80 万两
漠河金矿	20 万两	7 万两

晚清额定资本绝大多数都高于初次认缴的额度。上海机器织布局在刚刚招股时发行 40 万两，因认股活跃后来又扩充了 10 万两，实际招股 50 万两；而天津电报局招股 80 万两，也首次认缴到了 80 万两。这与他们开始发布招股章程时，刚好处在中国近代首次股市高涨期间，因而均顺利或超越了额定股本有关；由于这一时间较短，对近代股权融资的采用效率不具有代表性。整体上，近代中国其他时间段采取股权融资方式招股的，都存在额定股本与实际认缴额之间的较大差距。到民国之后，额定股本的分期缴纳依然与晚清时期一样。如表 2 – 4 所示。

表 2 – 4　　民国时期部分企业中的分期缴纳约定情况

企业名称	股本结构
永德安煤铁股份有限公司（1915 年 12 月）	额定股本 600 万元，分为 12 万股，每股 50 元，分 3 期缴纳
江西庐山林业公司（1916 年）	额定资本 50 万元，分为 1 000 股，每股 500 元，分 10 年交付
兴华棉业公司（1919 年）	额定股本 200 万元，分为 2 万股，每股 100 元，分 4 期缴纳
黑龙江东北路农业银行	官商合办，额定资本 40 万元，每股 20 元，先收 1/4
上海煤业公栈股份有限公司（1926 年 4 月）	资本总额 60 万元，分为 3 000 股，每股 200 元，由发起人一次缴足
华富殖业银行（1915 年 7 月）	额定资本 600 万元，分为 6 万股，每一整股分为 10 零股，先收 1/4

续表

企业名称	股本结构
东三省阜新殖业银行（1915 年 7 月）	额定资本 500 万元，分为 5 万股，每股 100 元，先收 1/4
拓富垦牧公司（1915 年 7 月）	额定资本 120 万元，分为 2.4 万股，每股 50 元，先收 1/4
中华贸易公司（1918 年 8 月）	额定资本 500 万元，分为 5 000 股，每股 1 000 元，先收 1/4
中国储蓄银行（1919 年）	额定资本 50 万元，分为 5 000 股，每股 100 元，收足 1/3，开始营业
中国农工银行（1921 年）	额定资本 500 万元，分为 5 万股，每股 100 元，先收 1/2
鄂西兴业银行（1925 年）	额定资本 200 万元，分为 10 万股，每股 20 元，先收 1/4
利通轮船公司（1925 年）	额定资本 10 万元，分为 2 000 股，每股 50 元，一次缴足

资料来源：李玉：《北洋政府时期企业制度结构史论》，社会科学文献出版社 2007 年版，摘自该书表 5－1、表 5－3 中的相关部分。

当然，额定股本不管是官办企业，还是民办企业，都采取较高的额定资本和较低的认缴股本。如表 2－5 所示。

表 2－5　　1925 年若干家银行额定股本与实收股本的差额

银行名称	开办年份	额定股本（万元）	至 1925 年底实收股本（万元）	实收股本占额定股本（%）
中国银行	1912	6 000	1 970	32.8
交通银行	1908	2 000	770	38.5
浙江实业银行	1909	200	180	90.0
上海江南商业储蓄银行	1922	100	25	25.0
盐业银行	1914	1 000	650	65.0
金城银行	1917	1 000	600	60.0
大陆银行	1919	500	335	67.0
中南银行	1921	2 000	750	37.5
中孚银行	1917	200	150	75.0
四明银行	1908	规元 150 万两	75	50.0
新华商业储蓄银行	1914	500	200	40.0

续表

银行名称	开办年份	额定股本（万元）	至1925年底实收股本（万元）	实收股本占额定股本（%）
中国实业银行		2 000	310	15.5
农商银行		1 000	173	17.3
工商银行		500	130	26.0
劝业银行	1920	500	239	47.8
棉业银行	1921	100	50	50.0
华大商业储蓄银行	1920	100	50	50.0
山东商业银行	1914	500	158	31.6
蒙藏银行		500	139	27.8
通易银行	1921	300	75	25.0
中国兴业银行	1925	1 000	150	15.0

资料来源：徐寄庼：《最近上海金融史》，商务印书馆民国十五（1926）年版，第4~68页。

民国之后的额定股本大大多于认缴额度，大多数都是经过多年的分期缴纳之后，认缴额度与额定股本之间还存在很大差距。这种现象一直到中华人民共和国成立之后才发生根本性改变。

总的股本中出现额定股本、计划招股额与实际认缴额的差距，计划招股额与实际认缴额之间分成多次来缴纳的分期缴纳制，是同近代刚刚开始采用股权融资方式有关。一方面，向社会公开一个高额的额定股本，显示所办企业的雄厚实力，表明其具有较强的社会良好信用形象；另一方面，在基本定向创办者社会关系网络中的特定对象招股，高额的资本反映了他们具有的良好经营管理能力，能够给认股者一个好的回报。这点与高而稳定收益的官利制相配合，无疑具有很强的诱惑力，对处于传统向现代转型的民众而言，产生了强大的冲击力。

（二）认缴的股份额度分期缴纳

在认缴股份中，不管是对刚刚发行股权融资的企业，还是企业在再融资中推行的增股，都是采取分期缴纳的方式。在轮船招商局首开招股之际，就在章程和发行的股票上作出了明确的规定，“当经本局议定召集股银壹百万两，分作千股，每股银壹千两。先收银五百两，每年壹分生息，闰月不计，另给息折。”① 每股1 000两，先收500两，实行分期缴纳。之后，创办的股份制企业沿用了轮船招商局的认缴额度分期缴纳的做法。在开平矿务局创办招股时，他也在章程中给了准确的规定，“拟集资八十万两，分作八千股，每股津平足纹一百两，一股至千股皆可附搭。定于注册之日，先收银十两，即给第一期收票；光绪四年正月，再收四十两，即发第二期收票，以便购办机器；其余五十两，限四年五月收清，即将两期收票缴回，换发股票以便开办。”开平矿务局的分期缴纳作了更加明确的规定，按照企业创办进程逐步向认股股东按比例收取。

民国以来，分期缴纳制的方式进一步在股份制企业中延伸，但对缴纳制的期限有了更多的变化，一次性缴纳的增多，多次性的继续存在，但对认缴期限等有了更加明确的限定。

此时，除了在创办之际规定认缴股额分若干次缴纳外，在企业再融资中采取的股权融资也有采纳分期缴纳的，比如1925年创立的民生轮船公司，“1930年民生公司便制订了《奖励职工投资办法》，规定：凡职工一时不能凑足一股（500元）者，可分期交付，公司认息。”②

通过分期缴纳，大大降低了认股者一次缴纳股金的压力，能够按照企业创办进度来缴纳，可以有效提升股东对自身资金的使用效率，同时也可以降低企业支付官利的压力，缩减运营成本。

二、分期缴纳制的影响

中国近代股份制企业创办者和经营者采用分期缴纳制的方式收集股金，给认股者减轻了实缴制的压力，能够按照企业的经营需求逐步出资，提升了股东对资金上的配置效率。在近代风气尚未完全开放之际，深受股东们的欢迎。而对近代股份制企业的创办者和经营者来说，采用股权融资和再融资的

① 朱荫贵：《近代中国：金融与证券研究》，上海人民出版社2012年版，第366~367页。
② 凌耀伦主编：《民生公司史》，人民交通出版社1990年版，第84页。

分期缴纳，产生了双面影响。

一是分期缴纳制的积极影响。从轮船招商局创立开始就推行股额的分期缴纳制，以后在股份制企业股权融资中得到推广，这一方式对股份制企业在中国近代的广泛推动起到了极其重要的积极影响。

其一，有利于股东评判企业经营者的经营管理能力，是否继续支持经营者对企业经营管理的控制。近代股份制企业的股权融资具有经营者选择股东的取向，在自身资金短缺的条件下，为了确保经营者能够对企业经营管理权的持续控制，股份制刚创立之时他们受认股风气未开的影响，首先在自身的社会关系网络范畴内的人群中吸收股份，然后借助社会关系网络中认股人群的介绍而不断扩大认股群体，以此实现股金筹集。在这一股权筹集扩散的过程中，经营者基于对社会关系网络范畴内人群的资金持有情况的了解，一般设计出与其相适应的每股资金的额度。由于刚开始采取的股份制企业是官督商办、官商合办企业，其创办者是由官方委托给具有一定资金、经营经验的人员来负责，故在每股金额的设定上偏离了普通大众的认股标准，而集中在较高收益的阶层群体上，由此导致了每股金额大额化倾向，即股份制刚创办之初每股1 000两，到20世纪初前后降到100两（元）。大额化而分期缴纳，就使相对熟悉的认股者能够通过分期缴纳的时间间隔加强对经营者能力的了解，以此评判他们的经营成效，甚至决定是否在后续持续支持他们。若经营得好，能够按期分配官利，之后缴纳分期股金就会比较顺利，而经营者也能通过经营中的收益积累，在后续增股中增加自身的股本、邀约与自身关系好的企业经营者持股或鼓励职工持股，以增强自己对企业的控制；若经营不好，极有可能会像轮船招商局刚开始那样，直接改组企业的经营管理层，解聘朱其昂而选用唐廷枢、徐润等人。

当然，分期缴纳使持股者的股票在全额缴纳之前，股票权益不完整，难以实现股票在证券市场上的流通，一定程度上也增强了现有经营者的企业管理控制。

其二，降低企业经营成本。中国近代股权融资采取了高而稳定的官利制，即刚开始年利率为一分，到20世纪二三十年代降低到6～8厘；官利之后若有剩余，还须分配红利。官利从股金缴纳就开始计算，这样，如果全额缴纳，在资金分批使用于企业建设的过程中势必增加企业的经营费用。

采取分期缴纳，则可以根据企业使用资金的进度来确立股东缴纳的股金额度，就可以起到降低企业官利费用的支出作用。“皆可陆续开支，则认定股银，何必一时收足？与其收而待用、虚糜子金不若随用随收，更为谨慎。”①显然，在企业创立过程时，企业毫无收益，通过分期缴纳，节省成本支出是非常重要的。

其三，提高了资金使用效率。股份公司与独资、合伙制企业相比，通常资金规模大，使用周期长。在股权融资过程中，创办者能够按照企业建设周期以细分企业建设阶段中的资金使用情况，采取分期缴纳的方式，就可以避免整个股本一次缴足所带来的部分资金积沉而不用的现象，能够提升企业资金的使用效率。同时，分期缴纳也能够使认股者根据认股章程中规定的分期缴纳时间，有效地分配自己的资金使用，提高了股东的资金有计划配置效率。

二是分期缴纳制的不利影响。分期缴纳制在近代中国股份制企业中的广泛采用，在给招股工作带来便利的同时，也给企业经营等产生了一些不良影响。一方面，不利于股票在资本市场上的流通。分期缴纳虽然减轻了股东在初次缴纳的认股金额，能够有效配置自身资金在不同领域的使用，但每股分期缴纳的金额也使持股者的股票权益不完整，难以实现股票在资本市场上的交易和流通。即使股票在不同持有者之间转让，也必然涉及股份转让后与没有转让的股东之间的权益分配问题。即缴纳完成的股份比例权益之间以及与没有缴纳完的股份权益之间如何划分，会影响到没有转让股份股东的权益；与此同时，如果所在企业还有其他债权权益（公司债券、银行借款、董事垫款等）时，分期缴纳的股票转让还会涉及企业中债券人的权益。分期缴纳引出的股票交易中的上述问题，极易产生企业内部的权益纠纷，同时也间接影响了中国近代证券市场的发育和发展。

另一方面，增加了企业后续股金收集的困境。采取分期缴纳，确实对认股者带来了资金配置的效率，但也为认股者后续资金的缴纳带来了一系列的困难。在近代中国股份制企业中，“确实也有相当数量的公司，……或者因为公司创办之后筹资状况的恶化，认购股东在缴纳了前期股款后，对以后各

① 孙毓棠：《中国近代工业史资料》（第一辑，下册），科学出版社 1957 年版，第 1112 页。

期股款宕期延缴、甚至迟迟不缴，从而导致公司在创办以后的一段时期内，分期缴纳的股本难以如期收足，……给建设中的公司带来资金周转上的困难，严重时甚而危及公司的生存。”[①] 后续股金难以按时缴纳，不但影响了企业经营活动的开展，而且还会反向影响股权融资方式在其他股份制公司中的招股活动。

① 张忠民：《艰难的变迁：近代中国公司制度研究》，上海社会科学院出版社 2002 年版，第 371 页。

第三章
中国近代企业融资结构变迁的影响：组织结构的变化

近代中国的传统企业，基本采取独资制和合伙制的企业组织形式，融资范围较小；股份制企业则一改传统企业只能在少数群体内融资的弊端，开始在全社会范围内筹集资金，伴随《公司律》《公司条例》等一系列公司法规的颁布，股份制企业逐步规范，但在政府与商界等力量的博弈下，融资结构的变化也极大影响了组织结构。

第一节　中国近代传统企业的融资结构与治理机制

中国近代传统企业以传统金融业和传统商业最为典型。这里，首先对近代传统企业的组织形式进行简单介绍，之后，以山西票号和五金商业为例阐明近代传统金融业和传统商业融资结构与组织结构之间是如何互动的。

一、近代传统企业组织形式

“我国之企业组织，素称简陋。在昔闭关时代，所谓领袖地方之商肆作坊，不出独资与合伙两种形式。”[①] 鸦片战争前后，国外现代企业渗入中国。

① 陈真：《中国近代工业史资料》（第四辑），生活·读书·新知三联书店 1961 年版，第 57 页。

洋务运动开启了中国现代企业的发展序幕，但在晚清时期，这种企业组织形式尚处于起步阶段，占据主导地位的仍然是独资与合伙两种基本组织形式。

“独资企业是以个人或家族的名义单独出资组建的。”① 一般情况下，最早出现的企业组织多为独资企业，之后才有合伙形式的产生。“在前近代中国社会中，由于分家析产制度的普遍存在，一些大规模的独资企业在经历了创业年代之后，由于第一代创业家长的过世，本来为一个业主所有的独资企业往往会转变成为由数个具有亲缘关系的合伙者共同拥有。这样，原来的独资企业也就转化成了合伙企业。”② 徽商胡开文墨店就是这样的典型例子，该店初创时由胡天注一人出资，之后分家析产，店铺资本被分成九份，理论上该店已由独资企业转为了合伙制企业。企业治理上，起初也由胡天注一人作主，后改为诸子共同商议。当然，除此种情况外，还存在像北京万全堂药铺，在经营过程中，由于独力难办等种种困难因素，而不得不变更企业组织形式的情况。

合伙企业，除了由独资企业转变而来外，很多是在其创办之初便采取了合伙的形式。当出资人认为以自己一人之力难以成事时，就会寻求与其他股东一起共办企业。“合伙的人数不多，以二三人至五六人最为普遍。有的往往在企业的字号上表明合伙的人数，如甡茂、鼎兴、四合盛、魁盛等。”③ 在中国传统企业中，合伙企业在地域、行业中的覆盖率相当广泛。在商业企业中，不管是晋商、徽商，还是其他地方性商业企业，合资经营的事例俯拾即是；在手工业行业中，合伙制企业主要存在于矿冶生产中，该类企业遍及南北各地的煤、铁、铜等矿冶生产之中。

独资与合伙企业的出资人均负有无限责任，不同的是，合伙企业的出资人之间还兼负有连带责任，即当合伙企业破产，某一出资人无钱偿债时，其他出资人需共同承担其债务。在治理结构上，传统企业中，规模较小者，由出资人直接经营管理企业事务；规模较大者，多由财东聘任掌柜，企业所有权归于财东，经营权归于掌柜。可见，企业治理结构基本是由出资人决定的。

---

① 王相钦、吴太昌：《中国近代商业史论》，中国财政经济出版社 1999 年版，第 251 页。
② 张忠民：《艰难的变迁：近代中国公司制度研究》，上海社会科学院出版社 2002 年版，第 6 页。
③ 王相钦：《中国近代商业史稿》，中国商业出版社 1990 年版，第 303 页。

二、中国近代传统金融业融资结构与治理机制

“中国的传统金融机构经过几千年的发展，到明清之际，业务形式已经出现了多样化的趋势，如典当、印局、账局合会、钱庄、票号，然而，它们的组织结构却仍属独资或合伙范畴之内，并以总号制为主，兼有总分号制。”① 这里，我们就以影响力最大的山西票号为例进行分析。

（一）山西票号融资结构

“票号以平遥产生的最早而最多，祁县次之，太谷又次之，应以平祁太为序。但山西在习惯上则称祁太平，以祁为首，平为末。”② “票庄资本招集，或为合资，或为独资，两者比较，合资的票庄占大多数……合资的人数，多则三五家，少则二三家，六七家算是例外。”③ 从各家情况来看，其初始投入的资本不多，经营规模也不大，属中小型金融机构，如表3-1所示。

表3-1　山西票号初始投资规模及股东一览

帮派	票号名称	初始投资规模	股东	独资或合伙
太谷帮（9家）	志成信	3.4万两	孔仁素堂、员纯复堂	合伙
	协成乾	6万两	吴遵仲、张墉椿、孙阜年、杜资深堂、房映宾、安立志、贾殿诏	合伙
	会通远	8.1万两	孔行素堂、志成信、曹敦古堂等三十家	合伙
	世义信	20万两	杨生春	独资
	锦生润	3.2万两	曹师宪	独资
	恒隆光	15万两	史正光	独资
	徐成德	1.5万两	许书绅、许书笏	合伙
	大德玉	20万两	常致和堂中和堂五合堂	合伙
	大德川	20万两	常致和堂等	合伙

① 兰日旭：《中国近代银行制度变迁及其绩效研究》，中国人民大学出版社2013年版，第17页。
② 卫聚贤：《山西票号史》，经济管理出版社2008年版，第15页。
③ 陈其田：《山西票庄考略》，经济管理出版社2008年版，第42页。

续表

帮派	票号名称	初始投资规模	股东	独资或合伙
祁县帮（21家）	大德通	6万两	乔锦堂	合伙
	大德恒	6万两	乔锦堂	合伙
	大盛川	20万两	大盛魁（大盛魁股东为张廷将、史孝敬、王绅）	合伙
	存义公	16万两	渠宝庭、渠小舟、张祖绳	合伙
	三晋源	20万两	渠小舟	独资
	大德源	10万两	乔兰三	独资
	中兴和	6万两	戴和流、蔺天祥	合伙
	巨兴隆	10万两	戴和流、杜某	合伙
	元丰玖	10万两	孙郅	独资
	合盛元	6万两	郭源逢、张廷将	合伙
	兴泰魁	资本不祥	翟乾阳	独资
	长盛川	16万两	渠某	独资
	聚兴隆	资本不祥	不详	不详
	松盛长	资本不祥	不详	不详
	长盛湧	资本不祥	不详	不详
	公升庆	资本不祥	不详	不详
	公合全	资本不祥	不详	不详
	恒义隆	资本不祥	不详	不详
	天德隆	资本不祥	不详	不详
	裕源永	资本不祥	不详	不详
	福成德	资本不祥	不详	不详
平遥帮（21家）	日升昌	36万两	李箴视	独资
	蔚泰厚	24万两	侯崇基	独资
	蔚盛长	12万两	侯崇基、王培南	合伙
	蔚丰厚	10万两	侯崇基	独资
	新泰厚	16万两	侯崇基、赵一第	合伙
	天成亨	10万两	侯崇基、马铸	合伙

续表

帮派	票号名称	初始投资规模	股东	独资或合伙
平遥帮（21家）	蔚长厚	15万两	常某、毛鸿翙	合伙
	协同庆	36万两	王栋、米秉义	合伙
	协和信	1万两	王栋	独资
	协同信	8万两	王栋	独资
	百川通	16万两	渠源浈、渠源洛、渠本立	合伙
	渠源湧	6万两	渠源潮	独资
	永泰庆	6万两	毛履泰、段起祥	合伙
	宝丰隆	26万两	乔甫英、许涵度	合伙
	乾盛亨	10万两	冀以和	独资
	其德昌	资本不详	冀以和	独资
	谦吉升	10万两	李大全、高某（陕西人）、高某（安徽人）	合伙
	广泰兴	资本不详	不详	不详
	日新中	资本不详	不详	不详
	广聚兴	资本不详	不详（侯王宾曾为经理）	不详
	三和源	资本不详	不详	不详
外帮*（11家）	天顺祥	资本不详	王兴斋	独资
	祥和贞	资本不详	彭某	独资
	云丰泰	资本不详	杨玉科	独资
	源丰润	资本不详	某氏	独资
	义成谦	10万两	不详	不详
	阜康	资本不详	胡庆余	独资
	胡通裕	资本不详	胡庆余，左宗棠死，胡庆余即将票号盘售他人	独资
	恒济	资本不详	不详（总号设在北平）	不详
	隆乾长	资本不详	不详（总号设在上海）	不详
	新丰厚	资本不详	不详（总号设在南昌）	不详
	蔚成亨	资本不详	不详（总号设在迪化）	不详

注：＊是要对外帮进行解释，对于外帮来说，其股东均不是山西人。

资料来源：卫聚贤：《山西票号史》，经济管理出版社2008年版。笔者根据第15～28页相关资料整理而得。

除了最初的投入资本，“票号有获本倍本之本事，如天成亨原本为七万两，获本为两万八千两，大德通的资本，在光绪十年改组时，原本十万两。”① 其历年倍本变化，如表3-2所示。

表3-2 大德通历年倍本一览

年份	每股倍本	共倍本	累计合计
光绪十八年	0.15万两	3万两	13万两
光绪二十二年	0.5万两	1万两	14万两
光绪十六年	0.1万两	2万两	16万两
光绪三十年	0.1万两	2万两	18万两
光绪三十四年	0.2万两	4万两	20万两

资料来源：卫聚贤：《山西票号史》，经济管理出版社2008年版，第33页。

票号虽能通过获本、倍本，使资本规模获得增加；但是票号内部的大比例分红，却极大地限制了票号资本的自我积累。例如，日升昌票号的每股分红最高达到了1.7万两，其正本银数量从开业到歇业仅仅增加了8.28万两，如表3-3所示。

表3-3 部分票号开业、歇业正本银数量一览

票号名称	开业时正本银量		每股分红额		歇业时正本银量	
	开业时间	正本银数量	通常数额	最高数额	歇业时间	正本银数量
日升昌票号	1823年	30万两	4千、5千两到7千、8千两	1.7万两	1923年	38.28万两
蔚泰厚票号	1879年	9.5万两	5千、6千两	1.2万两	1921年	35万两
蔚丰厚票号	1826年	17万两	6千、7千两	1万余两	1916年	28.32万两
蔚盛长票号	1826年	20万两	不详	1万两	1926年	24万两
百川通票号	1860年	10万两	1万两	2万两	1918年	30万两
大德通票号	1884年	12万两	不详	不详	1940年	35万两

资料来源：中国人民银行山西省分行、山西财经学院、黄鉴晖：《山西票号史料（增订本）》，山西经济出版社2002年版。笔者根据第638~653页资料整理而得。

① 卫聚贤：《山西票号史》，经济管理出版社2008年版，第33页。

（二）山西票号治理机制

票号的融资结构，在票号治理机制中得到了体现。具体来说，体现在三个方面。

一是东掌关系。票号运营之初，财东需要深思熟虑，选聘经理，委以重任。“财东起意经营，聘请经理，由介绍之人说项，或自己注意察访，确实认定此人有谋有为，能守能攻……则以礼召聘，委以全权。”“被委之经理，事前须与财东面谈，侦察财东有否信赖之决心，始陈述进行业务及驾驭人员之主张。如果双方主见相同，即算成功。”① 东家选定总理后，二者就会在彼此间的权力上进行划分。“东家（出资人）平日不问票号的具体业务，一切放手由经理负责。东家只在年终决算期阅览账簿，合算大账期间对职员评定功过。”② 由此可见，东家给掌柜非常大的权利。这样，在东家与掌柜之间也就形成了一种“委托—代理”关系。

与股份制企业依托于公司章程选任经理不同，票号这类传统企业，在治理结构上，更多是依赖信用关系。那么，在东家与掌柜之间是否存在某种激励机制，使得掌柜愿意尽心尽力为东家赚取更多的利润呢？这里就有必要谈谈山西票号中的人力股制度。

“人力股为银股的对称，又称身股，四川商号称为‘干股’。”③ “票庄各号的银股及人力股的总数，没有一定的标准。每家均在二三十股与五六十股之间。例如百川通，银股十股，人力股二十股，共分三十股……人力股与银股同样分配，并无轻重。初创的时候，银股多于人力股；年久则人力股的总数常常超过银股。这是票庄奖励人才的办法，也是东家所特许的。”④ 一般来说，在票号内部，起初持有人力股的均为总分号经理、协理等高层管理人员。“财东与持有身股的经理等管理人员之间的结合，实质上是物质资本与人力

---

① 中国人民银行山西省分行、山西财经学院、黄鉴晖：《山西票号史料（增订本）》，山西经济出版社 2002 年版，第 593 页。

② 张国辉：《中国金融通史（第 2 卷）》，中国金融出版社 2002 年版，第 40 页。

③ 山西财经大学晋商研究院编：《山西票号研究集》，经济管理出版社 2008 年版，第 109 页。

④ 陈其田：《山西票庄考略》，经济管理出版社 2008 年版，第 45 页。

资本的结合，即资合与人合的统一，是合伙制发展的新形式。”① 为调动经营者积极性，还须对身股划分层级，“在山西票号中，身股的等级通常分为19级。大掌柜即总经理，一般都是顶股一分，即10厘。其他的业务骨干可以顶1厘至9厘半不等”。② 通过人力股制度，员工的利益就与票号的整体利益捆绑在一起，这既激励职工尽心尽力工作来保障东家的利益，同时也提高了员工自己的收入水平。当然，经理拥有相当大的自主权，而东家却承担无限财务风险。在权责利不对称的状况下，一些票号仍能长盛不衰，这在很大程度上取决于当时的历史条件、商品货币经济的发展水平等因素。

二是人事安排及号规管制。山西票号属于中小型金融企业，人员设定上，少则几十人，多则几百人。太谷帮中的领袖——协成乾，其总号人数有112人，加上各地分号人员，也不过三百来人。“票号的总号设总理一人（俗名大掌柜），协理一人（俗名二掌柜），内事一人（俗名三掌柜，掌管内务），会计数人，文牍数人，外事数人（管理上街及兜揽生意），庶务一人（杂办），练习生若干人。分号设老帮一人（经理），协帮一人（副经理），会计文牍出纳营业，视事的繁简，设一人或数人。”③ 如图3－1所示。在学徒的遴

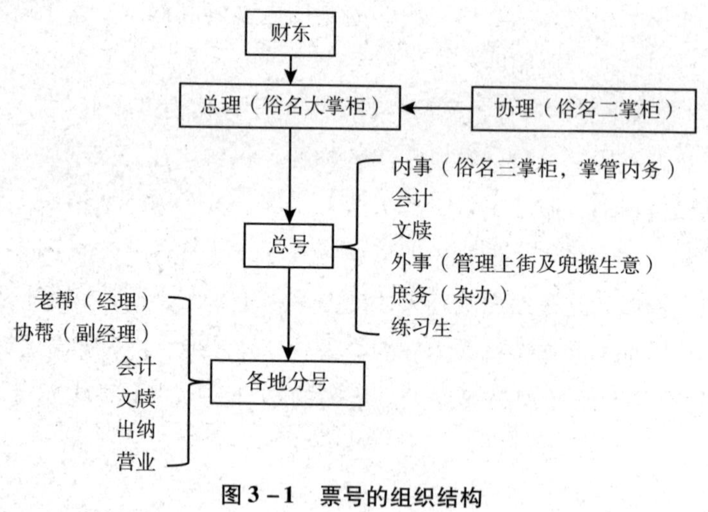

图3－1　票号的组织结构

① 兰日旭：《中国近代银行制度变迁及其绩效研究》，中国人民大学出版社2013年版，第22页。

② 张桂萍：《山西票号经营管理体制研究》，中国经济出版社2005年版，第70页。

③ 卫聚贤：《山西票号史》，经济管理出版社2008年版，第34页。

选上，票号的学徒必须为山西本地人，而且需要有保荐人推荐，票号东家无权向本票号推荐学徒。而且想要成为练习生，还要经过票号的多重考核。票号内部对职员有严格的号规管制，对于分号人员之行为，“除遇父母丧葬大事外，不得轻易告假。每月准寄平安家信，但不得私寄银钱及物品，一切举动办事，悉承总号命令。尚有特别禁令，（一）不准接眷出外，（二）不准在外娶妻纳妾，（三）不准宿娼赌博，（四）不准在外开设商店，（五）不准捐纳实职官衔，（六）不准携带亲故在外谋事。”①

三是总、分号的设立及运营机制。山西票号的总号都设在平遥、祁县、太谷三地，分号则遍及全国。“分号之多，日升昌、天成亨、蔚泰厚、存益公、大德通、大德恒、志成信、协成乾为最，皆三十余处。俗云日升昌汇通天上，盖谓分号之多也。”② 日升昌在全国先后设立过35家分号；分号所在地分别是：北京、天津、三原、上海、苏州、保定、张家口、太谷、扬州、清江浦、太原、祁县、湘潭、常德、开封、周家口、道口、沈阳、芜湖、南昌、营口、济南、西安、镇江、汉口、沙市、梧州、桂林、南宁、长沙、成都、重庆、广州、杭州、香港。山西票庄除总号外，在全国设有分号414家，分布在21个行省以及新疆、内蒙古。分号“设立的手续，由总号选择干员、携带图章砝码，并路费及开办费若干前往。不必携往大宗资本，因系汇兑，与自己的各分（号）或而其他的票号往来拨兑，比至标期，如缺少现款，再由附近分号从标局运现接济。”③

票号的业务主要靠分号来经营，总、分号之间的关系相当密切。“总号与分号的关系是全局统筹，不分畛域，表示为一种联合组织，但分号必须服从总号的决定。”④ “遍布全国各地的分号，都是由总号大掌柜决定设立的，分号经理都是由大掌柜任命的，在分号里，每个人担任什么职务，顶多少身股，也都是大掌柜说了算。所以，各个分号对于大掌柜的旨意，都是言听计从，大掌柜怎么指挥，分号就怎么干。山西票号总号的大掌柜，就是从总号

①④ 范椿年：《山西票号之组织及沿革》，载于《中央银行月报》1935年1月。

② 《晋商盛衰记》，第11页；转引自陈其田：《山西票庄考略》，经济管理出版社2008年版，第52页。

③ 卫聚贤：《山西票号史》，经济管理出版社2008年版，第44页。

到各个分号的大统管和总指挥。"[①] 由于各分号经营业务款项多少不一，且其所处地区市场环境差异较大。对于总号来说，及时获得各分号经营状况就显得尤为重要。总号对分号情况的了解，主要是通过各分号的报告。"分号对于总号，时有信件，报告营业状况及当地行市，平时用平信，急时用专信，电报通了则用电报。同时并将营业情形及行市向各分号互报，以便互通消息，又如甲分号有余款，视乙、丙分号之缓急，分送各地，以便周转。甲分号应付得法，得利为多，因为甲分号之功，但得到红利，均送总号，在总号总结下分红利，是以各分号多互相救济。"[②]

三、中国近代传统商业融资结构与治理机制

近代中国的传统商业，可以说处于一个过渡阶段。在这个过渡阶段，一些百年老号因为未能顺应时代潮流而渐趋没落，也有一些像同仁堂药店、瑞蚨祥绸布庄等商业企业通过改善其治理机制而获得更好的发展。在这个空前变化的年代，大量新式商业借机而生，如洋布商店、百货商店、五金商店、西药商店等。

"中国过去的商业企业，只有独资和合伙两种，组织形式很简单。大者有店东、伙计、学徒组成，小者是投资人自己担任商业劳动。独资商店往往和家庭经济不分，小者连家铺，家庭成员全部参加买卖活动，大抵最初出现的专业商人都是独资的，后来逐渐有合伙组织。"[③] 表3－4展示了1936年前药房及西药行的企业组织情况。

由表3－4可知，这些药房及西药行的企业组织形式，以独资与合伙形式占较大比重，公司制企业仍较少。除西药行业外，其他像华洋杂货批发商业、棉布行业、五金行业，以及一大批的百年老字号，情况也大体类似，仍以独资和合伙形式占据主导地位。下面以五金商业为例进一步展开分析与探讨。

---

① 张桂萍：《山西票号经营管理体制研究》，中国经济出版社2005年版，第123页。

② 卫聚贤：《山西票号史》，经济管理出版社2008年版，第44页。

③ 王相钦：《中国近代商业史稿》，中国商业出版社1990年版，第303页。

表 3－4　　1936 年前药房和西药行组织形式比重

单位	户数	独资		合伙		公司		分行	
		户数	比重（%）	户数	比重（%）	户数	比重（%）	户数	比重（%）
药房	97	55	56.1	27	28.6	15	15.3	—	—
西药行及其他	69	35	51.5	22	30.9	10	14.7	2	2.9
合计	166	90	54.2	49	29.5	25	15.1	2	1.2

资料来源：中国科学院经济研究所编：《上海近代西药行业史（第十一种）》，科学出版社 2018 年版，第 54 页。

早期上海五金行业的投资人，大部分是先前从事过与五金进口买卖相关的摊贩及个体手工业者。之后，投资该行业的人士大抵又可分为 3 类，即继承家业者、合伙店主拆业开店、高级职员自己开店。这些人士基本都是业内从业人员。对于那些业外出资开店者，他们也常常是与该行业有密切往来的洋行买办、银行业资本家等人士。

五金行业中，比较有代表性的有 28 家（计五金业 11 户、钢铁业 7 户、五金零件业 8 户、铜锡业原料组 1 户、玻璃业兼钢铁 1 户），其开设年份从 1862 年，直至 1933 年。[①] 这 28 家企业，除老顺记、蔡仁茂初始投入资本不可考外，其余 26 家初始投资资本共计 239 300 银两。26 家企业出资人按业内外分类，业内人员出资额占比 76%，业外人员出资额总计占比 24%，见表 3－5；26 家企业出资人按出身分类，继承家业者虽只有 5 人，但其出资额所占比重却是最大的，见表 3－6。

一般来说，五金店铺的初始投入资本，基本上是源自本行业的自身积累。这种情况从第一家五金店号老顺记建立时，便是如此。五金店铺创设时，其投资规模大小不等，大的店号金额能达到几万两，小的则只有几百两。对于刚刚建立时原始资本就比较大的企业，它们大抵是由已经积累了巨额资金的老店铺分化而出。1898 年开设的瑞昌顺，原始资本 3 万两，其中 2.8 万两来

① 上海社会科学院经济研究所主编：《上海近代五金商业史》，上海社会科学院出版社 1990 年版，第 66 页。

自老顺记老板的儿子叶勉卿、女婿王柳亭。“1928 年开设的久昌五金店，资本 2 万两，主要是余丰新五金号老板兄弟分家拆伙后开设的。”① 表 3－7 显示了 28 家代表性五金店铺创设时的原始资本。

表 3－5　　26 家企业投资额百分比

类别	人数（名）	投资额	
		银两	百分比
业内人员：	58	181 965	76.0
业外人员：			
洋行买办、职员	9	13 900	5.8
银钱业资本家、职员	6	16 000	6.7
工厂企业采购人员	6	12 920	5.4
其他人员	12	14 515	6.1

资料来源：中国科学院经济研究所编：《上海近代五金商业史》，科学出版社 2018 年版，第 52 页。

表 3－6　　26 家企业平均每人投资额

类别	人数（名）	投资额	
		银两	平均每人
摊贩和手工业者	3	525	175
一般职员	42	79 075	1 883
经协理	13	52 795	4 061
股东	20	57 135	2 857
继承家业者	5	40 000	8 000
买办	3	6 000	2 000
其他人员	5	3 770	754

资料来源：中国科学院经济研究所编：《上海近代五金商业史》，科学出版社 2018 年版，第 52 页。

① 中国科学院经济研究所编：《上海近代五金商业史》，科学出版社 2018 年版，第 106 页。

表 3－7　　五金行业 28 户开设时资本

行业内分类	店名	开设年份	开设时资本（银两）
五金业	老顺记	1862	不详
	慎记	1888	2 000
	瑞昌顺	1898	30 000
	乾泰祥	1905	5 000
	同义和	1912	4 000
	森昌	1916	1 000
	恒大昌	1917	20 000
	正记	1924	30 000
	锦和	1927	5 000
	恒大祥	1931	36 000
	张永昌	1933	700
钢铁业	可炽	1870	2 000
	源昌	1885	600
	怡大	1895	1 000
	瑞大	1903	2 000
	源椿	1918	22 000
	源祥	1920	8 000
	源丰	1929	6 000
五金零件业	新同昌	1905	1 700
	震昌祥	1917	3 000
	德泰成	1920	6 500
	广荣泰	1922	7 000
	馀泰	1926	12 000
	华丰泰	1927	3 500
	久昌	1928	20 000
	鸿兴	1931	30
铜锡业	裕祥隆	1920	10 000
玻璃业	蔡仁茂	1879	不详

资料来源：上海社会科学院经济研究所主编：《上海近代五金商业史》，上海社会科学院出版社 1990 年版，第 116～118 页。

除企业初始投资资本外，营运资金对于一个企业来说，具有更加重要的意义。一般来说，企业营运资金要远多于其账面资本。“企业营运资金，是指投入本企业业务经营的资金，不包括投资于店外其他企业的资金。”① 营运资金从其来源角度讲，包括自有资金和外来资金两方面。“自有资金包括账面资本、公积、盈余滚存、账外盈余等项；外来资金包括洋行赊进、同业赊进、工业赊进、行庄借款、吸收存款等项。”② 表 3 - 8 显示了 22 户五金企业在 1935 年前后的营运资金总额分配比重。

表 3 - 8　　22 户五金企业营运资金总额分类百分比

项目			金额（万元）	百分比（%）
营运资金	总额		935. 4	100
	其中	自有资金	605. 8	64. 8
		外来资金	329. 6	35. 2
外来资金来源	总额		329. 6	100
	洋行赊进		100. 5	30. 5
	同业赊进		26. 4	8. 0
	工业赊进		13. 8	4. 2
	行庄借款		39. 6	12. 0
	吸收存款		149. 3	45. 3

资料来源：中国科学院经济研究所编：《上海近代五金商业史》，科学出版社 2018 年版，第 105 页。

表 3 - 8 可知，在 22 家五金企业营运资金总额中，自有资金占比 64. 8%，外来资金占比 35. 2%。外来资金中，占比最大的两项是吸收存款和向洋行赊进款项，分别为 45. 3% 和 30. 5%；其次是行庄借款、同业赊进款；占比最小的是工业赊进款，仅有 4. 2%。这些企业经过悉心经营，均积累了大量资金。从企业创设到 1936 年，有的企业数年，有的则几十年，其资金增加少则几倍，多则几十倍。

①② 中国科学院经济研究所编：《上海近代五金商业史》，科学出版社 2018 年版，第 104 页。

五金商业的融资结构与票号等类似，以自身的积累为主，那它们的治理结构又如何呢？在人事安排上，五金商业的很多职称与传统金融业类似，但它们分工更加明确，增加了像栈司、老司务、车夫等职务。如表3－9所示。

表3－9　　行业大中户内部一般分工人数

职别	大户人数	中户人数
经副协理	1～3	1～2
柜台	2～4	1～3
拆货	2～4	1～2
跑街	7～10	3～5
账房	2～4	1～2
进货	1～2	
出货	1～2	
栈司	1～2	1
老司务	2～4	1～2
车夫	1～3	1
学徒	2～6	1～4
茶房、厨房	2～3	1～2
共计	24～47	12～24

资料来源：中国科学院经济研究所编：《上海近代五金商业史》，科学出版社2018年版，第84～85页。

山西票号的股东一旦选定掌柜，便会给予掌柜很大的权力，很少过问票号内部事务，已经趋向于股份制公司中所有权与经营权的分离。五金则有所不同，“行业中各店号不论独资或合伙，大多都是资本家自己直接经营业务的。因此经理一职绝大多数都是主要资本家自家担任，也有少数大店资本家，仅仅挂个经理的头衔，日常不管事，把店里业务委托给资本家代理人负责。但资本家一般都送给他们一些‘干股’，以提高他们的‘身价’和收益。”①

① 中国科学院经济研究所编：《上海近代五金商业史》，科学出版社2018年版，第85页。

这样，企业所有权与经营权均归属于财东，除非企业进行重大改组，否则，企业治理机制便完全由出资人决定。与山西票号一样，五金行业同样设有学徒制度，行业内职工大部分来自本行业的学徒。一般情况下，学徒期限为3年，如遇特殊情况，期限也可能被延长。“例如瑞和祥五金号就规定：学徒习业3年，须经考试及格才能满师。如果不及格，仍须继续当学徒。”①

第二节　中国近代股份制企业的融资变化与治理机制

晚清时期，以轮船招商局的诞生为标志，官督商办企业占据了主导地位。与此同时，民营股份制企业逐渐兴起，到北洋政府时期，民营股份制企业迎来发展黄金期，呈现出蓬勃发展态势。南京国民政府时期，随着国民政府对近代企业控制力的逐步增强，国家资本控制下的股份制企业成为这一时期的特色。这三种不同形态的股份制企业，在融资模式及治理机制上，既有其相似之处，又带有其各自独有的特征。

一、官督商办企业融资结构与治理机制

1872年，轮船招商局成立，始开中国近代股份制企业先河。之后，一批“官督商办”企业随之建立起来。“招商局开其端，一人唱之，众人和之，不数年间，风气为之大开，公司因之云集，虽其中亦有成与不成之分，然其一变从前狭隘之规则。”② “1872年到1894年间，官督商办公司占据主导地位，其他公司模式无论是数量、规模，还是社会影响都相对有限。”③

（一）官督商办企业融资结构

甲午战争之前，以“官督商办”形式创办的股份制企业大概有40余家，

① 中国科学院经济研究所编：《上海近代五金商业史》，科学出版社2018年版，第87页。
② 《申报》，1883年10月21日。
③ 杨在军：《晚清公司与公司治理》，商务印书馆2006年版，第77页。

资本额如表 3－10 所示。创办资本规模较大的有上海机器织布局（资产规模 142.7 万元）、华盛纺织总厂（资产规模 350 万元）、开平矿务局（资产规模 112 万元）、轮船招商局（资产规模 84 万元）、萍乡煤矿（资产规模 69.9 万元）等。

表 3－10　　近代官督商办企业创办时资本额一览

成立年份	名称	所在地	资本（万元）	创办人或企业代表
1872	轮船招商局	上海	84	唐廷枢
1874	同茂船厂	上海	不详	轮船招商局
1875	基隆煤矿	台湾基隆	约 19.6	沈保祯
1875	济和保险公司	上海	28	招商局
1876	湖北广济兴国煤矿	湖北广济兴国	18.6	盛宣怀、李明墀
1876	仁和保险公司	上海	28	招商局
1877	安大保险公司	各大海口	56	广东商人
1878	开平矿务局	河北唐山	112	唐廷枢
1880	中兴煤矿	山东峄县	2.8	戴华藻
1880	广西富川贺县煤矿	广西富川贺县	约 4.2	叶正邦
1882	临城矿务局	河北临城	14	钮秉成
1882	利国驿煤矿	徐州铜山	约 21	胡恩燮
1882	奉天金州骆马山煤矿	奉天	28	盛宣怀
1882	湖北施宜铜矿	湖北	56	王辉远
1882	热河承平银砂	热河	56	李文耀
1882	直隶顺德铜矿	直隶	28	宋宝华
1883	贵池煤矿	安徽	约 1.4	徐秉诗
1883	云南铜矿	云南	9.8	唐炯、胡家祯
1883	湖北长乐铜矿	湖北	14	金涤泉
1883	安徽池州铜矿	安徽	42	杨德
1883	山东登州铅矿	山东	不详	盛宣怀
1885	福建石竹山铅矿	福建	14	丁枞
1885	山东平度金矿	山东平度	29.4	李宗岱

续表

成立年份	名称	所在地	资本（万元）	创办人或企业代表
1887	山东淄川铅矿	山东淄川	不详	徐祝三
1887	台湾商务局	台北	50.4	刘铭传
1890	上海机器织布局	上海	142.7	戴恒、郑观应
1890	天宝山银矿	吉林延吉	4.2	程光第
1891	浙江官轮船局	杭州	不详	浙江牙厘总局
1894	华盛纺织总厂	上海	350	盛宣怀、聂缉椝
1894	湖北缫丝局	武昌	14	张之洞、黄晋荃
1897	大冶煤矿总局	湖北大冶	20.9	汉阳铁厂
1897	萍乡煤矿	江西萍乡	69.9	张赞宸
1897	浙江商务利用公司附设官轮船局	杭州	7	不详
1898	通化怀仁金矿	奉天通化怀仁	6.9	不详

资料来源：杜恂诚：《民族资本主义与旧中国政府（1840～1937）》，上海人民出版社 2014 年版。笔者根据第 252～487 页表格整理而得。

官督商办企业资金来源大致有 3 种。

一是垫借官款。“垫借官款是官督商办企业中一种特有经济现象。”[①]“各企业中，官款所占比重都很高，尤其在开办初期。在漠河金矿和清豁铁厂的资本中，官款都占 50% 左右。在天津铁路公司占 64%，在天津电报局占 70%，在湖北缫丝局占 80%。”[②] 官款情况如表 3－11 所示，值得注意的是，“官府垫款并不是要与私人投资在资产关系上进行合作。官府不入股，只是作为借款，不仅风险小，而且作为债权人又可以保本，另外，国家的资本不作长期投资，也有利于周转。但官款垫借却又成为政府之所以能握有企业决策大权的经济理由之一”[③]。

① 张忠民：《艰难的变迁：近代中国公司制度研究》，上海社会科学院出版社 2002 年版，第 133 页。

② 许涤新、吴承明：《中国资本主义发展史（第 2 卷）》，人民出版社 2005 年版，第 446 页。

③ 张忠民：《艰难的变迁：近代中国公司制度研究》，上海社会科学院出版社 2002 年版，第 134 页。

表 3-11　　官督商办企业中的官款情况（1872～1894 年）

企业名称	垫借时间	垫借金额（万两）	用途
轮船招商局	1872～1879	193	开办费，购买旗昌公司
开平矿务局	1878～1882	24	开办费
	1894	38	筑路费
天津电报局	1882～1886	18	修建费
天津铁路公司	1887～?	16	筑路费
漠河金矿	1886～1892	13	开办费
清溪铁厂	1888～?	21	开办费
上海机器织布局	1894	26	开办费
华盛纺织总厂	1894～?	26	开办费
湖北缫丝局	1894～?	8	开办费

注：原有数据的单位是两，本表对原表数据作了四舍五入的处理。

资料来源：许涤新、吴承明主编：《中国资本主义发展史（第 2 卷）》，人民出版社 2005 年，第 444 页。

二是募集商股。官督商办企业中，“商办”的核心便是要向社会募集商股。起初，多是通过创办者社会关系网络来募集资金，但此法招股进程并不理想。之后，各企业渐趋通过登报的方式来募集商股。上海机器织布局曾几次登报招股，并五次将公开招股情况刊登于《申报》①。织布局募股主事人经元善认为，“凡公司起始，招股存银创建缔造，无一不可登报以招大信”。他曾很得意地提及此事，“溯招商、开平股份，皆唐、徐诸公因友及友，辗转邀集。今之登报招徕自愿送入从此次始。初拟章程招四十万，后竟多至五十万，尚有退还不收。”②

三是向外商借款。“招股困难资金短绌，办法之一就是借债。当时中国尚无银行，除有的企业吸收一些私人存款外，有力者乃向外商告贷。”③ 甲午战争前，官督商办企业向外商借款多达 500 余万两，大大超过垫借官款的数

① 分别见《申报》1881 年 1 月 13 日、2 月 11 日、4 月 30 日、6 月 5 日和 1882 年 5 月 18 日。

② 经元善：《经元善集》，华中师范大学出版社 1988 年版，第 287～288 页。

③ 许涤新、吴承明：《中国资本主义发展史（第 2 卷）》，人民出版社 2005 年版，第 447 页。

量，如表3－12所示。但与官款不同，向外商借款的只是为数不多的几家企业，像轮船招商局、中国铁路公司等。这些借款多是借自外国在华洋行，“招商局的借款主要用于资金周转，铁路公司的借款主要用于购料和筑路，但期限都较短，二三年即偿清，没有发行债券。所以，和甲午战争后的外债不同，它们一般属于商业借贷性质。但是，1885年的30万英镑借款情况不同。该款主要用于清偿到期债务，年息七厘，分十年还清，已属长期性借款了。”①

表3－12　　官督商办企业向外商的借款（1877～1894年）

年份	借款单位	贷款单位	金额（两）	备注
1877	轮船招商局	旗昌洋行	100	用于购买轮船，年息8%
1883	轮船招商局	天祥、怡和洋行	74.34	用于资金周转，年息7%
1885	轮船招商局	汇丰银行	30万磅121.71	30万英镑折合数，年息7%
1885	平度金矿	汇丰银行	18	—
1887	中国铁路公司	怡和银行	63.7	用于筑路，年息5%
1887	中国铁路公司	华泰银行	43.9	用于筑路，年息5%
1887	中国铁路公司	怡和银行	15	5.5%
1888	中国铁路公司	汇丰银行	13.45	用于勘路订料
1889	湖北织布局	汇丰银行	10	用于购买机器，年息5%
1889	湖北织布局	汇丰银行	6	同上
1889	石门煤矿	礼和银行	4	15%
1891	开平矿务局	德华银行	20	7.5%
1894	湖北铁政局	汇丰银行	13.17	用于购买机器
1894	中国铁路公司	汇丰银行	20	—

注：原有数据的单位是两，本表对原表数据作了四舍五入的处理。
资料来源：许涤新、吴承明：《中国资本主义发展史（第2卷）》，人民出版社2005年版，第448页。

（二）官督商办企业治理机制

官督商办企业在仿效西法成立时，仍存有传统企业组织的重要特征，留

① 许涤新、吴承明：《中国资本主义发展史（第2卷）》，人民出版社2005年版，第447页。

有无限责任制的痕迹。在刘秉璋给光绪的奏折《奏川矿开采害累殊多疏》中提到，“首之人以十名为定，须先报明家资若干万，确指出田方典当产业处所，饬地方官查实，以为真正殷实之据，将来亏折倒闭，即以其产赔偿，不致商股无著”①。欲创办股份制企业，出资最多的前十名股东得报出自家资产，若公司倒闭，须以家产抵之，这显然是无限责任的典型特征。

然而，与传统企业组织不同，这类企业的股本筹集、董事及经理的任命、企业的运营等相关问题大都在公司章程中作了规定。轮船招商局的治理结构，如图3－2所示。在此种组织结构中，政府（官方）、董事、经理之间存在明显的层级制约关系。企业归股东所有，政策性事件由官董掌控，企业经营由商董负责，业务经营由总局的总会办控制。企业治理机构的最顶层是政府或高级官僚，他们通过官董与企业产生联系。轮船招商局成立时，李鸿章指命朱其昂办理局内一切事务，但由于创设初年招股未济，第二年企业进行改组。“改组后章程规定，除举唐廷枢为‘总董’外，再将股份较大之人，公举入局，作为‘商董’，徐润、朱其莼、宋缙、刘绍宗等都是商董。但商董并无规定职权。唐、徐是由李鸿章委为总办、会办，朱、宋、刘则分包上海、天津、

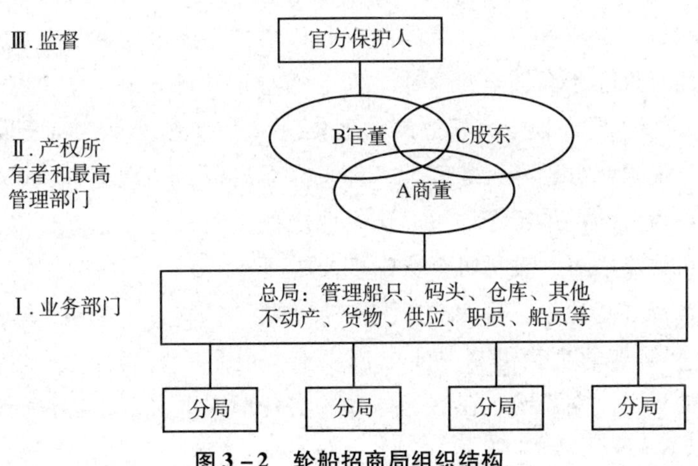

图3－2　轮船招商局组织结构

资料来源：转引自［美］费维恺：《中国早期工业化：盛宣怀（1844～1916）和官督商办企业》，虞和平译，中国社会科学出版社1990年版，第129页。

① 刘秉璋：《刘文庄公奏议》，卷8，第9～10页；转引自王处辉：《中国近代企业组织形态的变迁》，天津人民出版社2001年版，第213页。

汉口等分局业务。"①1887 年开平矿务局创设时，李鸿章委任唐廷枢为督办，会办则先后由丁寿昌、黎兆堂、郑藻充任。之后的官督商办企业基本上都采取总会办制度。总办和会办均属于各级经理人性质。"不过，与传统合伙制企业由出资人遴选经理人不同的是，早期官督商办企业虽说商办，但股东却被剥夺了选举经理人的权力，以总办为首的经理人员几乎都由官方遴选、任命。"②

官督商办企业与传统企业的最显著区别，就是引入了西方股份公司制度，使企业能够公开向社会募集资金。"从公司制度的财产所有权上看，既然官督商办企业的股本的绝大部分，甚至全部都由发起人或募集的商股构成，那么商股股东以及商股董事应拥有对企业相应的权利。"③ 但在"官总其大纲"的绝对控制下，"商办"也就只是徒有其名罢了。"总办、会办虽不少是商人、买办出身，但他们并不代表商股；他们是由政府任命的，并非由股东选举，招商局虽有'公举'之说，实际是官府核定。"④该类企业中，实际上并无商股代表，也没有官商协商制度。仅上海机器织布局在 1880 年改组后，曾一度明确由会办郑观应代表商股，办理商务。1883 年，郑观应离开织布局后，制度随之作废。虽然在一些官督商办企业章程中已经出现了像股东大会、董事会等现代公司治理的基本结构，但其在企业实际运营中并未发挥作用，而只是被空置。企业章程、规章的制定和修缮，其决定权并不在股东大会与董事会，而是权操于高级官僚手中。对于企业的中小股东，"一切惟总办之言是听"⑤，在企业中处于无权过问的地位。甚至有人认为"商民虽经入股，不啻途人，而岁终分利亦无非仰他人鼻息。而局费之当截与否，司事之当用与否，皆不得过问。虽年终议事亦仿泰西之例，而股商与总办分隔云泥，亦第君所曰可据亦曰可，君所曰否据亦曰否耳。"⑥

在官督商办企业中，官方占据了主导地位。"'官督'的核心是'由官总其大纲'，这既是官督商办最基本的出发点，也是'官督商办'中'官督'的最基本的含义。它表明，在官督商办的实现形式下，企业的设立以及设立

---

①④ 许涤新、吴承明：《中国资本主义发展史（第 2 卷）》，人民出版社 2005 年版，第 449 页。

② 杨在军：《晚清公司与公司治理》，商务印书馆 2006 年版，第 103 ~ 104 页。

③ 张忠民：《艰难的变迁：近代中国公司制度研究》，上海社会科学院出版 2002 年版，第 136 页。

⑤ 中国史学会：《洋务运动（六）》，上海人民出版社 1961 年版，第 110 页。

⑥ 杨松、邓力群：《中国近代史资料选集》，上海三联书店 1954 年版，第 278 页。

后的运营都必须保证在官府的直接督察之下进行。"① 官府既要对企业的运营给予扶助、支持，同时，企业的大小事务又须处于官府掌控之下。轮船招商局名义上虽是效仿西法而成的股份制企业，实质上，其经营决策权并非由董事会及股东掌控，而是权操于洋务派官僚李鸿章之手。"因为公司的设立是以官督商办原则建立的，代表政府的洋务派大官僚凌驾于上，集事权于一人，总办、会办由其委派，企业中的一切又惟总办之言是听，一切商股皆无权过问局务。"② 所谓"官督商办之局，权操在上"③。在官督商办企业中，"位尊而权重，得以专擅其事；位卑而权轻者，相率而听命。公司若有盈余，地方官莫不思荐人越俎代谋"④，位的尊卑成为公司治理机制中的主导力量，资本（人力资本和物力资本）力量受到压制。这对企业的经营管理产生了巨大的破坏作用。在"官督商办"公司治理机制中，商人应该在官员的监督下进行经营管理，但是，实际结果却是官员出于自己的利益需求，经过种种环节，最后变成了真正的经理人，使得官督变成了官员控制⑤，"摒弃了公司治理机制中的资本力量，而过多地掺杂了政府的力量，使公司经营目标脱离了由资本机制所决定的股东利益最大化的目标。同时，公司治理机制中的委托代理链条不再是所有者与经营者之间的委托代理关系，而是政府（官员）与经营者之间的委托代理关系。"⑥

二、民营股份制企业融资结构与治理机制

（一）民营股份制企业的兴起与发展

晚清后期，官督商办企业弊病不断显现。1883 年上海金融风潮的爆发，使股份制企业遭遇了前所未有的集资困难，大多数企业由于募集不到商股而

①② 张忠民：《艰难的变迁：近代中国公司制度研究》，上海社会科学院出版社 2002 年版，第 132 页。

③ 郑观应：《郑观应集》下，上海人民出版社 1988 年版，第 779 页。

④ 郑观应：《郑观应集》上，上海人民出版社 1982 年版，第 611 页。

⑤ ［美］陈锦江：《清末现代企业与官商关系》，王笛、张箭译，中国社会科学出版社 1997 年版，第 82 ~ 87 页。

⑥ 杨勇：《近代中国公司治理：思想演变与制度变迁》，上海人民出版社 2007 年版，第 47 ~ 48 页。

宣告倒闭，官督商办企业声誉一落千丈。郑观应曾对官督商办企业寄予厚望，而此时却也言道“以官督商办之故，不能于泰西各公司竞争于世界各舞台，此中国商业所以日居败退也。”① 官督商办企业已成颓势，与之相反，商办企业日益兴起。据杜恂诚统计，截至1903年，全国各地先后创办的商办企业已达460家以上，而在名称上直接冠之以“公司”字样的至少已有80家之多。涵盖了制造、制革、制瓷、火柴、卷烟、榨油、染织、轧花、面粉、制茶、酿酒、机器、航运、保险等诸多行业。②

甲午战争前，民营股份制企业尚处于起步阶段。甲午战败之后，民营股份制企业在“实业救国”浪潮下，迅猛发展，成为中国近代股份制企业中数量最多、范围最广、最活跃和特色最鲜明的企业群体；也是中国近代连续存续时间最长、内容最丰富、对中国经济发展和工业化贡献最大的企业群体。③ 1904年《公司律》和1914年《公司条例》的颁布，使近代股份制企业变得有法可依；第一次世界大战爆发，削弱了外国经济势力在华的竞争力；民营股份制企业迎来了其发展黄金期，一大批股份制企业应运而生，见表3-13。与此同时，大生企业集团、荣家企业集团、永安纺织印染公司等一批民营股份制企业集团迅速崛起，成为这一时期的一大亮点。

表3-13　　1927年前国内股份制企业历年开设户数及资本总额情况统计

开设或注册年份	股份有限公司		股份无限公司		股份两合公司	
	开设户数	资本总额（万元）	开设户数	资本总额（万元）	开设户数	资本总额（万元）
1895	1	200.00	—	—	—	—
1896	2	50.00	—	—	—	—
1897	1	200.00	—	—	—	—
1898	1	100.00	—	—	—	—

① 郑观应：《郑观应集》上，上海人民出版社1982年版，第613页。

② 杜恂诚：《民族资本主义与旧中国政府（1840～1937）》，上海人民出版社2014年版，第251～487页。

③ 朱荫贵：《中国近代股份制企业研究》，上海财经大学出版社2008年版，第27页。

续表

开设或注册年份	股份有限公司		股份无限公司		股份两合公司	
	开设户数	资本总额（万元）	开设户数	资本总额（万元）	开设户数	资本总额（万元）
1899	—	—	—	—	—	—
1900	—	—	—	—	—	—
1901	2	101.25	1	0.50	—	—
1902	1	50.00	1	0.50	2	6.00
1903	1	5.00	—	—	—	—
1904	2	329.93	1	1.00	—	—
1905	3	11.20	2	61.00	2	13.20
1906	10	245.28	2	35.78	—	—
1907	7	200.45	2	110.00	—	—
1908	10	584.99	—	—	1	5.00
1909	7	410.52	—	—	—	—
1910	8	158.25	1	3.00	6	33.14
1911	21	780.27	—	—	2	2.10
1912	35	1 156.50	—	—	6	106.60
1913	45	997.79	2	1.00	10	44.06
1914	74	2 949.32	14	28.88	6	118.31
1915	82	4 563.53	18	95.36	7	8.17
1916	54	4 475.65	12	525.30	6	36.70
1917	60	1 311.55	17	189.62	4	31.24
1918	66	3 139.20	19	93.75	11	106.10
1919	100	6 748.02	26	232.21	7	85.72
1920	98	7 737.43	33	142.20	3	13.30
1921	132	8 715.54	18	839.66	7	25.00
1922	91	3 659.65	11	332.50	2	5.60
1923	39	1 328.09	9	64.80	1	3.60
1924	83	1 678.70	6	17.40	4	10.37

续表

开设或注册年份	股份有限公司		股份无限公司		股份两合公司	
	开设户数	资本总额（万元）	开设户数	资本总额（万元）	开设户数	资本总额（万元）
1925	78	1 279.35	9	68.00	3	—
1926	122	1 683.13	19	106.59	5	3.00
1927	26	1 405.00	11	433.75	1	5.00

资料来源：上海市档案馆编：《上海档案史料丛编：旧中国的股份制（1872～1949年）》，中国档案出版社1996年版，246～247页，为便于观察，笔者进行了单位换算和四舍五入处理。

（二）民营股份制企业融资结构及治理机制

民营股份制企业发展迅猛，渐趋成为中国近代股份制企业中最为重要的一种，其融资来源及治理机制无论是较之早期的官督商办企业，还是在各民企之间，既有其相似之处，又兼具自身特色。中国通商银行，刚成立时是以盛宣怀为核心，在自身控制的企业、关系紧密的官僚等亲友中筹集资本试行营业，后来随着盛宣怀的离去，中国通商银行的股权结构开始发生社会化转化趋势①；裕大华棉纺织企业集团，由徐荣廷、苏汰余等人1913年租办原官办湖北布、纱、丝、麻四局基础上创办②，其先后创设有武昌裕华纱厂、石家庄大兴纱厂、利华煤矿公司、西安大华纱厂等企业，截至1936年年底，资产总值已达970万元③，雄踞华中地区；永安纺织公司，由澳洲华侨郭氏兄弟集聚侨资创办，是中国近代唯一一家由华侨资本创设的棉纺织企业，"其初资本为19万元，民国19年增为1 200万元，民国31年增为6 000万元，翌年复增为12 000万元，民国35年增为12万万元，民国36年7月增为600万万元"④，永安公司在组织形式上采取股份有限公司的组织形式，公司董事会和总监督由郭乐兼任，总经理由郭顺担任，董事15人中只有胡耀庭一人来

① 兰日旭：《中国近代银行制度变迁及其绩效研究》，中国人民大学出版社2013年版，第70页。

② 朱荫贵：《中国近代股份制企业研究》，上海财经大学出版社2008年版，第36页。

③ 《裕大华纺织资本集团史料》编辑组编：《裕大华纺织资本集团史料》，湖北人民出版社1984年版，第237页。

④ 陈真：《中国近代工业史资料》，第1辑，生活·读书·新知三联书店1957年版，第424页。

自永安资本集团外，郭氏以总监督和家长双重身份总揽公司全局，集经营大权于一身[①]；启新洋灰公司，由曾任北洋政府财政总长的周学熙创立，其历届董事及总协理等高层管理人员均由袁世凯、周学熙等官僚、军阀及其家族成员充任，该企业经理人选的家族内部化一定程度上干扰了公司治理机制作用的正常发挥。近代民营股份制企业早期多以亲缘、血缘和地缘关系为基础，企业创办人既是所有者又是经营者，拥有企业最高权力。企业的管理实际上属于董事长负责制。随着企业的发展、融资结构的社会化、社会环境的改善、公司法规的健全，企业才逐步向由职业经理层管理企业转变。

从民营股份制企业融资结构的分布来看，其早期分散化的比较少，大多企业股权比较集中，形成以亲友资本为核心的股权结构。刘鸿生企业下的章华毛绒纺织厂，创建于1929年，额定资本80万元，实收75万元，每股100元，共分成7 500股，其中刘鸿生持有3 720股，加上兄弟及其子女共持有7 430股，占全部股本总额的99%以上[②]。之后，随着公司制度的演进，一些民营股份制企业资本规模不断扩大，公司社会化程度不断提高。

（三）民营股份制企业个案分析

前面我们对民营股份制企业融资情况和公司治理关系作了一个简单概述，下面我们选择一些极具影响力的个案作进一步分析。这里，选取采用无限公司组织形式的茂新、福新、申新公司和采用股份有限公司组织形式的刘氏企业集团进行分析。

1. 荣家企业融资结构及治理机制

“荣家企业是荣宗敬、荣德生兄弟所创办，并以荣家资本为中心，它包括茂新面粉公司、福新面粉公司和申新纺织公司等三个企业系统及其附属企业；它是旧中国规模最大的民族资本企业之一。”[③] 近代中国的无限公司，其资本规模一般都比较小，但也有例外，荣氏兄弟创设的茂新、福新、申新公

---

① 上海市纺织工业局等编：《永安纺织印染公司》，中华书局1964年版，第28~29页。

② 张忠民：《艰难的变迁：近代中国公司制度研究》，上海社会科学院出版社2002年版，第163页。

③ 上海社会科学院经济研究所编：《荣家企业史料（上册）》，上海人民出版社1962年版，前言1页。

司便是如此。

在整个荣家企业系统中，荣氏兄弟在茂、福、申新各厂中的出资额均占有较大比重，这种自有资本的集中也成为其对企业进行控制的前提。从表3－14

表3－14　茂、福、申新各厂资本及荣氏兄弟所占比重（1932年）

厂名		股本额（万元）	荣氏兄弟投资（万元）	其他股东投资（万元）	荣氏兄弟资本所占比重（%）
茂新系统	茂新一、二、三厂	116.67	106.75	9.92	91.5
	茂新四厂	41.67	38.13	3.54	91.5
	小计	158.34	144.88	13.46	91.5
福新系统	福新一厂	50.00	23.32	26.68	46.6
	福新二、四、八厂	232.25	140.21	92.04	60.4
	福新三厂	50.00	13.34	36.67	26.7
	福新五厂	150.00	82.88	67.12	55.3
	福新六厂	—	—	—	—
	福新七厂	150.00	90.00	60.00	60.0
	小计	632.25	349.75	282.51	55.3
申新系统	申新一、八厂	350.00	221.66	128.35	63.3
	申新二厂	（248.33）	（248.33）	—	（100.0）
	申新三厂	300.00	217.00	83.00	72.3
	申新四厂	28.50	15.00	13.50	52.6
	申新五厂	（139.95）	（139.95）	—	（100.0）
	申新六厂	138.89	138.89	—	100.0
	申新七厂	250.00	235.00	15.00	94.0
	申新九厂	69.44	69.44	—	100.0
	小计	（1 525.11） 1 136.83	（1 285.27） 896.99	239.85	（84.3） 78.9
合计		（2 315.70） 1 927.42	（1 779.90） 1 391.62	535.81	（76.9） 72.2

注：申新二厂、五厂未设定股本，括号内数字为总公司垫借资金。以后，改二厂为荣氏兄弟所独有，这里将其作为资本看待，并加括号以示区别。

资料来源：上海社会科学院经济研究所编：《荣家企业史料（上册）》，上海人民出版社1962年版，第285页，为便于观察，笔者进行了单位换算和四舍五入处理。

可以看出，荣氏兄弟在茂新、福新、申新系统中的出资比例高达76.9%，即便不考虑总公司垫借资金，荣氏兄弟出资额仍占比72.2%。茂新、福新、申新三大企业系统中，尤属茂新系统荣氏兄弟投资比例最高，达91.5%；申新系统次之，达84.3%；最后是福新系统，达55.3%。

作为企业治理机制的核心部分，经理人的选择关乎企业的经营发展甚至是生死存亡，《公司律》《公司条例》也曾就经理人素质及选举方式作了规定。在采用无限公司组织形式的荣家企业中，家族对公司拥有绝对的控制权。荣宗敬一人同时担任茂新、福新、申新系统19家工厂的总经理，一名银行家曾言："事无巨细，均以荣氏（荣宗敬）一人之旨意为依归……（他）殊形忙碌，很少见其静坐写字台前批阅文件或静思默想。更未闻其召集重要职员，开会商讨业务……所有重要会议均于其家中，而非办公室内举行。"[①] 而总经理之下的经理、副经理几乎全都是清一色的荣家兄弟、子侄、儿女亲家等，即使是各公司、厂家的职员，荣姓成员占比也高达12%以上[②]。20世纪20年代中期以后，荣氏兄弟先后把已成年的子婿安排到各厂或各部门的领导岗位，1928年，荣家企业雇用了117名荣家成员，占企业全部职员总数的12.2%。[③]

荣家企业在扩张过程中，受限于向社会招股和股东的局限性，多是利用企业自身资本积累和债务进行扩张。荣家企业在面粉和纺织工业的经营绩效一直来说都比较好，而且各厂除发股息外，一般均不发红利给股东，从而使经营利润能够用来扩充资本。茂新粉厂系统1903年自有资本仅有5万元，到1923年，其自有资本已达87.91万元；福新粉厂系统1913年自有资本仅有4万元，到1923年，其自有资本已达296.81万元；申新纱厂系统1913年自有资本为21.75万元，到1923年，其自有资本达656.31万元。[④]

同时，在经营过程中，还更多依赖间接融资，尤其是债权融资。除了向

① 姚崧龄：《中行服务记》，传记文学出版社1968年版，第19页。

② 陈真：《中国近代工业史资料（第一辑）》，生活·读书·新知三联书店1957年版，第383页。

③ 上海社会科学院经济研究所编：《荣家企业史料（下册）》，上海人民出版社1980年版，第288页。

④ 上海社会科学院经济研究所编：《荣家企业史料（上册）》，上海人民出版社1962年版，第112页。

日本东亚兴业银行、英商汇丰银行等作抵押贷款之外，主要是通过股权参与的形式投资银行或者钱庄业，一方面拉近与这些金融机构主要投资人的关系，另一方面直接影响金融机构经营决策，从而以少量投资获得大量债权融资。[①]钱庄业方面，荣家在荣康、振泰、信康、生昶、汇昶等钱庄均有投资。银行业方面，荣家与中国银行、上海商业储蓄银行等关系紧密。1915 年，陈光甫组织创办上海商业储蓄银行，1919 年荣家出资 20 万元，占资本额 20%，荣宗敬在该行董事中占有一席之地。而对于中国银行，荣家除进行投资外，荣德生还与该行常务董事宋汉章结成了儿女亲家。截至 1931 年年底，茂新、福新、申新总公司向上海商业储蓄银行的借款余额已达 536.1 万元，向中国银行的借款余额为 434.7 万元，两家银行借款余额已略多于荣家向行庄借款总额的 30%[②]。此外，为节省利息支出和吸收职工存款，总公司通过对银行的存款储蓄章程进行了一番研究之后，于 1928 年设立“同仁储蓄部”，由荣宗敬兼任储蓄部经理，次子鸿三任储蓄部主任。后几经改进，存款数额迅速增长，超过原先预期的 300 万元存款目标。表 3－15 显示 1923～1932 年间荣家企业借入资本的情况。这里的借入资本包括借入款项、存款及荣家企业系统间的往来。借入款项是指长期押款，银行、钱庄信用借款和透支，以及抛出而未付出的纱布栈单等；存款是指客户、股东、职工等私人存款；荣家企业系统间的往来是指总公司同面粉厂之间的往来借款，主要是总公司垫借款项，但总公司的资金则来自银行、钱庄借款和储蓄部所吸收的存款，因而仍然是对外的负债。同时也可以看出，茂新、福新、申新系统长期处于高负债状态，其中，申新纱厂系统借入资本最多。1923 年，申新纱厂系统借入资金为 1 166.5 万元，到 1932 年，其借入资金已经增加了 2.75 倍，达到了 4 374.1 万元。同时，借入资本对自有资本的比率也从 1923 年的 177.7% 变为 1932 年的 242.7%，而在 1929 年，这一比率更是达到 417.0%。与申新系统相比，福新、茂新系统稍好一些，但也差距不大。在这三大系统的借入资本中，申新和茂新系统的“荣家企业系统间往来”这一项所占比重较大。例如，在 1925 年，申新纱厂系统借入资本中，借入款项占比 8.4%，存款占比 17.2%，荣

① 杨在军：《论家族制度与家族企业的互动关系》，人民出版社 2011 年版，第 214 页。

② 许维雍、黄汉民：《荣家企业发展史》，人民出版社 1985 年版，第 86 页。

家企业系统间往来占比 74.4%；当然，也存在例外的情况，在 1932 年的借入资本中，借入款项占比达到了 67.3%。[①] 而福新系统则相反，其借入资本中，借入款项和存款占比较大，荣家企业系统间往来占比最小。此外，荣家还积极参与各项社会、政治活动，以此来提高社会影响力。1918 年，荣德生当选为省议员，1921 年，又当选为国会议员，这些均为其争取到大量的社会资本。

表 3－15　　荣家企业借入资本的增长（1923～1932 年）

年份	借入资本		资产总值（万元）	企业自有资本（万元）	借入资本占资产总值的比例（%）	借入资本对自有资本的比例（%）
	金额（万元）	指数（1923 年 = 100）				
申新纱厂系统						
1923	1 166.52	100.0	1 730.33	656.31	67.4	177.7
1925	1 728.28	148.2	2 326.95	598.99	74.3	288.5
1929	2 769.23	237.4	3 731.83	664.11	74.2	417.0
1932	4 374.06	375.0	6 423.18	1 802.22	68.1	242.7
福新粉厂系统						
1923	546.81	100.0	863.08	296.81	63.4	184.2
1925	584.72	106.9	1 137.64	308.44	51.4	189.6
1932	1 268.38	232.0	2 221.88	815.94	57.1	155.5
茂新粉厂系统						
1923	168.73	100.0	239.22	87.91	70.5	191.9
1925	141.18	83.7	258.24	77.40	54.7	182.4
1932	63.88	37.9	393.89	294.96	16.2	21.7

资料来源：上海社会科学院经济研究所编：《荣家企业史料（上册）》，上海人民出版社 1962 年版，第 279 页，为便于观察，笔者进行了单位换算和四舍五入处理。

① 上海社会科学院经济研究所编：《荣家企业史料（上册）》，上海人民出版社 1962 年版，第 281 页。

无限公司的人合性质限制了茂新、福新、申新各厂进行大规模融资，高度集权的治理机制又决定了其极具封闭性。到1946年之前，茂新、福新、申新各厂一直采用无限公司组织形式，其间虽有几次欲改组公司之议，但并未付诸实施。抗战胜利后，面对日益复杂的企业管理困难和资产组织关系，企业不得不进行改制。“1946年1月15日，荣家企业正式取得经济部颁发的股份有限公司设字第1902号执照，更名为‘茂福申新面粉纺织股份有限公司’。”①

2. 刘鸿生企业集团融资结构及治理机制

“刘鸿生自1920年代起，从创办经销煤炭企业开始，先后又投资设立码头堆栈和火柴、水泥、煤球、煤矿、毛纺等生产企业，还组设银行、保险等企业，合轻重工业、运输、商业、金融业于一体，在资金融通上可以起到截余补阙、互相挹注的作用。虽然它在组织上并未形成过一个统一管理的企业组织形式，但实际上都由刘鸿生及其家族所控制，从经营业务范围上看，是一个较为典型的多角化经营体系，因此，人们习惯上也称之为刘鸿生企业集团。”② 与荣家企业采用无限公司组织形式不同，刘鸿生企业集团下的诸多企业更多地采用了股份有限公司的企业组织形式。1920年，刘鸿生首先创办了鸿升火柴无限公司，之后，刘鸿生又陆续组织创办了华商上海水泥公司、中华煤球公司、中华码头公司、大华保险公司、华丰搪瓷公司、章华毛绒纺织公司、华东煤矿公司、中国企业银行等一系列股份有限公司。表3－16显示了刘氏各企业创办时的资本额情况。“在近代中国公司制度的演进过程中，股份有限公司始终处于发展的主流地位。大凡一些在国民经济和社会生活中具有较大影响的大企业、大公司，采用的往往都是股份有限公司的组织形式。而一些初创时为非公司组织的中小企业，在实行企业改组，进入快速成长期后，采用的往往也是股份有限公司的组织形式。”③ 下面侧重对鸿生火柴公司、上海水泥厂、中国企业银行进行分析。

① 张忠民：《艰难的变迁：近代中国公司制度研究》，上海社会科学院出版社2002年版，第321～322页。

② 沈祖炜：《近代中国企业：制度和发展》，上海人民出版社2014年版，第143页。

③ 张忠民：《艰难的变迁：近代中国公司制度研究》，上海社会科学院出版社2002年版，第322页。

表 3－16 刘氏各企业创办时资本额一览

公司名称	设立年份	资本额（万元）	刘鸿生投资额	
			金额（万元）	比例（%）
鸿生火柴	1920	12	9	75
上海水泥	1920	120	66.33	52.2
中华煤球	1926	10	4.1	42
中华码头	1927	30	21	70
大华保险	1927	12	4.8	48
华丰搪瓷	1928	20	10	50
章华毛纺	1929	75	75	100
华东煤矿	1931	160	80	50
中国企业银行	1931	100	97.5	97.5

注：表中中国企业银行的“刘鸿生投资额”一项包含了刘鸿生其弟刘吉生的出资额。

资料来源：上海社会科学院经济研究所编：《刘鸿生企业史料（上册）》，上海人民出版社 1981 年版，笔者整理而得。

（1）鸿生火柴公司

1920 年，鸿升火柴无限公司创立，法定集资 12 万元，“股东刘鸿生君出资九万元、杜家坤君出资五千元、杨奎侯出资五千元、蒉敏伯出资五千元、徐淇泉出资五千元、陈伯藩出资五千元、刘吉生出资五千元”①，刘鸿生出资额占资本总额的 75%。由于鸿生火柴公司采用的是无限公司组织形式，资金周转发生困难时，往往只能由股东垫支，这既限制了企业的长远发展，同时也增加了股东的投资风险。鸿生火柴公司初创时，便由于产品滞销，使刘鸿生陆续垫支了 20 多万元来维持企业的发展。为增强公司竞争力和求得公司进一步发展，1926 年，经股东会议决定，企业改组为股份有限公司，注册资本由初创时的 12 万元增加到了 50 万元，提高了 4 倍还要多。“鸿生等前曾发起组织华商鸿生火柴股份无限公司，专营各种火柴，历经七载。兹经全体议决解散，改组华商鸿生火柴股份有限公司，仍以制造及发售各种火柴为业务。

① 上海社会科学院经济研究所编：《刘鸿生企业史料（上册）》，上海人民出版社 1981 年版，第 77 页。

除无限公司委任王焕功律师依法清算结束外，特设有限公司筹备处于上海四川路三号，额定资本总额银元五十万元，分为五千股，每股银元一百元，先收二分之一，所有股额业经各发起人完全认足，特此公告。”①

受瑞典火柴托拉斯在华大肆扩张垄断势力威胁，中国火柴同业危机四伏、前途堪忧。为此，刘鸿生倡议鸿生、中华、荧昌三厂合而唯一，以此来厚集资力、人力，图谋竟存，但中华公司对此提议无甚表示，此事遂被搁置。直到 1929 年，国产火柴业危机已十分严重，刘鸿生又旧案重提，分别致函中华火柴公司和荧昌火柴公司。两公司内外权衡后，同意合并。1930 年，三家公司正式合并，新公司定名为中国火柴股份有限公司，“注册资本，以三合并公司之资产净值为限，计分九万五千五百零四股，每股国币二十元，共为国币一百九十一万零八十元”②。其中，刘氏兄弟股本额共计 56. 49 万元，占总股本的 29. 57%。新公司推举乐振葆为董事长，聘任刘鸿生为总经理。各资本家之所以推举刘鸿生任总经理，就资金融通而言，刘鸿生本人拥有多家企业，财力雄厚，且与四明银行关系紧密，能够获得借款方面的便利；就社会地位而言，刘鸿生很有远见，信誉良好，办事谨慎，在业界有一定的话语权；况且公司合并还是刘鸿生提议的，由其担任总经理一职能够说服众人。然而，荧昌和中华两公司恐其大权独揽，试图通过董事会牵制刘鸿生。根据大中华火柴公司章程规定，公司总经理“由董事会聘任之……总经理……有重要事件应商承董事会意旨办理”③。为稳定人心，刘鸿生再次强调“董事会有权解雇总经理”，以表明自己的态度，并致函大中华火柴公司董事长、董事，“接奉本公司聘书，承嘱接充总经理一席……唯董事一席，应请予辞去，以符董事会决议”④。这样，在新公司中，刘鸿生便以总经理身份执掌公司一切事务，“公司的业务大计，又完全取决于董事会的指示而进行”⑤。显然，董事

① 上海社会科学院经济研究所编：《刘鸿生企业史料（上册）》上海人民出版社 1981 年版，第 93 页。

② 上海社会科学院经济研究所编：《刘鸿生企业史料（上册）》，上海人民出版社 1981 年版，第 136 页。

③ 大中华火柴股份有限公司章程（1931 年），刘鸿生企业资料，卷号：01 -006。

④ 上海社会科学院经济研究所编：《刘鸿生企业史料（上册）》，上海人民出版社 1981 年版，第 137 ~138 页。

⑤ 1961 年 8 月 28 日下午富民新材 1 弄 6 号王守义访问录，刘鸿生企业资料，卷号：04 -007。

会享有实权，这较之于荣家企业无股东大会、无董事会的无限公司组织形式，无疑是一大改进。

（2）上海水泥厂

创办于1920年的华商上海水泥公司。起初，上海商人李翼敬与怡和华顺栈买办刘宝余二人计划创设水泥厂，在同大冶水泥厂前工程师马礼泰商讨后，他们认为，此举单靠个人资力很难完成。于是就商于刘鸿生、刘吉生兄弟，并邀集朱葆三先生及商人谢仲笙、杜家坤、李拔可等20余人共同发起创设水泥公司。1920年9月19日，第一次发起人会议"决定公司名称为上海龙华水泥有限公司（之后，第二次发起人会议才将公司名称改为华商上海水泥股份有限公司），资本总额一百二十万元，分作一千二百股，每股一百元。聘刘宝余为经理，马礼泰为总工程师"①。公司为提早注册，将股本额减为100万元，适有张謇愿投资20万元，公司股本又扩为120万元。上海水泥厂的主要股东是刘鸿生，到1924年，公司股本总额127万元，刘氏兄弟出资76.33万元，占总资本的60.1%；其中刘鸿生出资66.33万元，占总资本的52.2%。然而，公司的创设及业务开展并不顺利。上海水泥厂初创时，资金缺乏，虽然股东大会通过了李翼敬将股本增至200万的提议，但由于股东中大多是商人、买办，他们认为办实业不如做买卖赚钱，均不愿再出资。董事会几经商讨、议决，难以解决，只能作罢。

在股东不愿追加投资，而招募新股又十分困难的窘境下，韩云根的辞职使刘鸿生不得不担任总经理一职。刘鸿生上任后，采取向金融机构借贷的方式来解决企业筹办及营运资金的不足。1922年11月18日，华商上海水泥公司与安康钱庄签订借款合同："兹因华商上海水泥股份有限公司，已缴股本不敷支配。爰向上海安康钱庄借用九八元计三十五万两，除以水泥公司机器、厂屋、地皮全部财产（另附龙华厂基地皮清单壹纸）作为抵押品外，并以上海联记公司所有董家渡北栈英册第五五七七号道契作为担保，兼负保息、保赎之责任。言明以六个月为限期，利息按月一分照算。"② 之后两

① 上海社会科学院经济研究所编：《刘鸿生企业史料（上册）》，上海人民出版社1981年版，第158页。

② 上海社会科学院经济研究所编：《刘鸿生企业史料（上册）》，上海人民出版社1981年版，第164页。

年，上海水泥厂在安康钱庄均有借款，在1924年，借款金额更是达到110万两，见表3-17。

表3-17　上海水泥厂向各钱庄、银行的主要借款统计（1922~1933年）

借款日期	借款行庄名称	借款金额（万两）	借款期限	借款利息	股本总颜（万两）	借款占股本比例（%）
1922年11月	安康钱庄	35	6个月	月息1分	120.0	29.2
1923年5月	安康联合其他行庄	65	1年	月息1分	120.0	54.2
1924年5月	同上	110	1年	月息1分	120.0	91.7
1925年11月	四明银行	110	1年	年息1分	120.0	91.7
1926年11月	四明银行	95	1年	年息1分	140.2	67.8
1927年11月	四明银行	95	1年	年息1分	150.0	63.2
1928年11月	四明银行	70	1年	年息1分	150.2	46.6
1929年11月	四明银行	70	1年	年息1分	163.3	42.9
1930年2月	四明银行	60	—	年息1分	163.3	36.7
1930年10月	四明银行	80	1年	年息1分	163.3	49.0
1931年10月	四明银行	80	1年	年息1分	163.3	49.0
1932年10月	四明银行	80	1年	作息1分	163.6	48.9
1933年2月	四明银行	80	1年	年息1分	163.6	48.9
1933年2月	中国企业银行	40	—	—	163.6	24.4

资料来源：朱荫贵：《中国近代股份制企业研究》，上海财经大学出版社2008年版，第51~52页。

表3-17表明借款对于该企业的运营至关重要，尤其是在该企业建成投产后的前两年。事实上，在企业试图扩张阶段，资金来源很大程度上还是依赖向金融机构的借贷。1934年6月28日，在与浙江兴业银行数度洽谈之后，两家公司签订了借款草约，要点如下①：

一、借款总额为二百五十万元至三百万元，以公司全部财产为担保品。

① 上海社会科学院经济研究所编：《刘鸿生企业史料（中册）》，上海人民出版社1981年版，第95~96页。

二、利率年息一分，每半年付清一次，还本期限，定为九年又六个月。

三、银行派员驻公司稽核，保险及一切往来，均归银行独家办理。

四、新厂出货后，公司以每年纯益百分之五，作为对于银行之酬劳，以满足享受三年为度。

五、正合同之条件，悉依草约原则办理。

除了向兴业银行借款外，1934 年 12 月，“由〔念〕仁、〔念〕义、〔念〕礼、〔念〕智出面，刘鸿生本人作保，以上海水泥股票三千二百股，票面三十二万元，及中华码头公司股票五千股，票面五十万元作担保品，向上海邮政储金汇业局押借三十万元。”①

与向金融机构借贷的外部融资方式相对应，企业将历年盈利转增股本是企业增强自身实力的内部融资方式。1928 年 2 月 22 日，“以历年股利等款，陆续转入资本，计实收银一百五十万零五千一百元”。1929 年度“股东红利银十三万三千五百元作为股本，资本总额为银一百六十三万八千六百元，经 1930 年 10 月 5 日股东会通过，于 1932 年 6 月 5 日呈奉上海市社会局批转实业部，令准予注册，发给执照”。1934 年 4 月，“拟将 1933 年度股利作为资本，增改资本总额为银二百万元。经二次股东临时会通过，于 12 月 28 日呈请社会局核转注册，奉 1935 年 2 月 2 日实业部批准给照”。1936 年 12 月 8 日，董事会“以历年积存准备金为数颇巨，拟提出五十万元，改发股份，将资本总额改为国币二百五十万元，经二次股东临时会通过，于 1937 年 3 月 19 日奉实业部通知准予注册换领执照”。截至 1936 年年底，上海水泥厂的资本总额已经增加到 250 万元，除去最初由股东出资的 120 万元，剩余的 130 万元均是由股利转增而来。②

（3）中国企业银行

到 20 世纪 30 年代初，刘鸿生已经陆续创办了火柴、水泥、煤球、毛纺、煤矿等企业，总投资额达 400 多万元。在经营这些企业的过程中，遇到许多困难和曲折，尤其是在资金方面。诸多企业需靠行庄贷款来维持，时感调度

① 上海社会科学院经济研究所编：《刘鸿生企业史料（中册）》，上海人民出版社 1981 年版，第 41 页。

② “上海水泥厂第一全宗历史考证（1920～1937 年）‘2. 设立及增资注册’”，上海档案馆馆藏档案 Q414－1－502（2）。

不灵。1927年8月，上海金融界谣传刘鸿生离沪出国乃是资金周转失灵所致。这一事件引起刘鸿生对资金问题的关注，使其深刻认识到工商企业与金融业的借贷息息相关。“刘鸿生曾说：‘吃银行饭的人最势利，当你需要款子的时候，总是推说银根紧，不大愿意借给你，即使借给你了，因为利息高，自己所得的利润，大部分变为银行的利息。而且届期催还得很紧。’他希望自己能拥有一个金融机构，以免仰人鼻息。刘鸿生又说过，他开银行的另一原因是想吸收游资，以充实企业资金的来源。”[①] 此外，与荣家企业各厂之间常常内部调剂不同，刘氏各企业董事、经理各自为谋，彼此间存在矛盾，又担心彼此拖累，故各企业间很少进行资金的调拨。这些均成为刘鸿生之后开办中国企业银行的缘由和动机。刘鸿生创办企业银行时，由于本钱不足，故将企业大楼以100万元抵押给上海商业储蓄银行，作为开办企业银行的资本。1931年11月12日，中国企业银行正式开业，“资本总额国币200万元，实收半数，即100万元。其中刘鸿生投资92.6万元，连同他的弟弟刘吉生在内，投资总数达97.5万元，占总股份的97.5%”[②]。

中国企业银行创办的目标，便是为刘鸿生经营的其他工商企业提供资金融通便利。事实上，在企业银行存放款业务中，刘氏所经营的企业均占据较大比重。在中国企业银行的活期存款中，开滦售品处及开滦码头经理处占比颇大，1931～1937年占比分别为69.6%、51.3%、41.5%、42.8%、42.4%、43.1%、30.8%。[③] 除吸收本企业集团内存款外，企业银行也注重吸引社会游资。方法主要是“雇跑街向各工厂、商号拉款子，同时举办各种储蓄存款，如定期储蓄、活期储蓄、职工储蓄、小学生储蓄、儿童幸福储蓄等等”[④]。这些存款虽然数目零星，但是积聚起来也是一笔可观的数额。同时，中国企业银行开业后，还向中国、交通和中央银行领用钞券，所获收益可以

---

① 上海社会科学院经济研究所编：《刘鸿生企业史料（上册）》，上海人民出版社1981年版，第294页。

② 中国人民政治协商会议上海市委员会文史资料工作委员会编：《上海文史资料选辑第60辑旧上海的金融界》，上海人民出版社1988年版，第211页。

③ 上海社会科学院经济研究所编：《刘鸿生企业史料（中册）》，上海人民出版社1981年版，第287页。

④ 上海社会科学院经济研究所编：《刘鸿生企业史料（中册）》，上海人民出版社1981年版，第285页。

维持中企银行的日常最低开支。[①] 在放款方面，中国企业银行对刘鸿生企业集团的放款也占大部分（见表 3－18）。1934 年，中企银行的放款总数为 325.6 万元，有关系之放款约占 2/3，其中，华东煤矿公司担保放款 14 万元，大中华火柴公司担保放款 10 万元，章华毛绒纺织公司押款 4 万元，南京兴业公司押款 3.3 万元。

表 3－18　　1931～1936 年中国企业银行对刘鸿生所属企业的放款　　单位：万元

项目	1931 年	1932 年	1933 年	1934 年	1935 年	1936 年
放款总额	91.5	243.0	310.0	325.6	272.0	489.5
有关系之放款总额	80.0	145.4	186.0	207.0	164.0	151.0
有关系之放款占总放款（%）	8.7	6.0	6.0	6.4	6.0	3.1
刘鸿记	14.0	50.0	127.0	136.0	100.0	100.0
刘鸿生	—	10.0	10.0	10.0	17.0	11.0
刘吉生	10.0	21.0	7.0	—	—	—
大中华火柴公司	14.0	14.0	10.0	10.0	3.0	4.0
华东煤矿公司	14.0	14.0	—	14.0	10.0	6.0
章华毛绒纺织公司	—	4.2	—	4.0	4.0	—
元泰煤号	—	4.2	4.0	—	—	—
南京兴业地产公司	28.0	28.0	28.0	33.0	30.0	30.0

资料来源：上海社会科学院经济研究所编：《刘鸿生企业史料》中册，上海人民出版社 1981 年版，第 291 页。

除了中国企业银行，刘鸿记账房在刘氏企业集团的资金融通方面也发挥了巨大作用。刘鸿生在经销开滦煤积累起百万资财后，为了妥善保管和运用这笔钱，设立了刘鸿记账房[②]，一方面用来掌管刘鸿生个人资财，另一方面又通过办理借贷业务融通刘氏企业资金。早在 20 世纪 20 年代后期，刘鸿记账房便在亲友中吸收了大量存款，作为企业间周转之用。1931 年，刘鸿记账房吸收活期存款 108.9 万余元，定期存款 32.8 万元；1932 年吸收活期存款

① 1962 年 11 月 1 日下午愚园路江苏路岐山村 4 号 2 楼范季美访问录，刘鸿生企业资料，卷号：04－007。

② 刘念智：《实业家刘鸿生传略：回忆我的父亲》，文史资料出版社 1982 年版，第 37 页。

128.9万元，定期存款26.3万元[①]；1933年，活期存款154.1万元，定期存款31.7万余元[②]。1933～1935年，刘鸿记账房借入款及各项存入款总额，分别为644.2万元、585.1万元、552.8万元、489.7万元，平均约567.9万元[③]。除借入和吸收存款外，刘鸿记账房还对刘氏各企业进行贷款活动。1932～1935年，刘鸿记账房对外放款额分别为：288.3万元、141.6万元、178.3万元、135.5万元、210.8万元[④]。1935年，华东煤矿公司结欠刘鸿记账房银近60万元，中华码头公司结欠银55.6万元[⑤]。

三、南京国民政府时期股份制企业融资变化及治理机制

20世纪30年代，中国民族企业资本集中和扩大趋势已经是一个比较普遍的现象。如若顺应此趋势，并给予民族企业一定的扶持和保护，那么该时期中国的民族企业一定可以获得较好的发展。然而，南京政府谋求的更多是对国民经济的统制，而非协调。“中国国民经济枯竭疲弊之所由，为人与物之脱节，为人与事之脱节，为生活要素与生产事业之间的脱节，亦为生产各部门间不相调整不相联系而为整个之脱节”，为改变此种局面，仅靠“人民团体鼓吹倡导，或其团体之分子，遵守约束，各自努力是不够的，必赖国家政治力量以维持”[⑥]。南京政府统制经济的思想很大程度上是源自孙中山“节制私人资本，发达国家资本”的主张。但是，在实际执行过程中，这一主张被扭曲，从而产生了不同的甚至是相反的作用。“南京政府表面上是遵循孙中山先生的教导”，但是其“只做了微不足道的努力去贯彻孙中山的思想”[⑦]。南京政府“打着国家资本的招牌，对国家经济命脉实行控制，为其在政治上的独裁奠定物质基础”[⑧]。显然，其已将政治与经济的关系倒置，政府没有为

---

① 1932年刘鸿记账房资产负债表及损益表，刘鸿记账房档案，卷号：12－041。

② 1933年刘鸿记账房收支损益表，刘鸿记账房档案，卷号：12－015。

③④⑤ 审查刘鸿记账房民国24年度账目说明书，刘鸿记账房档案，卷号：12－030。

⑥ 蒋介石：《国民经济建设运动之意义及其实施》，1935年10月。

⑦ [美] 小科布尔：《上海资本家与国民政府（1927～1937）》，杨希孟、武莲珍译，中国社会科学出版社1988年版，第312～314页。

⑧ 杨勇：《近代中国公司治理：思想演变与制度变迁》，上海人民出版社2007年版，第147～148页。

经济的发展创造良好的外部条件，而是通过控制经济使之为其服务。南京政府的“垄断进程大致是由金融向产业推移，由重工业向轻工业推移，从控制金融、交通等经济命脉部门进而逐步扩大到其他一切部门”，① 以此实现对整个国民经济的统治。

统制经济下，政府干预加强，企业治理机制随之巨变。政府在股份制企业中参股、控股，通过改变公司治理结构来控制企业。在之前的民营股份制企业中，公司董监事会由股东大会选举产生，之后再由董事会选聘经理，经营企业大小事务。而在南京政府时期，情况则大为不同，无论是董监事会、还是经理层，均被行政力量渗透或操控。统制经济条件下，由国民政府直接选择或是任命企业高层成为常态。1935 年 3 月 28 日，南京国民政府下令，“任命先生（张嘉璈）为中央银行副总裁”。② 张嘉璈认为“与中国银行历史悠久，即行摆脱，深恐影响行基，踌躇未决”，从而抱一线希望向蒋介石请求“暂行兼任中国银行总经理，一俟渡过难关，再行完全摆脱”，后来宋子向其转达了蒋介石旨意，即令张嘉璈“即时脱离中国银行”，张嘉璈只得“唯命是从”，辞去中国银行总经理一职。③ 与此同时，宋子文接任了中国银行董事长职位，在中国银行公司治理机制中，董事会权力完全被政府所控制。

抗日战争时期，国营大公司迅速崛起，在此期间，一种重要的企业组织形式——特种股份有限公司产生。在这一组织形式下，国家资本通过收买民营厂矿，或以投资方式，使民营工厂转变为国营企业，诸如中国电力制钢厂、明良煤矿公司、滇北铜矿、中央造纸厂，均属此类。其中，中央造纸厂原为上海龙章造纸厂，迁至重庆后，资本中加入了国家“特种股”250 万元，被改组为中央造纸厂，由国民党要员张静江出任该厂董事长兼总经理。④ 1941

① 杜恂诚：《民族资本主义与旧中国政府（1840～1937）》，上海人民出版社 2014 年版，第 240～241 页。

② 中国银行总行、中国第二历史档案馆合编：《中国银行行史资料汇编上编（一）》，中国档案出版社 1991 年版，第 382 页。

③ 中国银行总行、中国第二历史档案馆合编：《中国银行行史资料汇编上编（一）》，中国档案出版社 1991 年版，第 383 页。

④ 上海社会科学院经济研究所轻工业发展战略研究中心：《中国近代造纸工业史》，上海社会科学院出版社 1989 年版，第 202 页；陈真：《中国近代工业史资料》，第 3 辑，生活·读书·新知三联书店 1961 年版，第 709～710 页。

年5月，中国火柴原料公司改组为特种股份有限公司，为便于财政部控制董事会，董事由19人减少到9人，监察由5人减少到3人；同年12月，火柴原料公司召开临时股东会议，新章程规定：董事名额9人，官股5人，商股4人，监察名额3人，官股1人，商股2人。官股董事监察均由财政部指派，名单如下，官股董事：张静愚、楼柏松、李嘉临、李锐、樊伦；指派监察人：宋沅。[①] 政府由此通过控制董事会而掌控了企业一切重大决定。中国毛纺织公司也是如此，虽然官股占比并未超过商股，但董事会中官董却占据了多数，董事长由政府要员宋子良担任。在中国纺织建设公司中，历届董事长均由经济部部长担任，其他董事也多由政府官员充任，总经理一职由行政院长宋子文亲信束云章担任，这样，公司治理机制便被完全置于行政权力控制之下。可见，南京国民政府时期，股份制企业已很难再以自身营利为目标，公司经营完全围绕政府目标运转，股份制企业治理机制由于行政力量的干预而再次被扭曲。

① 1942年中国火柴原料厂特种股份有限公司董事及监察人名单，刘鸿生企业资料，卷号：01－016。

第四章
中国近代企业融资变迁的影响：财务制度内涵的变化

财务制度是企业组织的重要组成部分，一直受到企业所有者和管理者的重视；然而，已有研究成果基本侧重于改革开放以来的企业财务制度，对于近代中国企业财务制度则极少论及，即使有所涉及也是在经济史、企业史、会计史等整体论述中提及或者在企业会计报表中论述，缺乏系统分析。企业财务制度内涵广泛，存在一定的争论。近代中国《公司律》或《公司法》中虽有企业财务的规定，但尚未提及财务制度。本书论及的企业财务制度，仅指企业（不包括行政事业）会计报表为表现形式的内部财务收支、管理活动的规则和制度，主要包括企业资金管理、成本管理和利润管理等方面的内涵。通过对企业财务制度变迁的梳理，查看近代企业资金来源中的构成情况。

第一节　近代企业财务制度的变迁[①]

近代中国处在传统向现代过渡阶段，企业类型多样，不同企业之间的会计报表形式、内容差异极大，而以不同类型企业会计报表内涵所折现出的财务制度，则明显经历了一个由传统向现代过渡的趋势。

---

① 兰日旭、林雨琪：《中国近代企业财务制度变迁探析》，载于《江汉学术》2020 年第 5 期。

一、中国传统企业财务制度

在近代时期，无论是企业的数量或资本规模，独资企业和合伙制企业都占有重要地位，具有强大的生命力。虽然1872年后股份制企业产生并逐渐壮大，但它们的影响力仍然强大。据统计，1933年私营工业资本中，这两种组织形式占到工业企业总数的66%①。近代民间的企业中，传统金融机构钱庄基本属于独资，票号则以合伙制为主，票庄经办业务繁忙、分支机构数量多、影响力强，在企业发展中已经萌生出了现代企业制度的某些雏形，其财务制度在传统企业中也较为完备，具有一定程度的代表性。而作为老北京“八大祥”之首——瑞蚨祥，则因其账簿的完备，能够在较大程度上反映出传统商业企业的财务制度内涵。

（一）钱庄的财务制度

对钱庄来说，资金管理是钱庄财务制度的核心，采用以现金为记账主体的传统主观单式会计记录法。发生交易的时候只做一笔记录，记账的主体是“我”，现金进入企业，是“我”收入增加，记为收，有应付账款时，视为别人的资金暂存在我处，记为现金收入，有应收账款时，记为现金支出。这样传统记录法容易导致企业高估资金收入，为企业资金管理带来了困难。

在资金管理方法上，主要通过三账对日常放款汇兑的资金进出状况进行记录。第一类账册是日常流水账，这类账目往往记录比较简略，主要在日常业务发生的时候就及时进行记录。第二类账册是各类分清账，这类账目记录内容详尽，准确记录了每日业务状况，在每晚全部业务结束之后进行编写。第三类账册是总结账，主要是“月结”和红账，主要反映出钱庄的定期盈亏营业状况。从记账、算账、报账和查账等环节实现对于现金的管理，体现了记账为管理所用的精神②。

在资金来源方面，钱庄的资金来源主要来自创始资本、存款、后期开始

① 陈真编：《中国近代工业史资料（第四辑）》，上海三联书店1961年版，第9页。

② 郭道扬编：《中国会计史稿（下册）》，中国财政经济出版社1988年版，第204页。

进行股权融资。早期“在钱庄资本不多，又没有吸收存款的时候，由于客户的要求，开始出放借贷时，尤其是会利用银钱票和庄票放账”①，在开始经营存放款业务之后，吸收私人和股东存款就成为钱庄重要的资金来源。随着票号经营范围扩大以及钱庄数量的不断增多，“19 世纪 60 年代起，钱庄的流动资金来源有了重大变化，即增加了山西票号的定期存款和向外商银行的拆票”②。这增加了钱庄的运营资金，使钱庄能够在较少资本的情况下，进行大额的放款业务。20 世纪初期，上海钱庄同业拆借市场逐渐发展起来，互相调剂资金的盈缺，“银拆”、帝国主义银行拆借以及本国银行的存入都为钱庄运营提供资金，融资结构中内源性融资的比例相对下降，外源性融资比例上升。后期在 1944 年钱庄调查中，不少钱庄改组为股份有限公司，通过股权融资，增加钱庄资金。如资本额较高的福源钱庄，“资本原为旧币五十万元，三十二年春因遵令增资为中储券二百五十万元，改组为股份有限公司，嗣又遵令增资为八百万元，先收四分之三，计国币六百万元，业于三十二年十一月三十日如数足额”。③

成本管理上，主要是对各类支出设立单独账簿，将核算损益时的各项要素独立起来，层次分明。钱庄对于资金管理较为重视，对成本核算方面关注较少。

在利润管理方法方面，钱庄大多使用红账来管理年度利润，利润是各欠合计数减去各存总数。利润为正，列在红账之上，为负则列在红账之下。钱庄在利润管理方面用途较单一，前期主要实行一年一结制度，每年的盈余存在红账上，三年一分配，大部分盈余都在股东、钱庄掌柜以及钱庄员工之间分配，仅有小部分资金存为公积。

关于利润管理成果方面，以资料保存较为连续的福康钱庄为例，1894 ~ 1930 年它的资本、公积、盈余变化，见表 4 - 1。1920 年前，福康钱庄资本额没有发生太大改变，整体维持在 2 万两不变，资本增幅较慢；1920 年之后资本逐渐累积，钱庄抗风险能力不断提高。资本增加主要源自内部钱庄公积和资产升值，股东并没有增添现金。同时，代表企业盈利能力的盈余与资本

---

① 黄鉴晖：《中国钱庄史》，山西经济出版社 2005 年版，第 73 ~ 74 页。

② 《江浙钱庄的资金管理之道》，载于《中国总会计师》2013 年第 9 期。

③ 中央储备银行调查处编：《上海钱庄概况》，中央储备银行调查处 1944 年版，第 255 页。

之比逐渐上升，在1911年达到最高，随后波动下降。钱庄盈利能力较强，盈余不断上升，并且一直没有增加资本额，所以最后导致盈余与资本比值高达500%。1911年后，钱庄资本额增加后，钱庄的盈余相对之前上升，但是盈余与资本占比却一直逐渐下降，相对于资本，盈利能力略有下降。

表4-1　　1894~1930年福康钱庄资本、公积、盈余变化

年份	资本（银两）	每年资本变动（银两）	公积（银两）	每年公积变动（银两）	盈余（银两）	公积占当年盈余比例（%）	盈余/资本（%）
1894	20 000	—	—	—	—	—	—
1895	20 000	0	—	0	—	—	—
1896	20 000	0	—	0	7 968	—	39.84
1897	20 000	0	—	0	7 987	—	39.94
1898	20 000	0	1 758	1 758	7 476	24	37.38
1899	20 000	0	3 763	2 005	15 325	13	76.63
1900	20 000	0	8 200	4 437	17 125	26	85.63
1901	20 000	0	8 200	0	24 259	0	121.30
1902	20 000	0	8 200	0	21 210	0	106.05
1903	20 000	0	15 600	7 400	22 234	33	111.17
1904	20 000	0	15 600	0	28 501	0	142.51
1905	20 000	0	15 600	0	25 976	0	129.88
1906	20 000	0	22 500	6 900	26 447	26	132.24
1907	20 000	0	22 500	0	21 023	0	105.12
1908	20 000	0	—	0	30 000	0	150.00
1909	20 000	0	—	0	22 000	0	110.00
1910	20 000	0	—	0	26 000	0	130.00
1911	20 000	0	—	0	100 000	0	500.00
1912	80 000	60 000	—	0	21 000	0	26.25
1913	80 000	0	—	0	40 000	0	50.00
1914	80 000	0	—	0	52 000	0	65.00
1915	80 000	0	—	0	30 000	0	37.50
1916	80 000	0	—	0	35 000	0	43.75

续表

年份	资本（银两）	每年资本变动（银两）	公积（银两）	每年公积变动（银两）	盈余（银两）	公积占当年盈余比例（%）	盈余/资本（%）
1917	80 000	0	—	0	35 000	0	43.75
1918	80 000	0	—	0	40 000	0	50.00
1919	80 000	0	—	0	45 000	0	56.25
1920	100 000	20 000	—	0	70 000	0	70.00
1921	100 000	0	—	0	60 000	0	60.00
1922	200 000	100 000	—	0	53 000	0	26.50
1923	200 000	0	—	0	97000	0	48.50
1924	300 000	100 000	—	0	46 208	0	15.40
1925	300 000	0	12 932	12 932	114 153	11	38.05
1926	396 000	96 000	—	－12 932	69 011	－19	17.43
1927	396 000	0	—	0	51 381	0	12.98
1928	396 000	0	—	0	70 371	0	17.77
1929	396 000	0	—	0	61 783	0	15.60
1930	396 000	0	23 000	23 000	73 810	31	18.64

注：根据《上海钱庄史料》描述，本表中的一些数字因为史料不全可能存在错漏，但仍然具有一定参考性。

资料来源：中国人民银行上海市分行：《上海钱庄史料》，上海人民出版社 1960 年版，第 774～776 页；笔者整理。

钱庄财务制度的特点是账目繁多易错、在资金管理中过于关注资金的往来状况。单就汇划账房的账册都多至 18 种，再加上清账房、洋房、钱房等各部门的账册，一家钱庄的账册可能多至 56 种①。钱庄财务的另一特点就是喜欢吉利话②，导致外人理解困难。如钱庄将记录利益分配的账册命名为“利益均沾”账簿，将资本总账命名为“克存信义”。这虽然侧面反映了钱庄的经营理念，以“诚信”“信用”作为立业之本，但是更反映出钱庄资金管理上账册名称和实际内容存在差异，不够简明易懂。有些账目使用方言命名，登记时容易造成错漏。当时政府并没有明文规定要求各地钱庄公布其账簿，

① 中国人民银行上海市分行：《上海钱庄史料》，上海人民出版社 1960 年版，第 469～473 页。

② 陈明光：《钱庄史》，上海文艺出版社 1997 年版，第 116 页。

所以钱庄的财务状况仅仅是被钱庄高层管理人员所知悉。同时因为保密需要，钱庄并没有统一财务制度的驱动力，不同地区钱庄账簿名称、记账科目各异，未形成统一的财务制度。

（二）票号的财务制度

票号的财务制度整体上与钱庄类似，不同点在于资金管理方法上，票号使用的是旧复式簿记法。相较于钱庄，票号有更多的异地分号。为了维持票号各地的运营，需要加强资金流动管理，采用报账制度，及时向总号报告营业状况，这使总号能及时发现问题并纠正，防止银钱损失，更能酌盈济虚、抽疲转快，促进各地票号发展①。

在资金来源方面，票号也是以内源性融资为主，银股正本、副本和存款支撑着票号经营。票号的正本主要指的是股本，主要由家族资本积累、财东筹集。第一家山西票号日升昌就是这样诞生的。西裕成颜料庄经营成功后获得巨额资金积累，后来“东家李大全投资 30 万两银”②，将西裕成颜料庄改为日升昌票号，这就形成了日升昌票号的初始股本。副本主要由票号利润和东家存款组成。东家、经理以及顶身股伙计在遇到账期获得分红时，会留存一定比例的资金存入票号，被称为“统事”或者“获本”，不可以随意取出，也不进行分红，形成票号副本的一部分。东家自己的金融资产也会存入票号，构成票号资本副本。这样能够在吸收更多资金的同时，避免财东的股权过大，挤占经理等人的分红。除“统事”不能随意抽取之外，其他的资产都可以使用，又因为票号的东家大都负有无限责任，这些资产在实际用途上与票号名义资本无异。票号实际资产应当是票号正本和副本之和，再加上票号使用倍本增加资本，票号正本上记录的名义资本要远远小于票号的实际资本。

以 1884 开设的大德通票号为例，原始资本为 10 万两，多次在利润分配时，以每股倍本方法增加资本，1892 ~ 1908 年共通过倍本方法增资 12 万两。再加上顶身股的公积，以及东家存在票号上的红利，在 1929 年时，资本累计达到 100 万两③。虽然每个票号的实际资本存在争论，总体趋势是票号经营

---

① 郭道扬编：《中国会计史稿（下册）》，中国财政经济出版社 1988 年版，第 240 页。

② 张正明、邓泉：《平遥票号商》，山西教育出版社 1997 年版，第 61 页。

③ 卫聚贤：《山西票号史》，经济管理出版社 2008 年版，第 33 页。

时间越长，积累下来的实际资本也就越多。票号收到的大额存款也是票号的资金来源之一。但是随着形势变化，票号后期也开始尝试使用社会资金。北洋政府时期，山西票号遭遇经营困难，向政府请求维持遭拒，梁启超等人劝票号组成山西汇通实业银行，得到了各大票号当权人的支持。在山西汇通实业银行融资过程中，企图加大外源性融资比例。“现拟向工商部借款五百万，由十六家连环互保，自成五百万，合成一千万组织一大银行，一面扩张营业，一面清理旧债”①，同时向外国银团借款，但是均未能成功，最终银行组建计划失败了。

在成本管理方面，票号采用制定标准法管理各类成本开支。票号对于经营活动中发生的各项费用开支，都有明确的规定和详细的记录。比如薪水水平，除了持有票号股份的伙友，工人按照等级都有固定数额的工资，方便计算。对职员出差所花费的路费，有详细的标准进行报销，伙食、衣服以及零用都有开支标准，不可以随意扩大，降低了成本管理难度②。

在利润的管理上，票号和钱庄类似，每年盈余主要使用“大账结算”来分配红利。其又称“合账”，大多数三年或四年进行一次，先由财东和掌柜提供利润数额，然后确定每股应分份额。股份主要分为财神股、银股和顶身股。财神股类似于公积金，只存账一次。每届财神股或公积金计提金额由股东与总经理临时议定。这种公积金专为救急或扩充营业之用。平日此款不用的时候，又像东家的存款，票庄向东家纳息。银股为财东所得，按资本的大小，分为若干股，平时以一万两或八千两作一股者居多③。顶身股又可被称为“人力股”“吃生意”。掌柜以及一部分员工并不需要出资，而是以自己的劳动作为股本，获得分成。利润在股东、顶身股持有者之间进行分配，每股所得到的红利有赖于本届利润，能够笼络股东、员工。

此外在利润管理成果方面，积极将利润转化为资本积累。如前叙述，财东、职员获得的利润分红的一部分要存在票号中，不可以随意取出，以厚资本。利润还是票号资本倍本的来源，进一步帮助票号进行资本积累。此外，

① 黄鉴晖等编：《山西票号史料》，山西经济出版社2002年版，第512页。

② 郭道扬编：《中国会计史稿（下册）》，中国财政经济出版社1988年版，第241页。

③ 陈其田：《山西票庄考略》，经济管理出版社2008年版，第45页。

管理利润账目以及红利分配账目清晰，利润受到人为因素干扰的概率较小。

（三）传统商业的财务制度

瑞蚨祥作为传统商业的代表，其地区分号众多并出售商品赚取利润，根据业务特点和流程，其设计出一套较为完备的传统财务管理制度，虽然不够科学但是至少能有条不紊管理企业财务状况。

瑞蚨祥最高财务管理机关为东家的家里，负责每年汇报以及写账。通过召集各地区总理，研究各地区总结账，掌握一年整体的资金、存货等状况。同时据此确定各地财产作价、利润分配、人事升迁。瑞蚨祥各地区总店设立信楼收发号信，同时帮助地区经理掌握盈亏情况参加年终东家家里的写账。地区分号（包括地区总店）相对独立，只管理自己分号的资金进出。瑞蚨祥财务管理机构的层次总结见图 4－1。

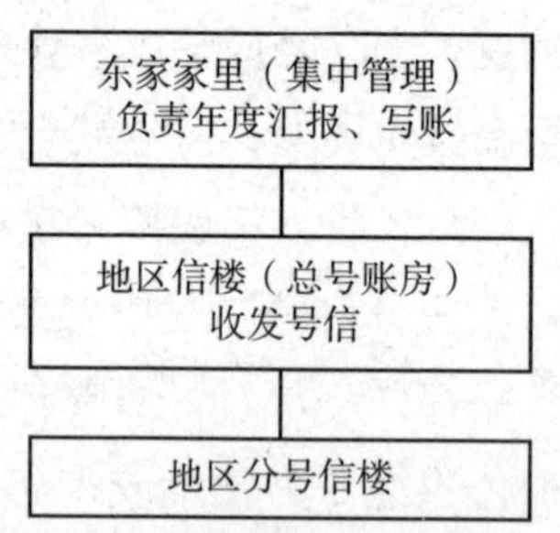

图 4－1　瑞蚨祥财务管理机构层次总结

资料来源：中国科学院经济研究所中央工商行政管理局资本主义经济改造研究室编：《北京瑞蚨祥》，上海三联书店 1959 年版，第 50 页，笔者整理。

分号众多，如何对财务状况进行集中管理呢？为了及时了解地区经营和资金情况，瑞蚨祥设立五日账制度，规定各地区总号信楼定期以“号信”形式向孟洛川汇报营业情况、资金状况、人事变动。同时年中作“结账约谱”报告，并通过召集各地区经理“写账”来衡量整年的资金、存货等状况，并且据此确定升迁、利润分配。通过这三项规定，使瑞蚨祥总号实现对地区资金的实时管理，集中了经营权、财务权、人事权。①

---

① 中国科学院经济研究所中央工商行政管理局资本主义经济改造研究室编：《北京瑞蚨祥》，上海三联书店 1959 年版，第 44 页。

从瑞蚨祥西号仅存的账册来看，资金管理上采取传统"四柱账"会计，按旧管（原存）、新收、开除（支付）、实在（净存）四大部分管理企业财务。业务部门设置不同账簿对资金进行管理。会计部门设日记账、进货账、往来账、各项开支账、备查账等详细记录资金出入状况。业务部门中前柜与二柜作为销售部门，设置"大流水账""外欠账"来管理商品买卖而产生的资金流入和应收账款。总号会计部门信楼的日记账、草流水账通过号票与业务部门的"大流水账""外欠账"产生联系。销售货物、购买货物都有严密、完整的从上到下的财务处理方法。业务核算、会计核算和管理协调一致，严密完备①。

在资金来源上，瑞蚨祥的融资结构也以内源性融资为主，较少使用外源性融资来增加运营资金。瑞蚨祥初创时除了自身的资金外，还有各地调拨的货物可供使用，使瑞蚨祥"实际运用的资金远超过 8 万两"②。后来还通过大量商业信用如赊销货物、兼营存放款业务等方式充实资金。瑞蚨祥不倾向于向金融组织借款，"不向银行银号拆借款，因此在银根紧物价跌时，同业家每因银行银号催索欠款而不得不削价抛售存货，以归还银行银号的债款，而瑞蚨祥则不受此影响"③。不借外债的原则虽令瑞蚨祥免于利息负担，资金紧张时却不利于企业的经营，瑞蚨祥也因此在 1947 年后逐渐陷入经营危机。

在成本管理方面，瑞蚨祥设置进货账，主要分为绸货账、洋货账、国货账，集中反映销售商品的成本。对于企业日常费用成本，设置费用专用账簿"各项支出账"。对于企业的日常开销能够进行准确记录。但由于各地分号独立管理进货、销货，没有进货总账，不清楚进货总数、销货成本。没有永续盘存制度，除了实际盘存之外，不知道存货数量④，存货关系到批零商业的生死存亡，不能及时了解存货情况给企业经营带来困难。此外，对于成本的记载也很不全面，有些成本在不同账目内进行抵消。虽然相对重视成本核算，

---

① 郭道扬编：《中国会计史稿（下册）》，中国财政经济出版社 1988 年版，第 268 ~ 272 页。

② 中国科学院经济研究所中央工商行政管理局资本主义经济改造研究室编：《北京瑞蚨祥》，上海三联书店 1959 年版，第 51 页。

③ 中国人民政治协商会议全国委员会文史资料研究委员会编：《工商史料》，文史资料出版社 1980 年版，第 179 页。

④ 中国科学院经济研究所中央工商行政管理局资本主义经济改造研究室编：《北京瑞蚨祥》，上海三联书店 1959 年版，第 56 页。

但瑞蚨祥并没有形成完整、科学的成本管理制度。

利润管理方法上，主要通过“清结账谱”计算。此账由三部分组成，第一部分是企业的资产，存货、应收账款等。第二部分是资本和负债。第三部分是附列参考资料，包括进货、销售额和各项费用，利用公式：资产-(资本+负债)=盈利（亏损）单轨计算盈亏。全店盈利进行统一分配，红利六成归东家所有，四成归掌柜和伙友。但只从存和该两个方面来衡量盈亏是片面的，可以控制账面利润的水平或者将利润隐藏在存货中，“清账结簿”中的利润金额并不真实。但这样做的好处是在遇到经营不善时，可以利用上年隐藏的利润维持企业经营，避免倒闭。

在利润管理结果上，利润大多被分配出去，有关于利润转化成资本方面的资料较少，瑞蚨祥的初始资本有多大，在发展最盛阶段的资本积累有多少，有多少来自盈利利润，都因为缺乏相关资料，无从查考。在一些现存的账册记载中，账面上的资本都是流动资产，没有包括固定资产。而瑞蚨祥拥有众多房产，其固定资产金额是巨大的。至于企业生产所用的生财器具，则不问体积大小、价值贵贱和使用年限长短，一律作为开支处理，甚至房屋修缮的大批支出也是一次出清的。这进一步降低了瑞蚨祥账面上的资本额。这些举措使得我们更加难以分析瑞蚨祥的资本积累、利润管理情况，盈余与资本的占比等。

二、中国近代九种公司企业的财务制度内涵

按照近代公司法，先后出现了合资公司、合资有限公司、股份公司、股份有限公司、无限公司、两合公司、股份两合公司、有限公司、外国公司九种公司类型。这九种类型的公司不是同时存在的，而是根据企业的组织形式不断发展和随公司法的修订而出现的。究其实质，这九种公司可以分为无限公司、股份有限公司、两合公司、有限公司、外国公司五类①。根据上述公司法规中账务部分的规定，以九种类型企业的会计报表为基础，梳理出不同

---

① 张忠民：《艰难的变迁：近代中国公司制度研究》，上海社会科学院出版社2002年版，第300～301页。

类型代表企业的财务制度内涵。有限公司数量较少，有关其财务制度的史料也较少，所以在此我们不涉及有限公司的财务制度。

（一）无限公司的财务制度

在近代，无限公司最典型的代表是荣氏家族开办的荣家企业集团，包括茂新、福新、申新公司等。荣家企业发端于钱庄，荣德生、荣宗敬等人从1900年开始经营实业，1903年创立荣家集团第一家企业茂新面粉一厂。在第一次世界大战期间，荣家兄弟的企业开始扩张，其间福新、申新各分厂逐步创立。

当时公司大都采用有限公司的组织形式，为何荣家兄弟选择了无限公司这一形式？这和荣德生早期经营振兴纱厂的经历有关。因为在经营过程中，与股东就利润的使用问题发生了矛盾。股东认为利润需要进行分红，而荣德生坚持利润要投入再生产，进行资本积累。所以为了更好地实现资本积累、对企业实行集中控制，荣氏兄弟采取了无限公司的组织形式。到1921年，荣家就已经拥有面粉纺织两大门类，茂新、福新、申新三大系统十六个工厂的庞大企业集团。同年，为加强统一管理，荣家集团在上海组建了茂、福、申新总公司。总公司同样也采用无限公司的组织形式，荣宗敬作为总经理。总公司掌管各厂的原料采购、供应、销售等，实现了对各厂的集中管理。

荣家企业集团的财务管理制度内容，“银钱之出纳，票据之保管，似无一定手续。发出票据，并不经负责人员签字，而收入票据则经职员私行兑取，存入私折，事过月余，方经发觉者有之；因职员疏忽将收入票据投入废纸篓中者亦有之。此等现象虽属不常有之事，但理财缺乏统制，殆难讳言。该公司支用浩繁，然从无一预算制度。申新以如此大规模之企业，成立至今十有余载，不独各厂未经施行一种适当之成本会计制度，即总公司之财务会计制度也极不健全。年终决算时，总公司之资产负债状况、损益情形未见有一整个之报告。同时，财务科有财务科之旧式簿记，会计科有会计科之新式账册，工作重复而结果仍不完善。至于各厂之会计制度，均各自为政，极不整齐，会计科目也不统一。对于出品因无确实之成本计算，故全由估计，而估计时又乏标准，咸以意为之。如遇淡月，则将存货价格提高；如遇旺月，则将存货价值减低。固定资产之折旧，向未计入成本中，是以各厂之盈亏殊不准确"[1]。结合荣家企业其他史料，我们总结出其在资金、成本、利润管理方面的特点。

在资金管理方法上，1921 年荣家总公司成立前采取中式单式记账法，各公司分开记账，实行月结，财务制度落后。总公司成立之后，明确会计科目和制度，制订各类定期汇总报表，实行日结制度，改善了财务混乱的状况，新旧簿记并存。荣宗敬在谈到新旧簿记时说"从来旧学为体，新学为用，最合时宜。我不采用银行的纯新式，我们是旧账新表，中外咸宜"[2]。

在公司资金来源上，荣家不仅善用企业自身的资本积累作为扩张的资金，在集团内部调拨，并且积极吸收职工存款、向外借款、股权融资、租赁等手段来筹集资金、兼并其他企业。相较于传统企业，融资结构中外源性融资的比例上升。在内源性融资方面，荣家集团利用自身以及亲友的资金创立公司。在荣家扩张的过程中，利润不仅没有分配出去，反而成为企业扩张的重要资金来源，并且资金在集团中进行调拨，帮助整个集团的发展。为了进一步吸收资金，1928 年成立"同仁储蓄部"，吸收职工的巨额存款。1933 年储蓄部年底的存款余额更是高达 520 余万元。再加上之前总公司以旧式存折方式吸收了 200 余万元，1933 年年底存款余额达到 750 余万元[3]。

内源性融资之外，荣家兄弟还积极利用社会资金，采取外源性融资方式获取运营资金。荣宗敬认为收买旧厂优点众多。一是比建新厂便宜和方便，二是可以抽调原厂的职工；减少雇用新员工培训成本，三是减少竞争对手。所以常常使用租赁的方式购买设备和厂房，扩大企业规模，先租后买，降低资金支出。在表 4 - 2 所列出的荣家主业和副业投资情况中，申新、茂新、福新三大系统皆有以先租后买形式所创立的企业。荣家企业还积极向金融组织借款，甚至向中国银行、上海商业储蓄银行投资，以此来获取银行借款资金支持。1919 年上海商业储蓄银行 100 万元资本总额中，荣宗敬占 20%，后其

---

① 上海社会科学院经济研究所编：《荣家企业史料（上册）》，上海人民出版社 1962 年版，第 291 ~ 292 页。

② 上海社会科学院经济研究所编：《荣家企业史料（上册）》，上海人民出版社 1962 年版，第 292 页。

③ 上海社会科学院经济研究所编：《荣家企业史料（上册）》，上海人民出版社 1962 年版，第 278 页。

持有的资本达到45万元。荣家集团从这两家银行的借款也不断增多，1931年其向上海商业储蓄银行借款余额为530余万元，向中国银行借款430余万元①。负债经营给荣家企业带来了巨大成功，也暗含了危险。企业杠杆率过高，不断扩张，在市场经济不景气的时候，容易发生经营困难。“民国11年纱价为交易所掌握，难于自主。只有面粉，稍可自足。但茂福申各厂均欠款累累，金融界已看透这空架子，至年底便缩手，欠市款300万两，尤以福二、福七、申三、申四欠得最多。出清存货，11月底仍欠200万元，12月20日借款成功，才透一口气。”② 之后也遭遇因为欠债过多而导致的经营危机，后来到1937年，申新二厂、五厂就因债务较多而归银行以及其委托机关经营。

表4－2　荣家企业的实业主业投资和辅业初始投资的情况　　单位：元

类别	企业名称	创办年份	初始投资规模	备注
申新系统	申新一厂	1915	3 500 000	购进陈家渡公立被服厂原址
	申新二厂	1919	2 483 330	1917年购进恒昌源而建
	申新三厂	1921	3 000 000	原名大新，建于无锡
	申新四厂	1920	285 000	厂址汉口
	申新五厂	1925	1 399 510	1924年购进德大纱厂而建
	申新六厂	1925	1 388 890	先租赁常州纱厂，后以340万两购买上海厚生纱厂替补
	申新七厂	1928	2 500 000	购进东方纱厂而建
	申新八厂	1929	2 341 909	申一出资兴建
	申新九厂	1931	694 440	先租用三新机器，后以福二余地建厂
茂新系统	茂新一、二厂	1903	1 166 670	1918年增资60万元，1916年茂一出资租无锡惠元面粉厂，后买下建成
	茂新三、四厂	1919	416 670	茂三1919年建于无锡；茂四1920年建于济南

① 上海社会科学院经济研究所编：《荣家企业史料（上册）》，上海人民出版社1962年版，第274页。

② 陈真编：《中国近代工业史资料（第一辑）》，上海三联书店1957年版，第378～379页。

续表

类别	企业名称	创办年份	初始投资规模	备注
福新系统	福新一厂	1913	40 000	1911 年发起，1918 年、1926 年分别增资为 30 万元、50 万元
	福新二厂	1914	2 322 500	福一盈利创办，后福二盈利创办福四
	福新三厂	1916	150 000	福一盈利创办，并入福一
	福新四厂	1915	120 000	先租后买中兴粉厂，1919 年增资为 30 万元
	福新五厂	1918	300 000	汉口建厂，1921 年、1926 年分别增资为 50 万元、100 万元
	福新六厂	1919	400 000	1917 年租华兴面粉厂，后以盈利买进
	福新七厂	1920	1 500 000	1919 年发起自建
	福新八厂	1919	300 000	1919 年福二失火后扩建
配套、辅助企业 11 个	公益铁工厂	1919	1 500	1937 年扩充为 700 万元
	维大纺织公司	1920	13 889	参股
	中国铁工厂	1921	25 000	1932 年被日机炸毁
	枫泾批发处	1922	6 620	参股
	中国水泥公司	1928	210 150	参股，1935 年增为 30.27 万元
	汉口打包厂	1929	30 000	
	福新运输栈	1935	70 000	
	恒大纱厂	1930	200 000	
	上海电力公司	1935	37 760	
	参股合丰染织公司	1938	100 000	3 个月后，公司增股为 30 万元
	振新纱厂	1943	9 722	参股
金融企业 11 个	上海商业储蓄银行	1919	200 000	1935 年增为 450 万元
	上海商会公债	1921	2 153	
	中国银行	1922	300 000	参股
	大丰银行	1922	40 000	参股
	同仁储蓄部	1928	1 000 000	
	中国国货银行	1929	6 800	参股

续表

类别	企业名称	创办年份	初始投资规模	备注
金融企业11个	振泰钱庄	1934	66 667	荣宗敬个人投资
	信康钱庄	1935	486 111	荣宗敬个人投资
	荣康钱庄	1935	27 778	荣宗敬个人投资
	汇昶钱庄	1935	33 333	荣宗敬个人投资
	生昶钱庄	1935	55 556	荣宗敬个人投资
贸易企业11个	上海面粉交易所	1920	?	股份有限公司，总股本50万元
	上海纱布交易所	1921	8 400	资本总额200万元
	枫庄	1921	9 156	参股
	联益公司	1925	8 333	参股
	芝加哥棉麦期货	1930	4 659 510	参股
	华商纱布交易所	1934	433 650	参股
	中国棉业贸易公司	1934	50 000	参股
	中国国产棉业市场	1934	2 000	参股
	中华国产纱线采办所	1935	1 000	参股
	广新银公司	1939	1 000 000	荣德生发起
	大新贸易股份有限公司	1940	125 000	荣一心、唐熊源等发起
地产企业5个	蕴藻浜地皮	1920	38 000	先购地皮30余亩，后增加至68亩
	衣周堂地皮	1920	792 979	390亩
	镇江地皮	1934	53 120	
	上海面粉交易所房产	1934	598 460	参股
	南京三叉河地	1935	?	89亩4分

注：表中原有金额单位规元两，按0.72换算为银元。

资料来源：金其桢，黄胜平等：《大生集团　荣氏集团：中国近代两大民营企业集团比较研究》，红旗出版社2008年版，第127～128、132～133页。

在成本管理方面，1921年荣家总公司成立前产品成本核算几乎没有，总公司成立后，推行了产品成本核算，但是并没有形成完整的成本管理制度。同时荣家在原料收购等方面也严格控制成本，每日及时掌握当日市场行情，通过号信、电话、电报等形式了解市场信息，灵活调整各地庄口收购数量和价格。且在控制价格的基础上，不放松对原料质量的要求。对于企业存货管理，涉及的依然较少。

在利润管理方法方面，合伙议据规定，分红和亏损按股东所占股份比例分派、承担。在利润管理成果方面，前期企业利润投入再生产，将利润转化为资本。无限股东的红利、股利（官利）在开厂前期都存厂生息，扩充资本，以“滚雪球”的方法扩张规模。申新除发股息外，一般不发红利给股东，用来扩大再生产。“如像烧肉，老汁水永远不倒出来，别的厂就不同，红利都分掉，所以碰到困难，就站不住脚了。”[①] 福新系统中，不仅一、三厂的资本扩增中，资本家并未拿出分文，就是其余各厂的开办，由于新参加的人数很少，投资数更为数极微，可说基本也是通过滚雪球的手法来实现的。不同于当时的一些有限责任公司，他们的利润大多被股东分走，而荣家则将利润用来资本积累、扩大生产、投资新厂。荣家企业规模不断扩大，1903～1922年，荣家已经拥有了茂新面粉企业、福新面粉企业、申新纺织企业共16家企业，这有赖于荣家兄弟科学的利润管理方法。但是在利用其他厂的盈利创办新厂时，投资关系以及各股东的股权并没有及时确认，而是采用肉烂在锅中这种稀里糊涂的做法，企业的产权、资产关系以及股东的股权和权益在高度集权的治理结构下，显得十分含混和不清，管理混乱[②]，为日后纠纷留下隐患。

通过表4-2，发现对辅业的投资大多开始于1920年后，利润利用变得多元化。除了申新、福新、茂新系统的面粉、纺织厂之外，为了主业更好地经营，开始投资金融、贸易、地产企业等。辅业投资金额有大有小，发起投资和参股相结合。辅业的投资在一定程度上帮助了主业的经营，比如对于金融业的投资，就方便了荣家集团利用借款不断进行扩张，增强企业实力。

通过梳理发现，总公司成立是荣家企业集团财务制度变迁的转折点，1921年总公司成立后在资金的账目管理、成本核算管理、利润投资方向上有较大的改善。

---

① 上海社会科学院经济研究所编：《荣家企业史料（上册）》，上海人民出版社1962年版，第112页。

② 张忠民：《艰难的变迁：近代中国公司制度研究》，上海社会科学院出版社2002年版，第311～312页。

（二）股份有限公司的财务制度

股份有限公司，在近代企业中占据着越来越重要的地位，像大生纺织集团、鸿生火柴公司等刘鸿生所创办的企业都是这方面的典型代表。

1. 大生企业集团的财务制度

张謇在1895年开始筹备通州大生纱厂，资金筹备过程困难重重。经过艰难筹办，大生纱厂终于在1899年3月完成设备安装等前期准备工作，5月正式开车纺纱。当年纱价上涨，纱厂竟取得了巨大成功，利润丰厚，投资者纷纷增加投资，纱厂终于进入正常运营。1901～1913年期间，纯利润共有355.2万两规元，大生纱厂不仅成为大生资本企业集团的第一家企业，更是大生集团的支柱性企业①。在取得成功后，积累的丰厚利润使张謇能够通过开设更多企业以扩大其原料基地，降低生产成本。到1921年，大生企业集团已经拥有了超过40家企业，成为快速崛起的民间资本股份制企业集团之一②。

从大生集团的成长历程来看，其财务制度也经历了一个从传统向近代转换的过程。其初期的财务制度留有很浓的传统色彩。在20世纪20年代后，大生集团的财务制度才有一些典型的改变和进步。

在资金管理方法上，使用收支账记录资金变动情况，采用中国传统单式记账法，上收下支的传统结构。其中的会计科目名称由日常业务确定，比如支二十三年至二十五年四月十三日商款官利，收售棉子款飞花各花余、保险费等，以此进行日常流动资金管理，了解企业经营情况③。相较于钱庄、票号，资金管理上对应收账款、应付账款的处理更加合理。大生企业集团在编制盘查实在表的时候就将存入款、暂记存款、各种抵押款记入“存”一栏，也就是负债一栏，符合现代的记账规则。把各项垫款、暂记欠款、催收各款等记在“在”一栏，类似现代的资产一栏④。这样记账能够使大生集团更好

① 朱荫贵：《中国近代股份制企业研究》，上海财经大学出版社2008年版，第154页。

② 《大生系统企业史》编写组编：《大生系统企业史》，江苏古籍出版社1990年版，第204～208页，引自朱荫贵：《中国近代股份制企业研究》，上海财经大学出版社2008年版，第34～35页。

③ 南通市档案馆、南京大学历史研究所、留学生部江南经济史研究室、江苏省社会科学院经济史课题组编：《大生企业系统档案选编：纺织编（Ⅰ）》，南京大学出版社1987年版，第5页。

④ 南通市档案馆、南京大学历史研究所、留学生部江南经济史研究室、江苏省社会科学院经济史课题组编：《大生企业系统档案选编：纺织编（I）》，南京大学出版社1987年版，第151～153页。

掌握企业现在的资产、负债等情况，而不会高估自己的收入、资产，从而更有利于张謇对大生集团的长期经营。

随着大生集团企业规模的不断扩大，特别是20世纪20年代后受民国以来像谢霖等留洋专家向国内传播先进财务管理思想等影响，大生集团自身会计科目名称整体更具概括性。大生纱厂为了扩大资本规模和积累、开设新厂、支撑其他配套工厂的发展、不断地发行新股，使得官机股本和商集股本以及相应的官利余利都发生改变。面对这种改变，为了分辨不同时期发行的股本，盘查实在一开始将股本分为官机旧股本、官机新股本、商集旧股本、商集新股本等进行分类如实记录。但缺点在于多次发新股之后，两张会计报表中需要在收支、“存”部分各报告一次支付情况。这导致会计科目过于繁杂，冗长，本质上相同的条目重复出现。随着后期股票的不断发行，在账略后面还附加了详细的新股和旧股的数量以及余利分配计算情况。1914年大生纱厂第十六届账略中盘查实在就已经出现了超过20条关于不同届新旧股正息、余利的内容。后来为了简化盘查实在中的会计科目，第十九届账略开始逐渐将这些相似的会计科目进行合并，在1919年大生第一纺织公司第二十一届账略上就将这些繁杂的内容合并并调整顺序，只区分上届或本届，余利或正息等。这样大大减少了相似重复的会计科目的出现次数，更具有概括性和条理性①。除了股本相关的科目越来越具有概括性之外，报表中其他的会计科目也较为固定和明晰，例如息金、煤斤物料等都在大生纱厂、分厂等企业集团的财务报表中长期出现，保持了财务报表会计科目的一致性，相比于钱庄等传统企业的报表会计科目繁多、地区差异较大，有了很大的改进和完善。

在企业资金来源上，企业初始资金来自社会资本以及官机作股。“商务局将南洋纺织局现有纱机四万七百余锭，连同锅炉引擎全副，作为官本规银五十万两。”② 其余的股本由张謇、盛宣怀筹集。企业扩张资金主要来自企业的余利积累以及对外借款、发行股权，利用金融组织和社会资金快速扩张，

① 南通市档案馆、南京大学历史研究所、留学生部江南经济史研究室、江苏省社会科学院经济史课题组编：《大生企业系统档案选编：纺织编（Ⅰ）》，南京大学出版社1987年版，第92～136页。

② 张季直先生事业史编纂处编：《大生纺织公司年鉴：1895～1947》，江苏人民出版社1998年版，第18页。

前期借款比例高，后期调整债权，企业实力增强。大生纱厂在一厂取得了巨额利润之后，开始了盲目扩张。“从 1899 年到 1922 年，公司从 1 家扩展为 3 家，纱锭从 2. 04 万锭增加到 14. 54 万锭，步机从无到有达 1 342 台。固定资产从 51. 2 万两增加到 733. 66 万两，增加 13. 3 倍；实收资本由 44. 51 万两增加到 575. 25 万两，增加 11. 9 倍。”① 大生纱厂资本的增速却一直没有固定资本的增速快。其资金主要来自内源性融资和外源性融资的结合，综合使用多种方法筹资。大生集团以老拖新，资金在集团内部进行垫资，并且向外招股筹集资金，“大生分厂、三厂的筹设，主要都依靠‘招新股’这个办法，大凡在新厂的股本中只要有老厂的若干投资，而张謇、张詧等大生总、协理也只要有极少数股份，便基本上能够控制经营大权。”② 并且为了集中资金，除了需要按时缴纳的官利之外，余利、红利等都留到下一年发放，这些资金往往积累到一定数量就会挪作他用，向其他新厂投资并给予贴息，这就形成了与股东之间的借贷关系，最后向股东发新厂股票解决借贷问题。大生集团还积极向银钱业借钱。在大生鼎盛时期，钱庄等金融机构非常希望大生纱厂来借钱，不怕大生借，只怕大生不来借。大生借贷难度低，便大量向外借款，并且利息都很高，在自身资金无法周转时，有时还需要向外贷款来维持还本付息。在 1921 年，大生各厂账簿上的总计往来项下各户欠款在 300 万两以上，一厂账面负债总额中的对外欠款达 400 万两③。高负债运行为之后大生集团陷入困境埋下伏笔。

20 世纪 20 年代后，融资结构更为合理。因为债务较多，大生集团后期开始被金融集团接手运营。1925 年上海银团派出的经理李升伯出任大生一纺经理后，对于大生一纺的债权进行了调整，重新与金融机构签订抵押借款合同，改善资金状况。一纺不动产作为抵押的借款，从过去 44 万两增加为 434 万两。调整融资结构，“在股权不损失的情况下，增加银团的债权。公司负

---

① 顾纪瑞：《大生纺织集团档案经济分析 1899 ~ 1947》，天津古籍出版社 2015 年版，第 13 页。

② 中国科学院经济研究所编：《中国资本主义工商业史料丛刊》（第 21 ~ 22 种大生系统企业史资本家是怎样残酷剥削店员的?），科学出版社 2018 年版，第 114 页。

③ 中国科学院经济研究所编：《中国资本主义工商业史料丛刊》（第 21 ~ 22 种大生系统企业史资本家是怎样残酷剥削店员的?），科学出版社 2018 年版，第 115 页。

债与股东权益之比，从 1925 年 189.55%降到 1935 年的 110.69%"[①]，长期偿债能力增强，企业得到巩固。1923 年上海永聚钱庄派人担任大生三纺的经理，在经营期间融资结构比例无较大变化，且带来许多商业陋习。直到 1929 年沈燕谋担任三纺经理，重新整理了债务，与上海商业储蓄银行、江苏银行建立了新的借贷关系，而后大生三纺不断发展。而大生二纺的债权结构却没有明显改善，债务越背越重，最后被清算拍卖。从三家公司的不同的结果中，可以看出合理的融资结构能够帮助企业更好的发展。

在成本管理方面，大生纱厂使用进花出纱核余这一会计科目来表示经营纺织业的收入和成本。出纱代表企业的销售收入，进花则为进行纺织的原料成本。对于购入花的总数、价格等详细情况在账略中并没有提及，但在日常的经营中进花出纱是纱厂运营最重要的部分，所以在《大生纱厂章程》中规定"每逢收花之时，应将每日所收子花、净花各斤数，合价银洋各数，填单送总账房核备""纱庄售出之纱，每日应将收进、售出之总数各若干，收价洋若干，照填各单送总帐房，收数注帐"[②]。对于销售产生的保险费、花纱厘捐税等其他成本，大生纱厂又列为单独的支出，在账略中进行记载。对于生产所剩的半成品以及未销售的产成品，大生纱厂于盘查实在下方"在"部分记录这些存货的价值，对存货还进行存花、现存物料等分类管理。成本管理更加全面、细致。

在利润管理方法方面，利润通过收支差额表现出来，在收支表的下方，共存和共支的差额为本期结余，再减去提取公积、花红等即为本期可分配余利。若本期盈利，则盈利记在盘查实在表上方"存"部分，以余利、官商股份余利等形式表现出来；若本期亏损，则记在盘查实在表下方"在"部分[③]，以本届结亏科目呈现。大生纱厂的利润主要是用来支付红利、投资实业、油厂、面厂、学校等。余利、官利、投资数额明细在盘存实在表中均有报告。并且在文件层面，在《大生纱厂重订集股章程》、通州大生纱厂第二届述略

---

① 顾纪瑞：《大生纺织集团档案经济分析 1899～1947》，天津古籍出版社 2015 年版，第 17 页。

② 《张謇全集》编纂委员会编：《张謇全集》（第 5 集），上海辞书出版社 2012 年版，第 9 页。

③ 南通市档案馆、南京大学历史研究所、留学生部江南经济史研究室、江苏省社会科学院经济史课题组编：《大生企业系统档案选编：纺织编（Ⅰ）》南京大学出版社 1987 年版，第 114～116 页。

中都对折旧、提取公积，向股东分配余利进行规定和补充说明。

在利润管理成果上，大生集团高利润高分配的同时，也利用资金在企业集团内调拨。张謇在大生纱厂获利之后，1899～1911 年，又在南通创办和投资了 27 家企业，这些企业的投资资金，大多数都是来自大生纱厂的公积。张謇本人说“謇之营通州各公司也，周转之资，诚以大生厂公积款为母”。[①] 从大生纱厂的盘查实在中，我们可以发现在 1913 年大生纱厂的总资产 333 万余两中，在实业公司的资产，为纺织新厂机器，纺织学校的建筑调拨的资金就有超过 40 万两，占到总资产的 12%，占到固定资产总额 83 万余两的 47%[②]，到 1922 年，对于集团其他公司的资金调拨总额达到了 473 万余两，占到总资产的 38%，比例进一步上升[③]。多样化的投资不仅扩大了企业规模，而且在大生纱厂自身效益较低时，其他行业如垦牧公司的利润能够有力支撑大生集团的生存和发展。综合使用企业营业利润不仅是因为张謇的个人理想，也是因为为了企业更好的发展，体现了近代企业财务制度中利润分配用途多的特征。

虽然这样的资金调拨在近代其他的企业集团中也十分常见，但是张謇的企业集团还是股份制有限公司，是“借各股东资本之力”来完成他的目标，怎样才能使股东与张謇本人的意见一致呢？张謇显然也考虑到了这个问题，因此他采取对企业利润进行高利润高分配的方法，以此来保持股东对大生纱厂的信任和支持。从大生纱厂的报表中，可以发现，截至 1921 年大生纱厂一厂、二厂的总盈利达到 1 663 万两，其中有 1 348 万两以官利、余利、花红形式分配给各股东，大生一厂、二厂自身提取的公积金额都很低，合计总公积仅有 120 万余两[④]。

这样的利润管理方法使得股东能及时获得股利，且当时大多数股东都存在只在乎获得股利的心理，对企业的经营情况不甚关心。所以股东在获得余

---

① “1907 年张謇致两江总督端方”，引自朱荫贵：《中国近代股份制企业研究》，上海财经大学出版社 2008 年版，第 135 页。

② 南通市档案馆，南京大学历史研究所、留学生部江南经济史研究室、江苏省社会科学院经济史课题组编：《大生企业系统档案选编：纺织编（Ⅰ）》，南京大学出版社 1987 年版，第 87～90 页。

③ 朱荫贵：《中国近代股份制企业研究》，上海财经大学出版社 2008 年版，第 136 页。

④ 大生系统企业史编写组：《大生系统企业史》，江苏古籍出版社 1990 年版，第 131 页，引自朱荫贵：《论近代中国股份制企业经营管理中的传统因素》，载于《贵州社会科学》2018 年第 6 期。

利、官利之后，再加上对张謇的信任，便一直支持大生纱厂。相对于传统银钱业借口提高公积，最后达到挪用利润目的的做法，有了很大的进步。然而，这种分配方法能够延续下去的前提是大生纱厂能够每年不断产生充足的利润，一旦大生纱厂的利润下降，无法维续这种循环，大生整个集团就会遭遇资金链断裂的风险。

2. 刘鸿生企业的财务制度

股份有限公司的另一个代表就是刘鸿生创办的企业。刘鸿生受过西式教育，并且早年担任洋人的买办，通过推销煤炭开始自己的资本原始积累。1920 年，刘鸿生创办鸿生火柴公司、华商上海水泥公司。后期又分散创立了一系列股份有限公司。这些企业不同于荣家企业集团和大生集团，企业间大多都是独立的，不存在互相参股的问题。起初为了管理刘鸿生自家的投资和账务，成立了刘鸿记账房，是其私人的账务处。通过对刘鸿记账房以及刘鸿生创办的其他企业财务制度的梳理，反映其变化过程。

在资金管理方法上，刘鸿记账房已经发现了传统单式记账方法不能满足企业管理的需要，数字容易出现错漏、科目名称内涵不清，这些缺点导致账目不清、无法如实反映企业资产状况、导致企业经营管理困难。为了弥补传统财务制度的不足，当时出现了完全采取西式财务管理方法或采用改良中式财务管理方法等两种改良趋向。刘鸿记账房的管理人员在了解西方的资产负债表之后，认为西式财务制度中资产负债表更为清晰，不同于旧式财务制度，于是聘请留美会计师林兆棠对财务制度进行了改革。1932 年之后刘鸿记账房采取现代财务制度中常用的记账方式——西式复式记账法，并进行资产负债表的编写，1940 年代开始编写试算表、决算表。新复式簿记可以将日常经营中的分散数据整合成集中的系统信息，数据更加清晰，能够更好地为企业的经济活动服务。我们将 1929 年刘鸿记账房总账（见表 4 - 3）与 1932 年的损益表（见表 4 - 4）进行对比。

从表 4 - 3 和表 4 - 4 中清晰对比出，复式簿记中的会计科目更加科学、更具总结性。例如，收入项下分有股份收入、薪水报酬、利息收入、杂项收入等。后期刘鸿生创办的中华煤球公司的资产负债表中更出现了固定资产、递延资产、流动资产、流动负债等会计科目。同时将每项支出和收入占总支出/收入的百分比单列，这样可以清晰地看出某项支出或收入的重要程度，为合理安排以后的开支或收入提供参考。同时损益表从单向记录变为左右对照的格式进行记账，使得收支对比更加明了。

表 4 - 3　　1929 年刘鸿记账房总账　　单位：两

官红利：413 017.77
自手（薪水佣金等）：15 377.96
四川路及亚德路房租：123 972.34
鸿福里房租：3 069.43
日晖港房租：1 542.5
下关地租：4 294.06
车袋角地租：251.47
共收：461 525.53
家用：1 253.01
公子雅用：2 811.88
捐款：63 114.43
贴薪：1 992.49
交际费：4 242.43
书箱学费：5 625.25
汽车用费：2 420.58
医药费：3 424.78
护衔费：2 178.58
俱乐部用费：888.57
清浦苗圃：1 645.70
运动器具：47.89
叶夫人：8 604
定海女中学：4 739.65
留学费：37 497.89
杂用：3 847.74
利息：60 389.69
共付：219 193.63
结余：242 331.90

表 4-4　　1932 年刘鸿记账房损益表　　单位：两

损			益		
项目	银元	百分率	项目	银元	百分率
有价证券损失	130 587.54	9.551	各项股份收入	388 839.51	29.136
公事房开支	7 387.35	0.540	薪水报酬	46 498.40	3.775
兑换损失	31 579.18	2.310	公司股票损益	13 711.04	1.113
利息支出	687 411.99	50.277	产业收入	190 233.99	15.446
产业费用	39 401.15	2.882	开滦收入	257 245.77	20.887
交际	7 274.40	0.532	东京煤收入	29 621.13	2.405
公益善举	21 717.01	1.588	利息收入	293 008.31	23.791
会费	1 073.50	0.078	杂项收入	42 451.52	3.447
赠与	211 200.00	15.447		1 231 609.67	100.00
津贴酬劳	10 470.64	0.766	收支总账结亏	135 139.75	
留学费用	68 182.05	4.987			
教育费用	2 647.79	0.195			
家用	54 908.88	4.016			
本人零用	1 197.57	0.088			
意外损失	60 766.94	4.444			
本人提取	7 259.09	0.531			
杂项支出	24 183.96	1.769			
	1 367 249.42	100.00		1 367 249.42	

资料来源：刘鸿记账房损益表（1932 年 1 月 1 日至 12 月 21 日），刘鸿记账房档案，卷号：12－004、12－014，引自江满情：《中国近代股份有限公司形态的演变：刘鸿生企业组织发展史研究》，华中师范大学出版社 2007 年版，第 94～96 页。

在资金来源上，刘鸿生创办的企业资金大多来自他个人的投资，股权融资的部分较少，其他外人的股份大多只有十到五股，实际上都是刘鸿生挂在他们名下。刘鸿生创办的各家企业，见图 4－2。并且这些公司大多都是股份有限公司，鸿生火柴厂也在 1926 年改为股份有限公司，刘鸿生利用股份有限公司这一组织形式，有效减少自己投资的风险，充分体现了其不把所有鸡蛋放在一个筐子里的原则。在企业扩张资金上，刘鸿生企业也同样利用内源性融资和各类外源性融资，充实自己的运行资金。刘鸿记账房一开始只是处理账务的机关、后来逐渐开始吸收储蓄，从表 4－3 和表 4－4 中可以发现 1929 年和 1932 年均有利息支出，还对旗下企业进行垫款，对资金调度起一定作用。后期刘鸿生更是为了解决工商业的资金问题，开设中国企业银行。在 1932 年经济危机时，为了解决资金问题，刘鸿生开始四处借贷，向银行等金融组织求助。“1935 年国内许多厂矿纷纷倒闭。刘氏企业的全部产业已都抵押在银行中。”① 因为疯传刘鸿生要倒，银行纷纷要求其还款，资金链进一步陷入危机，随后市场好转，资金才得到一些缓解。同时，刘鸿生还通过兼并、联合等方式，实现增强实力。

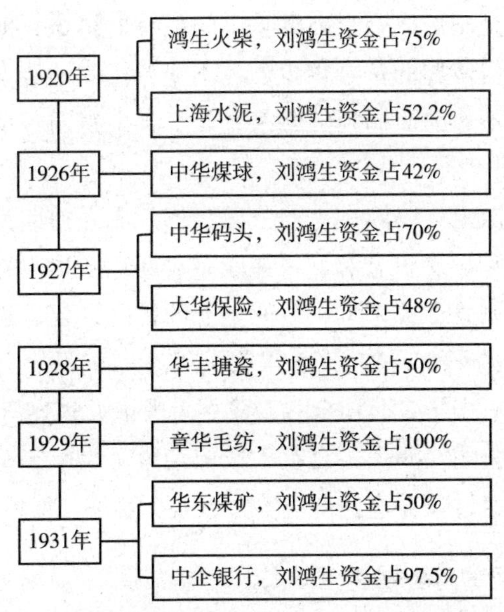

图 4－2　刘氏企业初创情况以及刘鸿生初始资金占比

注：图中中国企业银行的“刘鸿生投资额”一项包括了刘鸿生的弟弟刘吉生的出资额，其余各企业均未将刘吉生的投资计算在内。

资料来源：上海社会科学院经济研究所编：《刘鸿生企业史料》上册，上海人民出版社 1981 年版，笔者整理。

在成本管理上，刘鸿生十分重视成本核算，“每一个企业，一定要有一

① 陈真编：《中国近代工业史资料（一）》，上海三联书店 1957 年版，第 404 页。

套完整的成本会计制度。他可以告诉你哪一部门是厂里最薄弱的环节，需要想法子改进；哪一部门有浪费，需要想法子克服。成本会计是你的眼睛。”①他参股的企业都建立了比较完善的存货管理、成本核算制度。他要求每个企业每年盘底两次，查明货物材料的详细情况，如有短缺、损坏、霉烂等情况，及时作出处理措施。对于企业的开支也要求精打细算，最大限度地降低开支，但是对于应花的钱“绝不吝惜”。他要求每个企业负责人必须在保证质量的同时，重视降低成本，提高企业竞争力，增加企业利润。虽然在实际执行过程中，也存在着铺张浪费等问题。

关于利润管理，由于刘鸿生参股的公司都是彼此独立的，是较为松散的企业集团，利润分配主要是由各公司的董事会、经理等管理层决定。刘鸿生成立刘鸿记账房，企图形成一个高度集中的托拉斯组织，但是也因为经济形势较差、刘鸿记账房掌握的资金较少，也不能调拨其他企业的大额资金，最终还是没有成功。不像前面提到的荣家企业、大生集团等可以实现集中利润用于扩大生产。

在利润管理方法上，以鸿生火柴公司为例，成立初期为无限公司，利润按照章程首先提公积、支付官利，再在股东、经理、员工之间分配，三年分配一次利润。在利润管理成果上，后期企业的扩张主要也因为资金不足，而采取兼并其他企业的形式，如 1925 年收买了上海燮昌火柴厂的股份，1928 年呼吁鸿生、荧昌、中华三公司合并，成立大中华火柴公司，减少对内竞争，联合对抗瑞典火柴公司。鸿生并没有采取像荣家、大生等企业一样的自身不断扩张策略，而是通过兼并达到增强实力、减少竞争、抵抗外商的目的。

（三）两合公司的财务制度

两合公司和股份两合公司在本质上都是相似的，公司股东都由负无限责任的股东和有限责任股东混合组成，聚兴诚银行股份两合公司就是典型的案例之一。

聚兴诚银行由重庆杨氏家族成立，其在聚兴诚银行成立前进行了 40 多年的商业资本积累。由于商号经营范围不断扩大、同时进行吸收存款、汇兑等

① 刘念智：《实业家刘鸿生传略：回忆我的父亲》，文史资料出版社 1982 年版，第 65 页。

业务，商业资本转向金融资本，杨氏家族最终成立聚兴诚银行。聚兴诚银行在成立不久后，就开始根据银行的实际情况，摸索建立自己的财务管理制度。

在资金管理方法上，聚兴诚银行建行初期原采用的是中式复式簿记账。总行设有“座账”、流水账、庄账、收交出纳，缺点较多。其一，使用中文直写数字在计算累计时容易出错。其二，会计科目制定的不当，不能全面反映企业的经营活动。其三，与传统银钱业类似，在汇总各支行的流水账时，常常因为会计科目不统一，出现一些项目对不上号的情况，只能做“未达账”处理，虽然有月度总结，但是不能准确、直观反映聚兴诚银行的财务状况。

1919 年，当时聚兴诚银行的学徒、天津分行会计在月结单上用了一张西式资产负债表，看起来直观、醒目。后来杨希仲、杨粲三等人不仅给其加薪，还要求各行一律照办，将西式资产负债表在聚兴诚银行中推广。1920 年，杨粲三又提出“自行设计、逐步改进”的财务改善方针，他们向西方学习不断改革，将之前的中式复式簿记改为西式借贷复式簿记，1920 年成为聚兴诚银行财务制度的变迁的开端。1924 年颁布《聚兴诚会计规则》，其后又做了一系列努力来改进财务制度。直到 1944 年印发《聚兴诚会计规程》《聚兴诚银行会计人员手册》，聚兴诚的账务、报表有了统一的处理程序。

在资金管理上，资金进出是早期聚兴诚银行的管理中心。通过设立出纳、审计等岗位，在企业中实现相互监督与制衡。聚兴诚银行实行“统账制”，统一管理资金、计算损益、早期通过定交表，后期通过银根账管理分行资金流动。这样可以灵活调度各地区间的头寸，有利于在银行存款较少的情况下，维持银行的运营，也对各地分行实行集中管理。“统账制”不仅有一套对外公开的明账，还有一套不对外公开的暗账。暗账开始于 1938 年，在早期主要方便资本家掩盖亏损和隐藏积累，后期逐渐起到避免国民政府金融管制和赋税的作用。虽然暗账可能使明账上的利润不实，但能在一定程度上帮助企业在沉重的赋税下生存。

在资金来源上，聚兴诚银行的资金主要来自杨氏家族的商业资本积累、经营活动的高额利润，以及存款。杨氏家族开办的各类商号如聚兴诚商号，早期在各地经营的同时开展吸收存款、汇兑等业务，为聚兴诚银行的成立打下初始资金基础。“聚行股份两合公司额定资本为 100 万银元，分为 1 000

股，每股1 000元。股本中，无限责任与有限责任各为50万元，无限责任股全由杨氏族人所持有，并另以依仁堂、清白堂、尊贤堂等堂名占有有限股23.2万元，杨氏家族共占有聚行100万元股本的73.2%。”① 聚兴诚银行经营期间的高额利润，通过转为公积、准备金等方式为聚兴诚银行的发展提供助力。1927年后，由于当时的形势变化，官僚资本通过各种手段给聚行施压，企图进行资本渗透，影响了聚行的正常运营，聚兴诚银行“被迫吸纳官僚资本和主动引进外资”。② 为了抵御江浙财团，充实银行的资金实力，聚兴诚银行还有过引入外资的尝试，但最终未能成功。相较于聚行之前较为纯粹的内源性融资，后期进行了更多引入外源性融资的尝试。

在成本管理上，聚兴诚银行尽力压低各项费用，较为重视成本核算。由于其主要的盈利来自汇水收益和利差收益，所以早期在职员工工资等方面就尽可能压低，采取“饥兵政策”。主要通过对成本的核算，用量化的方式反映企业的经营状况。

在利润管理方法上，聚兴诚银行早期延续旧商号时期的“四柱划分”传统，利润在企业公积金、股东、企业负责人、职工之间进行分配。利润两年决算一次，以第一届（1915～1916年）决算为例，两年的纯利润为48万元。公积金提取纯利的20%，为9.6万元，特别公积金提取约2.2万元，两项公积金占纯利润的24.7%。官息约6.1万元，股东红利余约18万元，其中无限股东占六成，有限股东占四成③。后期转为股份有限公司之后，利润分配原则也有相应的调整，利润在企业公积金、政府税收、股东、职工（包含企业负责人）之间分配。虽然利润分配结构上有些许微调，但是企业的公积金所占比例还是较大的。不仅提取利润的10%作为公积金，还提取10%作为战时损失准备金，此外还提取特别准备金，减少利润外溢，积累财富。在利润管理成果上，30多年的经营过程中，聚兴诚银行通过正常的业务经营以及暗账活动赚取了大量的利润。其利润明细以及与资本额之比见表4－5。通过对资

① 重庆金融编写组编：《重庆金融（上册）》，重庆出版社1991年版，第204页。

② 时广东：《近代中国区域银行发展史研究：以聚兴诚银行、四川美丰银行为例（1897～1937）》，四川人民出版社2008年版，第169页。

③ 中国民主建国会，重庆市工商业联合会文史资料工作委员会编：《重庆工商史料（第六辑）》，西南师范大学出版社1988年版，第143～144页。

本额整理，发现聚兴诚银行账面资本积累的速度并不快，在 1920 年之后的 16 年间都没有增加资本额。从纯益与资本的比值可以发现，聚兴诚银行的账面盈利能力较好，虽然有些年份发生实际亏损，但在账面上依然保持盈利，后期 1946～1947 年发生恶性通货膨胀，汇价和利率都同时上涨，而资本额不会及时随通胀上涨，导致纯益与资本比奇高。

表 4－5　　　　　　1916～1949 年聚兴诚银行历年利润表

年份	单位	收入（元）	纯（损）益（元）	资本（千元）	纯益/资本比（%）
1916	银元	3 587 047. 14	480 000. 00	400. 00	120. 00
1918	银元	706 145. 22	400 000. 00	700. 00	57. 14
1920	银元	1 024 509. 51	474 000. 00	1 000. 00	47. 40
1922	银元	896 592. 27	161 366. 49	1 000. 00	16. 14
1924	银元	667 845. 38	128 041. 10	1 000. 00	12. 80
1926	银元	927 551. 22	205 593. 13	1 000. 00	20. 56
1928	银元	935 070. 63	168 673. 06	1 000. 00	16. 87
1930	银元	1 282 614. 59	219 593. 74	1 000. 00	21. 96
1932	银元	1 376 952. 44	274 876. 48	1 000. 00	27. 49
1933	银元	611 590. 34	155 013. 50	1 000. 00	15. 50
1934	银元	855 542. 96	350 145. 16	1 000. 00	35. 01
1935	银元	876 802. 81	167 939. 06	1 000. 00	16. 79
1936	银元	793 227. 83	213 657. 78	1 000. 00	21. 37
1937	法币	733 302. 01	214 207. 62	2 000. 00	10. 71
1938	法币	1 129 779. 05	273 410. 33	2 000. 00	13. 67
1939	法币	4 067 712. 32	567 696. 65	2 000. 00	28. 38
1940	法币	5 612 774. 65	1 596 439. 78	4 000. 00	39. 91
1941	法币	11 035 737. 90	4 579 058. 26	4 000. 00	114. 48
1942	法币	19 454 191. 69	2 594 588. 47	4 000. 00	64. 86
1943	法币	45 239 980. 30	4 274 908. 07	10 000. 00	42. 75
1944	法币	130 518 666. 30	4 510 997. 42	10 000. 00	45. 11
1945	法币	543 047 490. 47	7 176 289. 62	10 000. 00	71. 76

续表

年份	单位	收入（元）	纯（损）益（元）	资本（千元）	纯益/资本比（%）
1946	法币	5 663 724 960.20	35 778 149.00	10 000.00	3 577.81
1947	法币	49 490 703 702.83	781 216 101.86	10 000.00	7 812.16
1948	金元	8 738 618.77	508 304.69	2 000.00	25.42
1949	人民币	13 533 002 344.24	992 027 601.73		

注：1932 年之前都是两年决算一次，1949 年资本额缺失。

资料来源：中国民主建国会，重庆市工商业联合会文史资料工作委员会编：《重庆工商史料（第六辑）》，西南师范大学出版社 1988 年版，第 140～141 页、第 148～149 页；笔者整理。

此外，在利润管理成果上，聚兴诚银行在经过了 10 多年的积累后，积极利用利润对外投资，投资对象分布在重庆、成都、内江、汉口等地，主要投资单位有自来水公司，投资约 346 万元，西宁公司，投资约 534 万元①，1932～1947 年一共投资 59 家单位，总资金高达法币 1 200 多万元②。

（四）外国公司的财务制度

在五口通商之后，中国境内陆续出现了注册于境外的外国公司。这些企业虽然注册于中国境外，但是它们的实际资本来源并不是全部来自外国。外国公司较为著名的有汇丰银行、英美烟公司等。在外国公司中，我们选取英美烟公司，分析其财务制度。

英美烟公司成立于 1902 年，是英美两家烟草制造商合并而成，其在中国有很多分支机构，如大英烟公司、驻华英美烟公司等。英美烟公司史料翔实，财务制度也具有一定的代表性。

在资金管理方法上，英美烟公司作为托拉斯企业集团，其驻华分支机构采取的也是西式资金管理制度。驻华英美烟公司已经开始有固定资产、流动资产、商誉、附属公司股权、借入资金等科目，会计科目概括性高，能够较好地反映企业资金、资产状况。在资金管理规则上，采用的是西式的复式记

① 陈真编：《中国近代工业史资料（一）》，上海三联书店 1957 年版，第 808 页。

② 中国民主建国会，重庆市工商业联合会文史资料工作委员会编：《重庆工商史料（第六辑）》，西南师范大学出版社 1988 年版，第 123 页。

账法，资产等于资本加负债之和，这与我们现代财务管理方法一致。

在资金来源上，英美烟融资结构多元化，债权比例较为合理。在华各个公司名义上虽然都是独立的公司，但是对资金流动进行集中管理，1919 年正式建立的驻华英美烟公司“总揽在华一切企业之大权”①。后期利用颐中上海总公司对资金进行管理，伦敦英美烟公司也借此方法实现了对世界各地分公司资金的统一管理，避免各分公司各自为政。除了总公司的资金调拨，英美烟公司还偷藏利润、套用职工的储蓄金以及经销商和员工的保证金、向银行进行贷款来充实资本。“强迫职工每月扣除 5% 的工资作为储金，规定凡储金不足 4 年而离职的职工，无利照原数退还。4 年以上者，才加给利息 10%。与当时一般银行零存整取 7 年本利相比，已差 70% 的利息。”② 后期五四运动后爆发，开始抵制英货运动，驻华英美烟公司为了让人们继续购买其烟草，宣布改名为颐中烟草公司，并增招华股，但是利息比银行定期存款还低，类似于借款。在其分支机构之一，驻华英美烟公司资产负债表整理，见表 4－6。并在表 4－7 中计算了资产负债率、实际资产负债率以及负债与股东权益之比，在资金管理结果上，三个指标都较低，借入资金占比较为合理，相对应企业的还款能力较强，遇到经营不善、难以还款时，不太容易导致债务危机，影响企业生存。与荣家企业集团、大生企业集团的较高负债与股东权益比，遇到困难时陷入债务危机形成鲜明的对比。

表 4－6　　1919～1941 年驻华英美烟公司资产负债表整理　　单位：千元

年份	资产总额	固定资产	流动资产	商誉	资本	盈利滚存	准备金	借款
1919	170 463	983	23 941	87 646	124 790	2 478	982	42 213
1920	176 476	1 369	29 729	87 792	163 800	3 573	1 141	7 962
1923	191 965	1 644	29 166	87 792	175 000	6 639	638	9 688
1931	300 141	41 010	121 722	137 409	193 540	29 106	23 600	53 895
1935	270 508	40 968	91 177	138 363	215 540	25 254	28 813	901

① 陈真编：《中国近代工业史资料（二）》，上海三联书店 1958 年版，第 91 页。

② 全国政协文史资料委员会编：《文史资料存稿选编（经济下册）》，中国文史出版社 2002 年版，第 54 页。

续表

年份	资产总额	固定资产	流动资产	商誉	资本	盈利滚存	准备金	借款
1936	246 335	1 064	22 167	63 908	215 450	10 684	3 189	16 922
1937	286 023	239	33 356	7 578	215 540	13 713	18 362	38 408
1938	341 966	555	81 002	7 681	215 540	13 352	40 052	73 022
1939	395 672	258	147 372	7 681	215 540	19 884	143 424	16 824
1940	484 442	304	261 141	7 681	215 540	27 732	216 727	24 443
1941	566 200	363	378 022	0	215 540	9 262	284 299	57 099

资料来源：上海社会科学院经济研究所编：《英美烟公司在华企业资料汇编》（第4册），中华书局1983年版，第1471～1478页。

表4－7　　1919～1941年驻华英美烟公司负债情况分析　　单位：%

年份	资产负债率	实际资产负债率	负债/股东权益
1919	24.76	50.97	32.91
1920	4.51	8.98	4.72
1923	5.05	9.30	5.31
1931	17.96	33.12	21.89
1935	0.33	0.68	0.33
1936	6.87	9.28	7.38
1937	13.43	13.79	15.51
1938	21.35	21.84	27.15
1939	4.25	4.34	4.44
1940	5.05	5.13	5.31
1941	10.08	10.08	11.22

注：资产负债率为借入资金与资产比值，实际资产负债率为借入资金与资产总额减去商誉比值，股东权益＝资本＋盈利滚存＋各项准备金。

资料来源：上海社会科学院经济研究所编：《英美烟公司在华企业资料汇编（第四册）》，中华书局1983年版，第1471～1478页；笔者整理。

在成本管理方面，英美烟公司相当重视成本核算。英美烟公司各厂对成本进行核算和记录，编制出厂成本单。成本单中主要包括原料成本、工人工资、厂房利息和租金、修配费用和一般工厂费用、公司行政费用等。在后期为了提高账面成本、降低利润更是设立了商标专利金这一成本项目。英美烟公司定期记录销售成本并进行分析，包括指定销售费用（推销员的薪金、费用以及销售机构的费用）、一般销售费用、计划广告费用、指定广告费用、一般广告费用，通过计算相应比例，分析出销售成本主要花在支付给销售人员、销售机构的销售费用以及一般销售费用上。成本核算能够帮助企业更好地控制成本，了解企业成本结构，提高实际利润。

在利润管理方法方面，英美烟公司编写月度、年度盈亏分析表，每年决算表及损益书等对公司利润进行记录、并且重视资料的保存。在利润实际分配上，英美烟公司与现代的股份有限公司类似，利润在各项准备金、优先股和普通股股息、红利中分配，但是它的账面利润和实际利润之间是有差距的。英美烟公司使用了多种手段在账面上隐蔽利润，向母公司伦敦英美烟公司支付商标专利金、设立汇兑盈亏等科目、抬高原材料价格、扩大折旧率、设立各种准备金提高账面成本、虚高亏损，为企业保留一部分利润，充实资本。这使得英美烟公司的实际盈利率高于账面盈利率，也大大超过竞争对手南洋兄弟烟草公司。在利润的利用上，英美烟公司主要在中国利用实际利润积累以及适当的借款，进行企业扩张。在中国投资、设立各地原料生产公司、专门的销售公司如协和贸易公司等，围绕着烟草种植以及各类烟草产成品形成自己的产业链，不断降低生产原料成本，扩大销售，巩固集团的垄断地位。

三、传统财务制度与近代企业财务制度比较

为了更好地认识近代企业的财务制度变迁，我们提炼了财务制度中资金管理、成本管理、利润管理中的特征，并将传统财务制度与近代不同类型企业财务制度进行比较，结果见表4－8。

从表4－8前三行对比中，可以看出传统银钱业和商业的财务制度因为业务经营领域的不同，进而演化出以传统财务制度为主体，实际略有不同的财务制度。

表4-8　　传统财务制度与近代企业财务制度的比较

企业类型	典型		特征							
			资金管理			成本管理		利润管理		
			复式记账法	融资手段多样化	账目科目具有整合性	存货管理体系较为完善	重视成本核算	有月度/年度总结	利润分配用途多	利润金额受人为恶意影响小
钱庄	福康钱庄、福源钱庄		×	×	×	无	×	√	×	×
票号	祁帮、平帮、太帮		√	×	×	无	×	√	×	√
批零商业	瑞蚨祥		×	×	×	×	×	×	×	×
无限公司/合资公司/股份公司	荣家企业集团	1921年前	×	√	×	×	×	√	√	
		1921年后	√	√	√	×	×	√	√	
股份有限公司	大生纺织集团	1920年前	×	√	×		√	√	√	√
		1920年后	√	√	√		√	√	√	√
	刘鸿生创办业	1929年前	×	×	×	×	√	√	√	√
		1932年后	√	√	√	√	√	√	√	√
两合公司/股份两合公司	聚兴诚银行	1919年前	√	×	×	无	无	√	×	×
		1920年后	√	√	√	无	√	√	√	×
外国公司	英美烟公司		√	√	√	√	√	√	√	×

注：因有限公司数量较少且有限公司的财务报表史料记载较少，故在表格中省略；表中的√表示符合，×表示不符合，无表示没有涉及相关内容，空白则受资料限制难以确定。

资料来源：郭道扬编：《中国会计史稿（下册）》，中国财政经济出版社1988年版，第203~217、234~235、240~241、268~273、285~287页；卫聚贤：《山西票号史》，经济管理出版社2008年版，第614~616页；中国科学院经济研究所中央工商行政管理局资本主义经济改造研究室编：《北京瑞蚨祥》，上海三联书店1959年版，第56页；金其桢，黄胜平等：《大生集团　荣氏集团：中国近代两大民营企业集团比较研究》，红旗出版社2008年版，第101页；张忠民：《艰难的变迁：近代中国公司制度研究》，上海社会科学院出版社2002年版，第310~311、328页；刘念智：《实业家刘鸿生传略：回忆我的父亲》，文史资料出版社1982年版，第65页；中国民主建国会，重庆市工商业联合会文史资料工作委员会编：《重庆工商史料（第六辑）》，西南师范大学出版社1987年版，第131~137页；上海社会科学院经济研究所编：《英美烟公司在华企业资料汇编（第四册）》，中华书局1983年版，第1481、1483页。

相同点在于都没有规定固定的账目科目，缺乏将性质相似的账目整合，外人难以理解。在资金管理上，企业的资金来源主要是内源性融资，利用家族资本、企业利润等进行经营活动。在成本管理上，虽然设置了单独的账簿进行成本记录，但票庄成本管理较为僵化教条，商业的成本管理也未关注进货总数、存货总数等对于企业经营管理具有重要价值的数据。对于成本的核算都不够重视，存在一定的缺陷。在利润管理上，相同的是，它们大都编制红账和年度总结进行管理，每年或三年分配一次利润，大部分利润都在财东和顶身股持有者之间进行分配，提取公积的金额很少，导致资本积累不多，在遇到危机时极易陷入经营困境。利润除了用于公积、分红外，其他用途较少，并不用于投资其他企业。在红利分割时，出资人和掌柜在基本利润分配原则下，还会出现明让暗争、私藏挪用利润的情况。并且在财务制度相关资料的保存方面，传统银钱业和商业也并没有得到足够重视。这些财务报表主要是满足企业自身经营需要，并不需要对外公开，所以很多并没有进行妥善的保存，给银钱业和商业的财务制度分析工作带来困难。

从表4-8以及传统银钱业、商业财务制度的史料中，我们发现票号、钱庄等会计报表反映出的企业财务制度已经出现了一些现代的特征。例如，在利润管理上，在进行红账编写时，使用了轧龙门的平衡原理，与西方现代财务制度中的资产负债表的平衡原理具有一定的相似性。钱庄经理、票号掌柜通过红账、年度总结制度向所有者报告经营情况，与现代股份制公司发布年度报告类似。

通过表4-8后五行以及前文内容，我们明显可以看出中国近代以会计报表为内核的企业财务制度演进日益趋向近代化。

一是受西方影响，财务管理中记账方法逐渐现代化。近代不同类型的企业在资金管理上虽然依旧保留着传统财务制度的痕迹，比如无限公司、两合公司的资金管理中依然保留了与传统财务制度相似的管理过程，管理日常经营的往来支出时，先记入流水账再登入总账进行总结等；但是更多的企业比如前文中的聚兴诚银行、大生企业集团已经认识到中式传统记账方法的局限，如数字出现错漏、在整合账目时容易出现无法一一对应的问题，开始使用西式的借贷复式记账法和账目科目，对于企业的资产、资本和负债状况进行更加精确、科学的管理。还有一些受到企业如中国银行在1912年开办之初直接就在章程中要求使用西式的记账方法，编写资产负债表。

二是资金来源更加多样化，外源性融资比例上升。传统企业的财务制度中资金主要来自创始资本、股东资金支持，属于内源性融资。而近代企业从内部、外部两方面拓展了资金来源。内源性融资中，近代企业开始利用利润积累、集团内资金调拨等方式充实企业资金，保证企业集团运营。外源性融资中，随着金融市场的不断发展、外资银行、华商银行数量不断增多，近代企业通过官股、股权融资、吸收职工储蓄、债券融资、向金融组织借贷等方式丰富企业资金来源，增强企业实力。相较于之前较为封闭的融资结构，近代企业的融资结构更加开放，增强了企业实力。例如，荣家企业集团就通过对利润采取“滚雪球”的方法、大肆举债、设立“同仁储蓄部”吸收职工存款等多种渠道获得大量资金，不断扩大企业规模。

三是开始重视成本核算。钱庄、票号、传统商业的财务制度在成本的核算上不很明确，不利于企业了解日常经营的成本。20 世纪 20 年代之后，许多企业开始重视成本核算。茂新、申新公司在总公司成立之后就开始推行成本核算；大生纱厂在 1899 年就开始对每件纱的成本进行核算。虽然当时的成本构成不算合理，不包括固定资产折旧，反而包括官利和股息，但是相对于传统财务制度已经有了进步。刘鸿记账房也非常重视成本核算，刘鸿生认为“只有降低成本，才能提高竞争能力，增加企业利润”①，为此，还专门聘请专家针对其运营特点设计了成本管理制度。越来越多的企业在运营过程中认识到成本核算、采用西式财务制度的重要性。以苏州苏纶纺织厂为例，在采用改良会计簿记的阶段，为了解决成本核算问题，添置了四本日记账——“棉纱日记”“棉花日记”“棉布日记”“物料日记”，几种誊清账“原料”“物料水脚”等来对棉纱、棉布的成本进行初步核算，相对于之前大包大揽的传统成本管理有很大的进步。后期苏纶厂拓展业务范围，生产多种产品，改良中式簿记不能适应对多种产品同时进行成本核算，所以 1946 年苏纶厂重新设计财务制度，最终采用了西式复式簿记方法②。这些重视成本核算的企业通过对成本进行记录，从而对企业的生产成本、经营成本、存货等情况有了清晰的了解，能有助于企业运营管理、避免存货积压。

四是在利润的分配上，近代企业受到西方公司的影响，利润分配的方式更加科学合理。传统钱庄、票号大多提取公积较少，将企业绝大部分利润分配给东家及掌柜等经营管理层，资本积累少。但近代企业除了把盈利分配给

① 刘念智：《实业家刘鸿生传略：回忆我的父亲》，文史资料出版社 1982 年版，第 66 页。

② 郭道扬编：《中国会计史稿（下册）》，中国财政经济出版社 1988 年版，第 526 ~ 528 页。

股东之外，更多地把利润投入资本积累中，扩大企业规模，投资其他企业等方面。利润的使用更加多元化，也在一定程度上丰富了企业的收入来源，加强了企业的盈利能力和抗风险能力。

五是更加重视有关财务制度的资料保存、公开。传统企业大多不会进行公开红账等财务制度相关的报表，留存下来的资料也较少。如钱庄、瑞蚨祥，其实际资本相关的资料大多遗失或不连续，导致我们很难分析其资本额、资金来源以及其他一系列相关指标。但是 1904 年的《公司律》及 1929 年的《公司法》规定公司要编写年报、营业报告、资产负债表等与财务制度相关的报表，并且需要提供给股东查阅，并且在公司清算后需要将这些资料妥善保存 10 年。所以这些近代企业开始改变其对于财务制度相关资料的态度，重视其编写以及保存，甚至公开相关报表。有很多银行如中国银行、浙江兴业银行在《银行周报》《银行月报》等报刊上公布营业报告，与现代公司公开财务报告类似。这样公开财务报告也在一定程度上降低了民众获取信息的成本。

第二节　中国近代企业财务制度变迁阶段及缘由

从中国近代财务制度的演变过程来看，近代中国企业财务制度在 20 世纪 20 年代前后存在明显的差异。20 世纪 20 年代之前，不管是在企业财务制度内涵还是制度上都处在以传统向现代过渡为主的改进阶段，之后则是财务变迁成果制度化阶段。

一是 20 世纪 20 年代之前为企业财务制度的改进阶段。1872 年轮船招商局创建之前，传统企业财务制度的内部构成上萌生了某些现代财务制度的内涵。之后，伴随中国股份制企业的产生，受到自身盈利最大化原则的驱使、西方企业在华经营活动及其借贷复式簿记的影响，以及在《公司律》等相关法律出台的引导下，中国企业加快了传统财务制度变迁的进程。这一时期，政府法律强制性规定较少，1904 年出台的《公司律》规定要编写年报，但是内容较为简单，对于年报编写规范等没有作出详细界定。1914 年颁布的《公司条例》中也提到股份有限公司、股份两合公司要编写财产目录、借贷对照表等。同年颁布了《会计法》，但内容上也并没有涉及企业财务制度规范。虽有相关规定，但却没有明确执行细则，促进企业财务制度的效果自然有限，并未得到大多数企业的认可。这一阶段近代大型企业出于扩张、盈利的考虑，自发地招募人才，改善融资结构，进行财务制度变迁的探索。虽然不同类型企业转变的具体时间不同，但在前述的分析中发现各企业主要在 1920 年前后开始对财务制度做出重大变化。荣家企业集团在 1921 年总公司成立后采用新旧账簿并存的财务制度，多渠道融资，改善了利润投资状况。大生集团在 1919 年开始进行整合记账科目等一系列改良，其后更是调整了企业的债务状况。聚兴诚银行从 1919 年接触了西方资产负债表之后开始漫长的财务制度变迁。这些企业在财务制度变革之后，焕发了新的活力，提高了经济效益。这一阶段还有很多小型企业没有改善财务制度的动力，仍然维持其原有的财务制度。

二是 20 世纪 20 年代之后至 1949 年期间为财务变迁成果制度化的阶段。这一阶段，国民政府在法律层面上将企业财务制度变迁成果固定下来。1929 年颁布《公司法》，其中规定股份有限公司、股份两合公司等需要编写营业报告书、资产负债表、财产目录、损益计算表、公积金及股息红利分派之议案。这不仅吸收了当时先进企业财务制度变迁的趋势，还在一定程度上进一步促进了社会中其他企业财务制度的变迁。1935 年国民政府在修订 1914 年的基础上重新颁布了《会计法》，此时已经完全吸纳了前一时期企业财务制度内部改进的内涵，涵盖了记账方法、会计报告的编制、会计科目等与财务制度相关的内容。其中，很多规定对一般企业同样适用，进一步促进了近代财务编写方法的统一化。1943 年国民政府主计处发布一系列关于统一会计科目的规定，使得各行业企业的财务报表组成要素更加统一，增加了企业财务报表之间的可比性，推动了近代企业财务制度向现代财务制度变迁。

20 世纪 20 年代前后发生的企业财务制度内涵及其制度性变化，推动传统财务制度向现代财务制度方向发展主要由以下四个因素引导的。

首先，企业自身经营发展的需要是引发财务制度向现代转换的根本因素。近代企业成立和生存、发展离不开对利润的追求，企业家必然想尽一切办法尽力提高本企业的财务管理能力。钱庄和票号的管理核心就是资金，所以建立了以资金管理为核心的管理体制，但是制造类的民营企业为了长期盈利，必然要了解、控制生产成本，对财务制度有更高的要求。传统的中式财务管理对于成本控制往往大包大揽，对成本进行严格的控制和预算，如票号根据业务流程，对分号进行统一控制和标准费用预算，制定详细的费用支出规则来解决信息不实、挤占成本等问题。但是这种管理方式极其复杂，不能适应制造企业面临浮动的市场价格等现状。公积较少的利润管理方式不利于企业进行积累扩张，在遇到风险时企业难以维系。

所以管理科学、全面细致、融资结构合理、抗风险能力强的现代财务制度成为企业的演进目标。在资金管理上，现代财务制度利用西式借贷复式簿记使企业家对企业内资金的流入流出、资产状况更加熟悉，不易出现错漏。也开始利用社会资金等多种方式帮助企业扩张。成本管理上重视恰当的成本核算方法，使企业能够根据市场状况控制生产成本，对于不同种类产品的成本以及成本结构有更加清晰的认识。在企业利润管理方面，在提高公积的同时将企业利润合理分配到不同方面，提高公积进行资本积累或对外投资其他产业，分散企业的营业风险，避免出现企业资本积累不足的现象，提高企业抗风险的能力。

其次，当时的社会环境为财务制度的变迁创造了条件。1840 年五口通商后外商企业开始在中国展开经营活动，逐渐将股份有限公司等公司形式以及新的财务管理方法传入中国。为近代企业财务制度变迁提供效仿对象。1862 年成立的旗昌轮船公司虽然不属于真正的股份公司，但是却带来了不少制度上的创新。例如在成本管理上使用成本核算方法，重视降低支出，提高利润。在利润管理方面利用企业盈利进行再投资，不断扩张企业规模。这些财务管理上的特征都与表 4 -8 列出的近代企业财务制度特征相似。同时，以轮船招商局为代表的近代股份有限公司开始出现，新的组织形式对企业的财务管理方法提出新的要求。对于股份有限公司，想要企业正常运转并获得各股东的支持，至少要保证企业的利润足够每年的股息和红利的分配。出于经营考虑，各类型的企业例如大生企业集团逐渐转向科学、全面细致的现代财务制度。同时，辛亥革命、第一次世界大战和提倡国货运动促进了国内商业的迅速发展。20 世纪 20 年代初，国内市场扩大，企业的整体数量增多、企业规模也有所扩大，传统的企业经营管理难以适应经营规模变大的现实，这更推动了企业进行财务制度内涵变化的实践。

再次，政府出台的法律法规也同样加速了财务制度变迁的进程。在五口通商前后，中国已经出现外国公司，随后逐渐出现由中国人出资开办的公司，但是那时的公司管理无专门的法律可依，依然沿用“大清律例”，所以企业的地位以及股东们的有限责任、查账权利等都受不到法律保障。后来清政府在 1904 年颁布《公司律》，首次在法律上确定了股份有限公司的企业组织形式以及“有限责任”的地位，其中也规定股东拥有查账的权利，企业也应当编写、保存年报介绍经营、贸易、盈亏等财务情况。在法律上推动了企业重视财务制度有关资料的编写、保存以及对财务制度的关注。在 1929 年出台的《公司法》中吸收了当时企业财务制度进步的成果，进一步规定股份有限公司、股份两合公司需要编写资产负债表、损益计算书、财产目录、公积金、股东红利分派议案等。企业除了考虑到自身经营需求，还要考虑到法律规定，而传统的财务制度往往难以清晰反映企业财务状况，不能满足这些材料编写要求，这也就进一步加速了企业向现代财务制度变迁。

最后，是近代留洋专家推广先进财务制度的努力。留洋归国专家谢霖、徐永祚、潘序伦等人出版专著、开办学校、培养专业人才，这些努力使近代财务制度变迁实践成为可能。1905 年蔡锡勇编写的《连环账谱》出版，此书是中国出版的第一部研究借贷复式簿记的专著。他认为产业落后的一部分原因在于政府和民间的账目管理缺乏科学性，杂乱无章。所以蔡锡勇学习西方借贷复式簿记方法之后，回国后开始研究怎样将西方簿记的优点与中国传统簿记的优势结合起来。虽然书中设计的财务管理方法存在缺陷，没有得到实际运用，但是推动了近代财务管理的理论进步。后来谢霖引入会计师这一职业，并设立职业资格标准，开设会计师事务所，逐步开展人才培养。1928 年，留美归来的潘序伦设立立信会计学校，开始大规模培养专业财务人才。据《立信会计学校概况》统计，在 20 世纪二三十年代，毕业生也高达几万人[①]。毕业生拥有扎实的财务处理理论基础和实践经验，能够帮助企业搭建财务制度框架，这为当时正处在财务制度变迁阶段的近代企业提供了强有力的人才支持。

① 郭道扬编：《中国会计史稿（下册）》，中国财政经济出版社 1988 年版，第 505 页。

第三节　中国近代企业财务制度变迁特点

从近代企业财务制度的构成以及前后变化来看，近代中国企业财务制度的变化存在如下一些特征。

一是财务制度形式多元化。从表4－8后五行，我们可以发现不同类型的公司所采取的财务制度也有所区别，整体上基本是传统与现代并存。第一种是最传统的财务制度，比如1929年前的刘鸿生集团公司，总公司成立前的福新、茂新、申新公司等，这些企业的财务制度还留有深深的传统烙印。比如采用传统的中式单式记账法进行财务管理、重视资金的进出、账簿数目繁多、利润利用单一等。第二种是改良的或现代的财务制度，这种财务制度在制造企业中较为流行，因为这种财务制度不仅能帮助企业了解资金的流入流出，增加了资产负债表后还可以清晰地了解企业现有的资产、产品生产成本等。对于制造企业来说，企业需要重视不断降低生产成本，才能更多地获得盈利。所以在20世纪二三十年代，民间企业财务制度改革的浪潮兴起，很多企业都开始采用西方现代的或者改良后的中式传统财务制度。但这些企业由于经营思想不同以及经营特点不同，在财务制度大体相同的基础上，不同企业的财务又略有区别，呈现出多元化的特征。

二是财务制度的近代化演进趋势明显。从时间维度看，中国近代企业的财务制度逐渐现代化。以苏州苏纶厂为例，这家工厂在不同的时间段实行的财务制度都有明显的时代特征。第一阶段，苏纶厂是实行了中式传统的财务制度。但随着时间的推移，苏纶厂规模逐渐扩大，中式记账法逐渐无法满足企业的管理需要，在成本管理上存在许多不足，于是苏纶厂改进了自己财务管理制度，实行改良的中式财务制度，既结合传统的财务制度，易于接受，又能取西方现代财务管理的优势，取长补短。但是随着企业产品数量的增多，规模不断扩大，改良中式财务制度也逐渐无法满足企业成本管理的要求，于是在1946年，苏纶厂最终采取西方的财务制度经验，重新设计自己的财管制度，实现财务制度现代化。苏纶厂只是当时数以万计企业的一个缩影，从表4－8后五行关于近代企业财务制度的对比中，也可以看出财务制度的现代化是不可阻挡的趋势。不同企业的财务制度不断向先进财务制度靠近，特征逐渐一致。

三是财务制度的渐进变迁。制度变迁是一个复杂的、渐进的过程。这是社会中的非正规制约嵌入的结果①。这些文化制约为我们提供了一个解释制度变迁路径的线索。受到中国几千年商业历史发展习俗的制约，近代企业财务制度变迁是渐进的。一些大型股份有限公司率先完成了财务制度的转变，但中小企业因为经营规模小，财务制度转变的动力不足以及自身不具备先进的经营意识，很多还在沿用传统财务制度。此外，近代财务制度变迁呈现出明显的路径依赖的特征，每一阶段都有赖于前一阶段的成果。如前文所述，1935 年重新颁布的《会计法》就充分吸收了前一阶段近代企业财务制度内涵转变的成果。虽然在财务管理上还存在传统因素的影响，但是更值得注意的是向现代财务制度演进的趋势。

四是财务制度近代化也是社会近代化的一环。财务制度变迁特征与社会经济近代化特征类似，在财务制度近代化的过程中，首先是受到外国企业经营活动冲击的影响，并且在企业内部需求驱动和政府法律制度层面的规定的共同作用下，企业财务制度逐渐趋向统一和简化，向现代不同性质、层次的财务制度趋近。同时，在财务制度变迁的过程中也不能忽视教育近代化的作用，正是这些专业的财务人才，才使得近代企业财务制度变迁成为可能。这些特征反映出近代企业财务制度近代化也是社会近代化的一环，从财务制度变化的角度见证了当时社会人们经营理念和经济活动的近代化，是社会进步的小小缩影。

① ［美］道格拉斯·C. 诺斯：《制度、制度变迁与经济绩效》，杭行译，格致出版社、上海人民出版社 2016 年版，第 7 页。

第五章
中国近代官办企业融资变化

官办企业，指中国近代政府创办的企业，主要包括官办、官督商办、官商合办等企业组织形式。从19世纪60年代至1949年新中国成立前夕，中国的生产方式完成了从手工作坊到机器大生产的转换，而官办企业在这一过程中发挥着先导性的作用。官办企业的首要问题就是融资，因它们是政府创办企业，则必然获得财政上的支持。中国近代最早的官办企业是洋务派创办的军用工业，其经费主要来自清政府的财政（官款）。此后随着官办企业规模及经营范围的扩大，国家财政的不断恶化，财政资金越来越难以满足官办企业的融资需求了。在融资矛盾的推动下，官办企业根据自身所处的内外条件，不断寻求新的融资来源。中国近代官办企业的融资形式主要有几种？融资结构发生什么变化？融资特征又有哪些呢？

第一节　中国近代官办企业的融资形式

中国近代官办企业的融资形式，是不断发展变化的。最早的官办企业是洋务派创办的军用工业，其经费主要源自政府官款。洋务运动的推进，又需要民用工业，但国家财政无力支撑他们的融资，洋务派选择先垫支一部分官款作为启动资金，然后以“官督商办”的企业组织形式招集买办商人资本入局，与此同时还利用钱庄借款、外国借款，还有少数企业（集团）内部资金的相互调拨、直接吸收社会储蓄等，融资形式出现多元化趋势。但官督商办的形式严重损害了商股股东的利益，使得原本就难招的商股大量退出，即便甲午战后官商合办基本取代了官督商办，但官商合办形式中的商股，除官僚私人外，商人已经失去兴趣。甲午战争后，财政危机持续加深，外国资本输入中国合法化，列强为了攫取在华权利，主动引诱或强制向官办企业贷款，在国内钱庄和新式银行融资极其有限的情况下，官办企业不得不依赖外债融资。南京政府成立之后，通过统一全国财政和建立国家金融垄断体系，官办企业的融资以财政融资和国家行局贷款融资为主。因此，中国近代官办企业的融资形式，主要包括官款融资、商股股权融资、国内借贷融资、外债融资、企业集团内部资金的相互调拨、直接吸收社会储蓄。

一、官款融资

官款融资形式，即官办企业的经费，主要由政府官员筹措或国家财政拨付。中国近代官办、官督商办、官商合办企业中又有不同的官款融资形式。

（一）官办企业

中国近代的官办企业，主要是历届政府经办的军工企业。由于这些军用产品直接配给军队，并不流入市场产生利润，因此，其经费多是政府筹集的官款。

从19世纪60年代至甲午战争期间，湘、淮系洋务派官僚及各省督抚先后开办军用工业19个单位。大型的军用企业如江南制造局、福州船政局和天津机器局等，经费都是由洋务派的重要官员向清政府奏请调拨的，包括关税、厘金和军需项下的拨款等；中小型的军工企业的资金大多依赖本省藩库供应，主要是地方的茶引、厘金、地丁以及洋药税等。官办企业经费筹措的困难，在常年经费而不是开办经费，常年经费需持续投入且所需款项金额较大，洋务派官员不断地向清政府申请经费，上下奔走。两江总督马新贻在给同治皇帝的奏折中写道："综计该局用款：造船项下既须兼办枪炮，而制造之外又有诸色工程，各项经费，较之前二年间用费倍增。"①。这些近代军用工业耗

① 《同治八年十月初七日两江总督马新贻等折》，引自中国科学院近代史研究所史料编辑室、中央档案馆明清档案部编辑组编：《中国近代史资料丛刊　洋务运动4》，上海人民出版社1961年版，第25页。

资巨大，产品又不能产生利润，洋务派不断地向清政府申请调拨海关税等税收作为洋务企业的经费。因此，清政府的拨款成为企业能否经营、生存以及解决财务危机的关键。另外，这一时期也有部分民用企业如我国台湾基隆煤矿、汉阳铁厂、津沪电报（电报总局）等因招募商股失败或获利丰厚，其融资来源也主要是官款。表 5 - 1 是 1863 ~ 1894 年洋务派军用工业的经费来源表。

表 5 - 1　　　　1863 ~ 1894 年洋务派军用工业经费来源

局厂名称	开办经费来源		常年经费来源	
	项目、拨付单位	金额（万两）	项目、拨付单位	金额（万两）
苏州洋炮局（1863 ~ 1865 年）	— 上海道、广东藩司	6. 8	军费	11
江南制造总局（1865 ~ 1894 年）	赎罪款 上海海关道筹借 军费 汇丰借款	4 2 41. 5 40	江海关二成洋税（包括一小部分部拨专款）	1 503
金陵制造局（1865 ~ 1894 年）	江海、江汉、九江关洋税 江南筹防局、防营支应局	11 18. 3	南北洋海关洋税 金陵防营支应局等	187 62. 4
福州船政局（1866 ~ 1895 年）	闽海关洋税	40	闽海关洋税 闽厘金荣税	1 187 26
天津机器局（1866 ~ 1894 年）	总税务司所存轮船变价银 津海、东海两关洋税 洋税药厘	8 10 3. 3	津海、东海两关四成洋税（包括一小部分招商局轮船税及户部拨款）	737. 3
山东机器局（1875 ~ 1894 年）	藩库 粮道库 临清关	9. 4 7. 3 2	藩库	68. 4
湖北枪炮局（1890 ~ 1897 年）	武营罚款 盐商捐款 官绅捐款 瑞记洋行借款	70 15 20 60	土药税 川淮盐加抽江防	110 21

注：原有数据的单位是两，本表对原表数据作了四舍五入的处理。

资料来源：许涤新、吴承明：《中国资本主义发展史 第二卷 上》，人民出版社 1990 年版，第 379 页。

表 5 - 2 是由 1862 ~ 1894 年政府独资企业的经费来源构成。

表 5 - 2　　1863～1894 年洋务派军用工业经费来源构成比例
（依据表 5 - 1 计算得出）

经费来源	海关洋税	地方拨款	捐罚款等	户部拨款	洋商借款	军费	总计
银（万两）	3 583	337	109	100	100	53	4 282
占总数（%）	83.70	7.86	2.54	2.34	2.34	1.22	100

注：原有数据的单位是两，本表对原表数据作了四舍五入的处理。
资料来源：孙毓棠：《中国近代工业史资料（一）》，中华书局 1962 年版，上述各企业有关资料。

由表 5 - 2 可知，军用企业的经费构成主要是海关洋税，然后是地方拨款、捐罚款、户部拨款、洋商借款、军费等，以上六种经费构成中都是从清政府财政中支付，洋商借款最后也是由财政偿还的。洋务派官员在筹措经费之时，主要还是根据当时的条件可行性。

此后，中国政局跌宕起伏，军工企业的规模与形式也几经变化，但历届政府为了统治安全，军政部门都是对其所管理的军工企业核拨经费。中国近代官办的军工企业以官款融资方式为主。

（二）官督商办企业

官办企业与官督商办企业的官款融资方式有所不同，前者是无偿拨款，而后者需要还本付息。官督商办企业主要出现在洋务运动时期，甲午中日战争之后基本退出历史舞台。

至 19 世纪 70 年代，由于清政府财政资金匮乏，再加上军用工业经营出现了困难，洋务派开始创办“官督商办”的民用企业。官督商办的官款指的是，在企业的开办及经营过程中，清政府先垫支部分资金，等到企业获得利润后，逐步归还官款并偿付一定的利息。这些垫借的官款（预付款），主要来源于税款、饷款、部款、报效款等。这些官款也基本上都是洋务派的地方督抚向清政府奏请拨付的，这一点跟军工企业有点类似。在企业创办之初，商人难以预见利润，招商投资往往比较困难，必须有官款先行垫支部分；企业开始运营之后，在融资发生困难之时，还得挹注政府官款。

1872 年 11 月，轮船招商局成立之时，“经北洋大臣李鸿章奏准拨借直隶练饷局存款制钱20万串，作为官本”[①]。1875年，招商局自设江轮，“两江由江宁木厘，浙江由塘工项下，各拨银10万两”[②]；1876年，李鸿章“虑势将不支，故于烟台定约后督同各司道台局赶紧筹拨官款50万，以免重出庄利，该局气力为之一舒”[③]；同年，招商局买并美商旗昌轮船公司，盛宣怀致信两江总督沈葆祯，“所短之数，拟请南洋各省协力筹拨官本银100万两，发交招商局。免其缴利，分作十年归还公款”，即“拟饬江宁藩司认筹银10万两，江安粮道认筹20万两，江海关道认筹银20万两，……浙抚臣筹拨20万两，江西抚臣筹拨银20万两，湖北督抚筹拨10万两”。[④] 轮船招商局除开办时所借直隶练饷的20万串是按年提取7厘利息外，其他借款基本是按8厘取息，这些利息比当时上海钱庄的利息低。其他官督商办企业，如直隶磁州煤矿、开平矿务局、电报总局等，其官款融资方式也大致如此。1872～1893年官督商办企业中的官款垫借情况，见表3－11。

这些官款利息不高，有时也会缓息、免息，在企业的开办及发展过程中具有举足轻重的作用。但清政府的官款支持既无规划，也无通盘考虑，更无从资金上长期扶助支持的措施，带有很大的随意性。[⑤]

（三）官商合办企业

在洋务运动后期，洋务派官员鉴于官督商办企业弊端甚多，遂将官督商办转换成官商合办的形式。官商合办，即由官商双方协议、订立合同，规定各自的股本比额、权利义务和盈余分配方法。甲午战争以后，官商合办企业正式登上历史舞台，北洋政府时期有较多官僚私人与政府合办企业，至南京政府时期官商合办企业得到了的空前发展。在官商合办企业中，官股与商股

---

① 顾家熊、聂宝璋编：《中国近代航运史资料（第一辑）》，上海人民出版社1983年版，第786页。

② 《轮船招商局公议节略》，引自顾廷龙、戴逸主编：《李鸿章全集32信函四》，安徽教育出版社2008年版，第148页。

③ 《光绪三年九月二十九日论维持招商局》，《译署函稿·卷7》，引自庞淑华、杨艳梅主编：《李鸿章全集1～12册》，时代文艺出版社1998年版，第4350页。

④ 《光绪二年十一月二十七日两江总督沈葆桢奏》，引自中国史学会编：《洋务运动（六）》，上海人民出版社2000年版，第12～15页。

⑤ 朱荫贵：《试论影响中日早期现代化进程的内在因素》，载于《传统文化与现代化》1994年第4期。

的多寡均视具体情况而定，官款融资主要形成企业的资本金。

甲午战争以后至北洋政府统治结束之前，政府的财政都比较拮据，官商合办企业主要集中在银行、矿政等垄断盈利行业。政府在经营银行业方面有着天然的优势，政府创办的银行可以吸纳政府机关存款、代理国库、发行钞票（造币）等。政府官股筹集相对较为顺利，中央及各省官商合办的银行较多。如1904年官商合办的户部银行成立，“拟先备资本银400万两，分为4万股，每股库平足银100两。由户部筹款认购2万股，其余2万股，无论官民人等，均准购买”。[①] 1908年，户部银行改设为大清银行，“拟再添招600万两，合计1 000万两，分为10万股，……由国家拟认购5万股，其余限定本国人承买”。[②] 北洋政府统治之后，中国银行“资本原定6 000万元，政府认垫3 000万元，先交1/3，先后由本部（财政部）拨足300万元，并以六厘公债票1 000万元作价700万元，补足1 000万元之数”。[③] 这些官股的来源，并非都是财政拨款，还有政府作价的公债、其他的资产等。各省设立的地方银行，其官款从省金库调拨。[④] 资本的官股主要由财政部核拨，其他银行大多由财政、实业、农工、工商等部。矿业利润较大，官商合办企业也较多。这里的官款表面上是政府机关认缴，但大多来源并非财政。如1918年成立的河北龙烟铁矿资本500万元，其中的官股部分来源于西原借款。[⑤] 1918年成立的河北斋堂煤矿，“官股虽经海军、农商两部各分认20万，但未照交，仅就历年欠缴矿税9.0784万元改作股本”[⑥]。在北洋政府财政匮乏的情况下，官股筹集带有强权性。

南京政府成立以后，政治控制力显著增强，国家财政可以直接投资官办

---

① 《光绪三十年三月户部尚书鹿傅霖等折——酌拟试办银行章程》，引自中国人民银行总行参事室金融史料组编：《中国近代货币史资料 第1辑 清政府统治时期1840～1911》，中华书局1964年版，第1039页。

② 《光绪三十四年正月三十日度支部尚书载泽折——改户部银行为大清银行并厘定各银行则例》，引自中国人民银行总行参事室金融史料组编：《中国近代货币史资料 第1辑 清政府统治时期1840～1911》，中华书局1964年版，第1045页。

③ 周葆鉴著：《中华银行史》，商务印书馆1923年版，第53页。

④ 杜恂诚、严国海、孙林：《中国近代国有经济思想、制度与演变》，上海人民出版社2007年版，第213页。

⑤ 王芸生编：《六十年来中国与日本7卷》，生活·读书·新知三联书店1981年版，第237～238页。

⑥ 陈真编：《中国近代工业史资料（三）》，上海三联书店1961年版，第691页。

企业（以工矿业为主）。在1935年之前，南京政府财政整顿，基本建立了全国统一的财政体系，为此后工矿业的财政投资奠定了基础。由于在1937年之前南京政府国库空虚，财政难以大规模投资官办企业。但随着日本侵略的加深，南京政府不得不通过财政资金创办官办企业，以生产军用民用的战略物资。在战时统制经济条件下，国家财政拨款也成为官办企业最主要的资本金来源。南京政府设置诸多管理官办企业的经济职能部门，其中以资源委员会最为重要，资源委员会所属企业早期的创办经费主要来源财政拨款。但南京政府的财政资金也是有限的，因此官商合办企业是南京政府时期官办企业的主流形式。

中国近代官办企业的官款融资形式，都随着政治经济条件的变化而发生演变。但无论其融资形式如何变化，官款融资都是官办企业融资的基础。

二、商股股权融资

财政资金（官款）虽然是官办企业融资的基础，但中国近代历届政府财政都较为匮乏，如果官办企业的融资只依靠财政是难以持续的。而官办企业在资金大量缺口的情况下，首先选择的是与商人合作，招集巨额的商人资本进入企业。中国近代的商股融资来源，主要包括买办商人、一般商人、官僚以及地主等群体积累的资金。引入社会商股的形式，主要分为官督商办和官商合办。

（一）官督商办企业

19世纪70年代，洋务派创办民用工业。由于清政府财政资金匮乏，而此时社会上积累了巨额的买办资本，洋务派官员就招揽有影响力的大买办商人入局承办企业，这些买办及亲友首先投资，进而带动社会资金投资官督商办企业。

买办资本的形成是官督商办企业商股的基础。第一次鸦片战争以后，外国洋行的贸易凭借特权保护快速积累了大量的财富，买办作为洋行的经济附庸，也分享了洋行的高额利润。与此同时，买办商人也因受到列强的庇护而免纳税赋，在流通领域积累了巨额的资本。在甲午战争之前，这些买办资金，除了买办及其家族的消费外，主要去向是用于交存外商企业保证金、投资商业及银钱业、投资城市房地产、附股于外商企业等。① 这时洋务派官员正为筹集洋务企业的资金而焦虑，巨额的买办资金引起了他们的格外关注，他们决定招募商股兴办民用工业。这些大买办商人也想经营利润高的航运、煤矿等行业，并积极攀交洋务派官员以寻求政治力量的庇护，买办与洋务派暂时达成了共识。

共识达成之后，洋务派官员便物色有声望的大买办商人如唐廷枢、徐润、郑观应等入局并负责招商募股事宜。这些大买办商人及其亲友先入股，处于观望状态的其他人员（商人、官僚以及地主等）预见利润之后也跟进，买办商人在招股筹集社会资金的过程中起了中坚作用。1873 年，李鸿章鉴于朱其昂在商界招商募股的号召力有限，委任唐廷枢为总办，徐润等为会办，重订额定资本100 万两以续招商股，1873 年年底已募得商股47.6 万两，新股中大约有徐润 24 万两，唐廷枢至少 8 万两，盛宣怀 4 万两，茶商陈树棠 10 万两。② 但当时社会民众对股份制不甚了解，对政府也不太信任，普通商人还是对官督商办存在顾虑的，招募商股并不顺利。1878 年，开平矿务局计划招集资本 80 万两，实际只招得 20 余万两，主要投资人还是唐廷枢、徐润及与他们有联系的港粤商人。③ 在开平矿务局的招股过程中，与唐廷枢关系密切的买办商人相信开平局因“官督”的微妙关系获得优厚的利益，他们就踊跃投资，而其他中下层商人则对唐廷枢经理开平矿务局持怀疑态度。这一时期，还有许多原本拟定为官督商办的企业，因招股困难而最终搁置或改为独资官办。因此，官督商办企业的社会商股融资，主要投资者是买办、华商、官僚和地主，其中以大买办为主。

然而，由于官督商办企业的实际经营权操纵在少数由官方委派的承办人手中，商人的利益根本无法保障，造成资本“集于商而散于官”局面，挫伤了商人入股企业的积极性。19 世纪 80 年代中期以后，官督商办企业招股更

---

① 许涤新、吴承明：《中国资本主义发展史 第二卷 上》，社会科学文献出版社 2005 年版，第 182～183 页。

② 许涤新、吴承明：《中国资本主义发展史 第二卷 上》，社会科学文献出版社 2005 年版，第 404 页。

③ 朱训主编：《中国矿业史》，地质出版社 2010 年版，第 107 页。

加困难。自甲午战争以后，官督商办企业的商股基本消失。

（二）官商合办企业

甲午战争以后，官商合办企业开始增多，但经过官办、官督商办两个发展阶段的实践，社会上对政府参与近代工商业经营管理的弊端有了充分的认识，因此，官商合办企业招商人资本入股依然困难。

甲午战争至北洋政府统治结束之前，官商合办企业的商股多来自官僚及其关系密切者。1897 年，总理衙门在讨论兴办机器工厂的筹资问题时，提出"并准本省各官，暨京外大小官绅，量力附股"①，此后得到光绪皇帝的承认。在官商合办企业中，政府与官僚之间具有委托—代理关系的，官僚既是政府股东代表，又是私人投资者。官僚的这种双重身份，自然便于他们将国家的控制，转换为官僚私人的控制。如龙烟铁矿，企业发起人是北洋政府大官僚徐世昌之子徐绪直，较大的商股为段祺瑞、曹汝霖、盛恩颐、徐世昌、胡笔江等，他们可以在官商合办的外衣下谋求自身经济利益。②

南京政府成立以后，即着力实践孙中山"节制私人资本、发达国家资本"基本政策。发达国家资本可以完全国营，也可以官商合办，但限于政府财力，政府只能利用有限的资金，通过官商合办模式向民间企业渗透，实现国家对于经济的掌控。南京政府官办企业的商股来源主要有两种渠道：其一，南京政府没收北洋政府官员的逆产并化私为公，原企业的私人资本转化为商股，如中兴煤矿、烈山煤矿；其二，政府强行入股民营企业，民营资本转为商股。1929～1935 年，国内大批工厂倒闭，南京政府给予资金、政策方面的扶持，在政府与民间互有需求的情况下，加上抗战救国的共同目标，官商合办企业得到了充分的发展，原来的民间资本转为商股。抗日战争时期，官商合办公司进一步扩张。抗日战争胜利后，南京国民政府接收了大量敌伪资产，兴办了更多的企业，官商合办远远超过官办独资，但商股在工业资本中所占比重较小。

---

① 清华大学历史系编：《戊戌变法文献资料系日》，上海书店出版社 1998 年版，第 298 页。

② 郑连明：《龙烟铁矿公司创办始末——北洋官僚资本个案剖析》，载于《近代史研究》1986 年第 1 期。

官办企业的商股融资经过了官督商办、官商合办阶段，最后选择官商合办形式。官督商办企业的商股主要是买办资本，北京政府官商合办企业的商股多为官僚私人资本，南京政府官商合办企业的商股多是官办企业资本参股的民间资本，商股的表现形式也反映中国近代的政商关系。

三、国内借贷融资

一般而言，官办企业的创办经费，主要用于固定资产投资等，可以通过官款及商股资金筹集；而常年经费就是企业的短期流动性资金，需求量较大，而且需要持续投入，主要依靠资金借贷市场。资金借贷市场分为国内与国外，此处主要阐述国内市场。

（一）钱庄融资

钱庄，源于银钱兑换业，是中国传统的金融机构。第一次鸦片战争后，进出口贸易扩大，钱庄与外资银行日益结合，在金融市场上的地位逐步提高。19 世纪 60 年代，钱庄就开始向外国银行拆借资金，以庄票的形式对中国企业融资，成为外国资本深入中国内地的桥梁。至 1933 年以前，钱庄都是中国金融市场的主要参与者。

早在 19 世纪 60 年代，洋务企业在资金周转发生困难之时，就求助于钱庄。江南制造局的经费在当时的军用企业里是最充裕的，1867 年之后的常年经费在江海关二成洋税内开销，但“如有不敷，向于钱庄通融借用”[①]。至 19 世纪末 20 世纪初，江南制造总局与钱庄的往来更为频繁。1900 年，江南制造总局总办潘学祖“经手借欠各项共实在亏银七十二万二千余两”，其中包括“钱庄有息之款”[②]。福州船政局“前此遇有支绌尚可向银号、钱庄筹借，指关款以归还”[③]。轮船招商局与钱庄的关系也密切，该局的资金一开始就存

① ［清］刘坤一著；陈代湘校点：《刘坤一集第 2 册》，岳麓书社 2018 年版，第 438 页。

② 中国科学院近代史研究所史料编辑室、中央档案馆明清档案部编辑组编：《洋务运动（四）》，上海人民出版社 1961 年版，第 157 页。

③ 中国科学院近代史研究所史料编辑室、中央档案馆明清档案部编辑组编：《洋务运动（五）》，上海人民出版社 1961 年版，第 204 页。

放钱庄收支，“局中银两进出，由总办会同总执事，选择殷实钱庄，取具保单方可往来”①。1880年，上海机器织布局再度筹办时，就曾先后两次登报声明，“所有股份银两认定后，先交五成，出给收票，本局存稳当钱庄生息，备购地、定机等用”“未换股票以前，先收银两照存庄起息”，并将代收股金的钱庄、银号名称一一在报上公布。② 其他官办、官督商办的民用工业，也与钱庄有密切的往来关系。

1898年萍乡煤矿成立，在成立及前几年的营运中，资本周转基本靠贷款维持：“开办之初，并未领有资本，起首用款，即皆贷之庄号。”“至所收股本，乃1899年以后事，且系陆续零交，指作还款，不能应时济用，势不得不辗转挪用，以为扯东补西之计。”③ 1905年1月时萍乡煤矿向钱庄借入款项达41.6万余两。除萍乡煤矿外，汉冶萍总公司也存在大量钱庄借款。在当时资本短缺的情况下，一个大型的官办企业可以向诸多家钱庄借贷，一个钱庄也可以同时向多家企业提供贷款。

虽然，钱庄数量众多、信用良好、有善于审时度势和灵活多变的特点，对官办企业融通流动资金发挥了一定作用，但钱庄的无限责任公司组织、信用放款且周期较短、资本规模有限及传统家族式经营管理等经营方式，似乎与近代官办企业资金需求量大、周期长的特点不相适应。1928年南京政府中央银行开始对钱庄实行监理，钱庄开始走下坡路。至1933年“废两改元”后钱庄日益衰落，1937年全面抗日战争爆发后钱庄大多改组为银行。

（二）新式银行融资

甲午战争前，外资已在中国通商口岸设立了多家银行和分支机构。甲午战争后，外国资本对华输出合法化，清政府迫于财政压力以及出于与洋人争利，决定开办国内银行。甲午战后，国内银行开始起步，至北洋政府时期有一定的发展，但此时银行（尤其是官办银行）的主要任务是解决政府财政困

---

① 顾家熊、聂宝璋编：《中国近代航运史资料（第一辑）》，上海人民出版社1983年版，第776页。

② 袁燮铭：《上海中西交汇里的历史变迁》，上海辞书出版社2007年版，第88页。

③ 张赞宸：《奏报萍乡煤矿历年办法及矿内已成工程》，《萍乡煤矿调查始末》，引自朱荫贵：《论钱庄在近代中国资本市场上的地位和作用》，载于《社会科学》2011年第8期。

难的，对官办企业融资的支持极少。北洋政府官办企业的借贷资金主要来自外国银行，这是下文外债融资所探讨的重点问题，在此不作赘述。南京政府成立之初，在全国建立垄断金融垄断体系，以国家行局为主的新式银行才真正大规模支持官办企业的贷款。

甲午战后，新式银行对官办企业的融资提供部分支持。1897 年 5 月，盛宣怀筹建了中国第一家华资新式银行——中国通商银行。随后，户部银行（后称大清银行、中国银行）、交通银行及各省官钱局号（民国之后基本都改组为省银行）相继成立。中国通商银行在存款来源上，除了吸收轮船招商局、电报局等优质企业的存款，还得到清政府户部的拨款及存款；辛亥革命前，通商银行的贷款很大一部分投放给官办企业，尤其是盛宣怀所经营的汉阳铁厂、大冶铁矿、萍乡煤矿和华盛纺织厂等。

南京政府成立以后，在全国建立了“四行二局一库”资本主义金融垄断体系。1937 年抗日战争全面爆发前后，工矿等重工业类官办企业开始迅速扩张。在政府财政拨款有限以及内外债筹集困难的情况下，以国家行局为主的新式银行对官办企业的融资发挥了巨大作用。战时条件下，官办工矿企业资金需求浩大，“各生产事业，开工生产后之流动资金，皆须向银行设法筹划。以前多系零星借款，自 1943 年始由中、交两行承放本会工贷，至 1945 年止，共借工贷 90 亿。”① 即使资本金状况较好的资源委员会所属企业，开工生产后的流动资金一般也不得不主要依靠国家行局的贷款支持。抗战前期国家行局贷款的重点是官办企业，但 1941 年以后开始起了变化，国家行局的贷款扶助重心逐渐转向民营企业。抗战结束后，官办企业的流动资金仍然很大程度上依靠银行的放款。

在国内借贷融资形式中，钱庄和新式银行都发挥着重要作用。南京政府成立以后，由于全国建立了“四行二局一库”的金融垄断体系，国家行局取代钱庄成为官办企业主要的借贷对象。

四、外债融资

第一次鸦片战争以后，洋行和外国在华银行在沿海沿江各大商埠迅速发

① 吴兆洪：《资源委员会财务报告》，载于《资源委员会公报》第 13 卷，第 2 期。

展，他们资金雄厚，利率相较于国内借贷市场也较低，特别有吸引力。甲午战争前，洋务派官员对于官办企业借用外资是非常谨慎的。《马关条约》签订后，外国资本对华输入合法化，官办企业在财政融资无望且国内资本市场发育不成熟的条件下，不得不选择外债融资。甲午战后至北洋政府统治结束之前，由于国家主权不完整，外债多为资本输入性的。南京政府成立之后，收回部分主权，外债多为庚子赔款和钨锑易贷外债。

（一）资本输入性外债

19世纪80年代之前，外国在华银行及洋行主要与清政府发生借贷关系。此后，官督商办企业招股集资受到商人资本的冷遇，洋务派官员开始转向外国贷款。甲午战争以前，外国对官办企业的实业贷款，如1885年平度金矿、1887年中国铁路公司及1889年湖北织布局等贷款，可视为一般经济贷款；而对轮船招商局、开平矿务局、电报局（包括其中某些最后未曾订立的贷款）等贷款，都已经具有特定目的的资本输出性质。[①] 洋务企业的外债融资有以下特点：①一般为抵押贷款；②贷款利率并不高；③在甲午战争之前，外国贷款向洋务企业放贷，除了追求一定的利息之外，还掺杂着对企业主权的控制。[②] 比如，1885年，轮船招商局和汇丰银行订立的部分借款条件："合同订立之后，汇丰派一监理之洋人，该洋人可以随时查看局中账簿，并验看各船产业……招商局和汇丰往来银款，均由汇丰经手……如招商局不能照上所列各款依时办理，汇丰可以有权全行收取，或摘取局中船只各物业，可出卖，可出赁，可出典，听凭汇丰主意。"[③] 据不完全历史资料，1877~1894年洋务企业与外国在华洋行及银行贷款共有13笔，见表3-12。轮船招商局和中国铁路公司是两家借款金额较大的单位，除1877年、1883年轮船招商局在外国洋行借款外，其他借款均在外国在华银行。另外，到1885年之后，洋务企业的官商双方产生了严重分歧，洋务派改变以前依靠商人经营企业的方针，倾向对企业直接掌握，导致一些重要的洋务企业开始依赖外资。

---

①② 张国辉：《论外国资本对洋务企业的贷款》，载于《历史研究》1982年第4期。

③ 《盛宣怀档案·招商局向汇丰银行借款合同（1885年7月28日）》；引自夏东元、杨晓放：《论清季招商局的性质》，载于《历史研究》1980年第4期。

甲午战争之后，清政府财政进一步恶化，外国资本对华输出合法化，官办企业的外国贷款融资越来越多。官办交通运输业、矿业的外债融资非常突出，尤其是铁路借款。官办企业的外债融资，既是国内融资渠道狭窄的无奈选择，又是列强争夺中国主权的主动威逼引诱。列强挟制中国政府按照所提出的条件，向这些国家金融资本集团举借款项，甚至中国本不需要借款，而在列强的外交压力下被迫接受。还有一些以铁路为名的借款，其实是列强谋求某种铁路权益而并不修建，只是迎合中国统治者支付巨额军政费用的需要。

中外签订的铁路借款合同，按借贷常例，列有利率、还本期限、担保或抵押品等项。就利率而言，截至第一次世界大战发生时，欧美各国通行利率一般在2%～4%之间，辛亥革命前列强给中国的铁路借款利率基本上是5%，其后三四年提高到6%～7%的水平，到20世纪20年代达到9%；在1895～1914年间，中国所发生的铁路外债，如果在自由竞争的条件下，利率最高支付5.5%。[①] 还本期限，多数以50年为期，若提前偿还，每100元须另加若干（一般是2.50元）；绝大多数借款合同都规定了铁路本身的资产和营运收入作为担保，也有少数几笔作为担保的却是中央、地方的某些税项；这些借款合同里还涉及控制经营权、分取余利权、购料权、继续提供贷款和展筑支路的优先权等。[②]

（二）庚款外债

南京国民政府也积极利用“庚款”。1929年6月，国民党中央通过了《拨用庚款发展建设事业案》，并将庚款投资范围扩展到了官办企业。[③] 由于庚款不仅要经过外国人控制的庚款保管委员会的审核，而且批准动用后的款项大多也是被指定用于从海外购买相应的机器设备等，因此利用庚款的同时，也获得了技术和设备的输入。[④] 实业部所属国营温溪造纸厂的借用庚款即是一例。1931年10～11月，建设委员会申办电器事业购买器材借英庚款14万

---

① 汪敬虞主编：《中国近代经济史1895～1927上》，经济管理出版社2007年版，第372页。

② 汪敬虞主编：《中国近代经济史1895～1927上》，经济管理出版社2007年版，第372～374页。

③ 朱子爽：《中国国民党工业政策》，国民图书出版社，1943年印行，第348～349页。

④ 张忠民、朱婷：《南京国民政府时期的国有企业1927～1949》，上海财经大学出版社2007年12月版，第307页。

英镑；1932 年 7 月，实业部筹办中央机器厂借英庚款 12.32 万英镑；1939 年 7 月，资源委员会在昆明建设昆湖电厂，借英庚 2.28 万英镑等。[①] 其中，昆湖电厂这笔借款，为中英庚款委员会所贷出的最后一笔。此外，国民政府国有企业如温溪造纸厂、中央电工器材厂等对英庚款的借款项目虽已办成，但最终未用。

（三）钨锑易货外债

南京国民政府也筹借外债。1936 年，国民政府成立资源委员会后，明确重工业建设资金的筹集“尽量利用外资”。资源委员会出口矿产品按其成交方式可分为自售、易货及偿债三类。自售即由资源委员会所属贸易机构直接出售予国外，或出售予国内华洋商行后转运国外；易贷是指根据对德对苏易货合同运交的矿品；偿债指根据中美、中英偿债协定向美、英运交的矿品。

1936 年年初，资源委员会开始统制在赣、湘、粤、桂等省的钨砂及锑品的生产、收购及运销工作。1936～1937 年两年间多用于对德易货及外销。1936 年 4 月，中德在柏林签订《中德易贷协定》，中方以农矿物资抵付易货的形式获得德国 1 亿金马克的贷款，分配给资源委员会 980 万马克用于创办官办企业。[②] 该会与矿产品所在地的省政府议定，所得营运利润，会、省各分一半，根据 1939 年 2 月行政院颁布的“钨锑专款处理办法”，该会可将所得款项作为事业经费。1936 年 7 月～1939 年 3 月，资委会除由国库领得经费外，又领得钨锑盈余共 840 万元。[③] 总计自 1936～1944 年止，该会所领的钨锑盈余共为 3 300 万元，以战前币值计，钨锑盈余共值 468 万元之谱。[④]

1942 年起因香港、海防两处对英美交货的口岸被日敌封闭，交货地点改在昆明、兰州及新甘两省交界的猩猩峡。因内地公路运输费用极大，钨锑外

---

① 宓汝成：《庚款“退款”及其管理和利用》，载于《近代史研究》1999 年第 6 期。

② 郑友揆等著：《旧中国的资源委员会 1932～1949 史实与评价》，上海社会科学院出版社 1991 年版，第 29～30 页。

③ 钱兆昌：《两年半创办重工业之经过与感想》，引自江苏张家港市政协学习和文史委员会编：《纪念钱昌照专辑》，中国文史出版社 1999 年版，第 281～291 页。

④ 郑友揆等著：《旧中国的资源委员会 1932～1949 史实与评价》，上海社会科学院出版社 1991 年版，第 317 页。

运交货有亏损。事实上，自1940年起，在国统区物价猛涨的情况下，钨锑盈余即在下降，以后更逐年减少。在钨锑盈余不可恃之际，该会财务方面负责人利用物价上涨，创议以全会盈利及时转账拨充预算的办法。此办法以1941年财务决算数为准，次年（1942年）即开始实行。

五、企业直接吸收存款融资

近代企业出于自筹资金的目的，直接向社会吸收存款，其吸收存款的形式有两种：第一，通过企业股东或经理的个人信用招揽存款；第二，设立存款机构，公开向社会吸收存款。[①] 企业的存款主要是董事股东的垫款，职工的储金及亲友的个人借款。企业储蓄部门的储蓄存款种类主要有活期存款、定期存款，定期存款又分为零存整取、整存整取、整存零取、逐月付息、对本对利等。它们虽然也有定期活期之分，但实际上更像通知存款。一些规模大的企业直接设立如银业部、储蓄部等收储机构，公开向社会吸收存款。以在业务经营方面，近代企业的储蓄存款部门以企业实力和信用为担保，采用钱庄和近代银行的经营方式，并附加多种形式的优惠措施，以扩大存款的范围和规模。企业直接吸收存款融资，在降低信贷成本方面发挥着巨大的作用。

轮船招商局在创办和经营过程中，除借用大量官款外，还吸收和运用大量公私存款，晚清时期通过各种方式吸收的私人存款始终占轮船招商局营运资本的40%。[②] 1875～1876年度绅商存款238 328两，个人存款为33 292两，存款合计271 620两，存款占年度总借款18.9%；1876～1877年度绅商存款335 776两，个人存款为87 884两，两种存款共423 660两，占年度总借款的13.1%。[③] 吸收存款的现象并非只有轮船招商局，在更多的官办企业中也存在。

总的来说，官办企业直接吸收存款的融资方式在近代中国并不是主流。企业的储蓄存款部门毕竟不是独立的国家金融机构，其存放款都受到一定程度的限制。尽管这些融资机构多是公开向社会吸纳存款，但范围仍然有限。

① 施正康：《近代上海企业的自筹资金活动》，载于《上海经济研究》1999年第3期。

② 朱荫贵：《中国近代股份制企业的特点——以资金运行为中心的考察》，载于《中国社会科学》2006年第5期。

③ 朱荫贵：《中国近代股份制企业研究》，上海财经大学出版社2008年版，第108页。

1930 年，南京政府对这种企业商号吸收储蓄发布禁令，但在复杂的社会形势下企业存款仍然广泛存在。

六、企业集团内部的资金调拨融资

官办企业集团内部的资金调拨融资，主要表现在晚清盛宣怀经营的企业集团，以及南京政府时期资源委员会所属厂矿内部资金调拨，但这种融资形式在中国近代官办企业中并不占主流。

晚清官督商办股份制企业大多由盛宣怀经管，这些企业的资金筹集流动，采用的就是这种形式。盛宣怀说，“臣兼管之上海纺织总厂、汉阳铁厂、萍乡煤矿、通商银行所集商股，即是船电两局之华商挹彼注此，盈虚酌剂”①。1906 年，他在给张之洞的信中对此点有进一步的解释：“招商、电报、铁路、银行皆属笼罩之中，不必真有商股，自可通筹兼顾。”②

资委会所经办的企业中，大部分在 1941 年投入生产，虽然一部分出现亏损，但仍有部分厂矿能获得利润。郑友揆等指出 1942 年会属 15 家电厂中 10 家亏损，亏损额达 467 万元，以及冶金、机械等业也出现亏损。③ 陈真对资源委员会所属各厂矿历年盈亏作较详细的汇总统计，大多数企业处于盈利水平，电厂亏损稍多，但其他诸如机械、煤矿、油料、酒精、水泥、特矿等大多都是盈利的。④ 这些利润除了弥补之前年度的亏损，提取公积金、上交税利以及发放员工奖金及福利基金外，还余下部分利润。如 1944 年资源委员会利润分配概算，1944 年预计收入 9 644. 5 万元，最后资源委员会未分配盈余 3 300. 8 万元。⑤

---

① 《光绪二十六年三月中盛宣怀复陈电局情形折》，引自夏东元编：《盛宣怀年谱长编下》，上海交通大学出版社 2004 年版，第 666 ~ 667 页。

② 《光绪三十二年正月初六日盛宣怀致张之洞函》，陈旭麓顾、廷龙、汪熙主编：《盛宣怀档案资料第 4 卷汉冶萍公司中》，上海人民出版社 2016 年版，第 538 ~ 539 页。

③ 郑友揆、程麟荪、张传洪：《旧中国的资源委员会（1932 ~ 1949）——史实与评价》，上海社会科学院出版社 1991 年版，第 117 页。

④ 陈真编：《中国近代工业史资料（第三辑）》，生活 · 读书 · 新知三联书店 1961 年版，第 1392 ~ 1397 页。

⑤ 陈真编：《中国近代工业史资料（第三辑）》，生活 · 读书 · 新知三联书店 1961 年版，第 1397 ~ 1398 页。

综上所述，近代中国官办企业的融资形式从单一走向多元，这是中国近代的政治经济条件所决定的。洋务运动时期，军用工业主要融资尚可依靠政府官款的调拨，民用工业的融资就相对多元化，但这个多元化的结果并非官办企业的主动选择。而是因为财政匮乏，社会商股难筹，又不得不借用钱庄的流动资金，而钱庄贷款利率较高且期限短，它们竭尽全力吸收低成本的社会储蓄，正反映了国内资本市场难以适应机器大生产的近代工业。甲午战争后，官办企业融资最显著的变化就是依赖外债，这实际上是国家主权丧失、财政崩溃的结果，连北洋政府度日都依靠外债。南京政府的官办企业融资呈现财政拨款、国家行局贷款的二元化特征，这是因为南京政府在成立之初就统一全国财政、建立全国金融垄断体系。

第二节　中国近代官办企业的融资结构变化

由于中国近代社会发生了剧烈动荡，官办企业的融资方式也随着局势不断发生变化。总体上来说，官办企业的融资方式从单一化走向了多元化，而且其多元的构成也处于变动之中。融资方式决定融资结构，官办企业这些融资方式的变化也会呈现在其融资结构上。然而，中国近代官办企业的融资结构是如何变化的呢？

一、从官款独资到兼用社会商股、传统金融组织借款（1862～1894年）

1862～1894年，清政府洋务派官员先后创办军用工业、民用工业，其中军用工业基本都是官款独资兴办，而民用工业既有官办独资又有官督商办（见表5－3）。这个时间节点就是1872年洋务派创办第一家官督商办的民用企业轮船招商局，轮船招商局开启了官办企业融资兼用社会商股、传统金融组织贷款的先河。

表 5-3 洋务派兴办近代企业时间序列 单位：家

年度	军工企业	民用企业（民用工业和交通运输业）			合计
		合计	官督商办	官商合办	
1862~1865	5	—	—	—	5
1866~1870	4	—	—	—	4
1871~1875	3	3	1	—	6
1876~1880	1	6	3	—	7
1881~1885	5	2	2	—	7
1886~1890	1	10	3	—	11
1891~1894	—	6	1	1	6
合计	19	27	10	1	46
经费合计（两）	50 319 037	29 637 880			
平均每家经费（两）	2 648 370	1 097 699			

资料来源：王处辉：《中国近代企业组织形态的变迁》，天津人民出版社 2001 年版，第 133 页。

（一）独资官款为主（1862~1871 年）

洋务运动早期，即 1862~1871 年，军用企业的开办、经营费用，主要来源政府官款。与之相应，这一时期官办企业主要的融资结构也是政府官款。这些政府官款，主要由洋务派的地方督抚筹措，他们的筹措途径也大致相同。但随着军用工业规模的不断扩大，其融资的规模及紧迫性也在增强，而洋务派官员向清政府中央奏请调拨官款的困难却逐步增大，官办企业这种单一的融资结构难以维持。

（二）兼用商股、借款（1872~1894 年）

洋务运动中后期，即 1872~1894 年，官办企业的融资结构转变为政府官款、社会商股、传统与现代金融组织借款等。洋务企业的经费困难是一直存在的，洋务派一直在寻找融资困难的突破口。当时社会上已经积累了商业流通资本，洋务派便以官督商办的形式招集买办等商业资本。1872 年轮船招商局成立，这家企业除了得到政府的垫款支持外，还在社会上招募商股，并还通过钱庄贷款及私人存款的方式融通流转资金，以及借用外债等。至甲午战争之前，以官督商办形式开办的企业，还有开平煤矿、贵州青谿铁厂、黑龙江漠河金矿、云南铜矿局、上海机器织布局、华盛纺织总厂、湖北缫丝局、天津铁路公司、电报总局，共9家。其中，轮船招商局成立最早，资本额大，经营又好，最具典型性。因此，我们选取它为代表，探讨这一时期官督商办企业的融资结构变化。表5－4和表5－5是1873～1893年轮船招商局的负债情况表。

表5－4　　1880年前轮船招商局的负债情况一览　　单位：两

年度	股本	所借官款	钱庄借款	私人借款	仁和保险存款
1873～1874	476 000	123 023	—	—	—
1874～1875	602 400	136 957	475 354		—
1875～1876	685 100	353 499	613 228	238 328	200 000
1876～1877	730 200	1 866 979	593 449	87 884	350 000
1877～1878	751 000	1 928 868	1 472 404		418 430
1878～1879	800 600	1 928 868	624 088		582 632
1879～1880	830 300	1 903 868	533 029		619 848

表5－5　　1880年后轮船招商局的负债情况一览　　单位：两

年度	股本	所借官款	钱庄贷款及私人存款	向外商借款
1880～1881	1 000 000	1 518 867	1 101 662	—
1881～1882	1 000 000	1 217 967	2 319 545	—
1882～1883	2 000 000	964 292	2 370 345	—
1883～1884	2 000 000	1 192 566	1 078 286	743 000①
1885	2 000 000	—	—	1 180 000②
1886	2 000 000	1 170 222	999 468	—
1887	2 000 000	1 065 254	816 978	—

① 借英商天祥洋行74.3万两，以上海北栈、中栈两处产业为抵。

② 借英商汇丰银行30万镑，按当时汇率折算为1 180 328两，周息7厘，以上海部分局产为抵。引自张国辉：《洋务运动与中国近代企业》，中国社会科学出版社1979年版，第174页。

续表

年度	股本	所借官款	钱庄贷款及私人存款	向外商借款
1888	2 000 000	793 715	624 301	—
1889	2 000 000	688 242	572 293	—
1890	2 000 000	90 241	660 318	—
1891	2 000 000	—	685 490	—
1892	2 000 000	—	664 825	—
1893	2 000 000	—	345 735	—

注：①据《国民政府清查整理招商局委员会报告书》（下册）第22页记载，招商局自1873年成立始，是以每年7月起至次年6月底止结账一次，为一会计年度。至1885年起始改为每年阴历正月起至年底止。

②“钱庄贷款及私人存款”一栏中的数字，包括向钱庄的借款，私人在招商局的生息存款和仁和、济和保险公司的股款等三部分。

资料来源：朱荫贵：《从轮船招商局的债款看近代中国的资本市场》，载于《社会科学》2012年第10期，第144～153页。

从表5－4、表5－5可知，除1873～1874年及1887～1893年以外，轮船招商局的负债都是高于股本的，这说明官办企业对流动资金的需求非常强烈。在债款融资中，主要来自官款、钱庄贷款以及私人和保险公司存款、外国在华银行及洋商的贷款等多样化渠道。这种融资结构变化，主要发生在官督商办企业里，但在整个洋务企业中还是政府独资企业数量居多，而且独资官办企业的平均经费也比官督商办企业多。即使官办企业融资结构中兼有商股、传统金融组织借款，但官款在整个官办企业中仍然占有很高的比例。

二、官款比例缩小与外债比例的居高不下（1895～1926年）

甲午战争以后，中国的形势发生了以下变化：第一，清政府认识到官办企业耗费巨资而终无效果，不再大规模创办新式官办企业，转而鼓励民间发展工商业。第二，清廷面临着巨额的战争赔款，难以在财政上支撑官办企业的官款融资。第三，1895年中日签订了《马关条约》，外国资本输入中国合法化。在这种形势下，官办企业以解决财政困难为目的，开始向银行业、交通运输业、工矿业等垄断利润行业转移。在这种变化之下，官办企业的融资结构又发生什么变化呢?

(一)军工企业

甲午战争至清朝覆亡，原有的洋务军用工业延续下来，还新建了一些军工企业，由于清廷财政窘迫，他们的官款融资不断被压缩，外债融资开始增多。甲午战争后，湖北枪炮厂取代江南制造局成为最大的军火供应中心，但其常年经费每年需银80万两，而清政府指定的汉、宜关税等款，全年只有40万两，每年短缺之数，东挪西借，最后只能减少生产，至1907年底已亏欠华洋商款500余万两。[①] 福州船政局也因官款融资不济而生产日减，也不得不选择借用外债，“该局还拟招商开采穆源铁矿……1903年将鱼雷厂改建，铸造铜元，以经营亏本而止，反欠下汇丰银行未清债款23万余两”[②]。其他军工企业的官款融资也更加困难，融资结构出现官款缩减、外债增加的现象。

北洋政府时期，由于政府基本依靠外债维持统治，因而军工企业的官款实际上也直接或间接来自外债。这一时期，国内军工企业所产枪支弹药不敷消耗，且由于设备落后，以致开支巨大，可谓得不偿失，军阀们的军火主要购自外国。[③] 这些企业由于经费缺乏，大多数陷于半停顿状态，有的稍微发展，有的则勉强维持，北洋政府的近代军用工业总体上并没有多大发展。[④] 只有少数的军工企业得到政府断断续续的财政拨款，由于北洋政府的财政基本上是依赖外债的，因此，军工企业的经费来源实质上还是外债。如汉阳兵工厂（原湖北枪炮厂）是当时国内最大的军工企业，其主要经费来自中央财政，湖北地方财政也有，而且该厂大多机械设备的洽购和改进是从国外进口，且有外国技术人员，财政经费难以补给，造成欠债大量积累。[⑤] 此外，其他兵工厂的经费状况还不如汉阳兵工厂。北洋政府的军工企业隶属陆军部，其

① 许涤新、吴承明主编:《中国资本主义发展史（第二卷)》，人民出版社2005年版，第595页。

② 许涤新、吴承明主编:《中国资本主义发展史（第二卷)》，人民出版社2005年版，第598页。

③ 来新夏:《北洋军阀史上》，东方出版中心2016年版，第285页。

④ 许涤新、吴承明主编:《中国资本主义发展史（第二卷)》，人民出版社2005年版，第801页。

⑤《一九二三年九月十九日陆军部关于汉厂经费积欠过巨请筹拨致财政部咨电稿》，引自《中国近代兵器工业档案史料》编委会编:《中国近代兵器工业档案史料（二)》，兵器工业出版社1993年版，第256页。

经费由财政拨付，而政府财政基本靠外债度日，因此军工企业的融资结构中外债成了主体。

（二）工矿企业

在甲午战争前，列强就垂涎于中国的矿产，而甲午战后的资本对华输入合法化，外资渗入中国工矿业已势不可当，外资介入的主要方式是攫取特许权、中外合办和借款。在官办工矿企业中，外资主要以外债形式为主。官办工矿业引入外资的因素是多方面的，有列强的主动渗透、政府财政亏空、国外先进的技术和管理，还有企业经理人想寻求列强庇护以拒绝本国政府的勒索等，但前两者是主要的。

官办工矿业中最典型的企业是汉冶萍煤铁公司，因汉冶萍1910年转为完全商办，此处主要讨论辛亥革命之前的汉冶萍（汉阳铁厂、大冶铁矿、萍乡煤矿）。1896年，汉阳铁厂由官办改为官督商办，由盛宣怀接办，但招募商股仍然困难。而铁厂又因“化铁无煤”，从1896年4月至1897年12月，“结帐亏折银70余万两”[①]。盛宣怀只得调动他所控制的轮船招商局、电报局、中国通商银行等企业的资金，投资入股汉阳铁厂。此时，中国的资本市场尚未发展起来，盛宣怀除了从其控制的中国通商银行获得资金外，无法从银行界筹集更多资金，只能靠已掌握的企业相互调拨挹注资金来救济和维持企业的生存发展。[②] 大冶铁厂与汉阳铁厂同时由盛宣怀接手，为了缓解铁厂的财务危机，在1904年签订大冶铁矿与日本制铁所的煤铁互换合同，从日本兴业银行借款300万元。[③] 汉阳铁厂消耗焦炭巨大，扭转铁厂的亏损局面必须解决焦炭供应问题，因此，盛宣怀在1898年奏请开办萍乡煤矿。而在煤矿开办之初，创办经费又严重不足，这时商股难以筹集，惟轮船招商局、电报局两局及零星附股，收得库平银100万两，还向10多家国

---

① 《光绪二十五年十二月初六日盛宣怀致张之洞函》，陈旭麓等主编：《汉冶萍公司2》，上海人民出版社1986年版，第180页。

② 朱荫贵：《试论汉冶萍发展与近代中国资本市场》，载于《社会科学》2015年第4期。

③ 许涤新、吴承明主编：《中国资本主义发展史（第二卷）》，人民出版社2005年版，第603～604页。

内的银行钱庄借贷。[①] 其中，钱庄的贷款多是月结，利率较国外市场高，此时国内的金融市场难以适应大型近代工矿业的融资需求，萍乡煤矿不得不选择资本雄厚的外资。1899 年借德商礼和洋行德银 400 万马克；1904 年借华俄道胜银行库平银 13.2 万两；1906 年、1907 年借日本大仓组日金 30 万元和 20 万元。[②] 与此同时，汉阳铁厂也多次举借外债，1902 年首次借大仓组日金 25 万元，1904 年借日本兴业银行 300 万元，1906 年借三井物产会社日金 100 万元。[③] 1908 年，盛宣怀将汉阳铁厂、大冶铁矿和萍乡煤矿合并成汉冶萍煤铁厂矿有限公司，准备进一步扩大融资规模。但事与愿违，汉冶萍不能从国家财政获得支持，资本市场又未能得到发展，陷入外资并受到控制就难以避免。从 1908 ~ 1911 年，公司共借了 11 次外债，其中 8 次是日本债，到 1911 年共欠日本债款 1 721 万日元，包括 600 万元的预借生铁价款。[④] 至辛亥革命前，汉冶萍所负的日债为 1 200 万两左右，约占其当时投资总额的 37.5%，占其所有债项总额的 45%。[⑤] 此外，这一时期还有开平煤矿等不少官办企业，也借用外债。

北洋政府财政极度枯竭，为了维持庞大的军政费用开支，不惜以主权换取巨额外债，根本无暇顾及官办企业。汉冶萍在 1909 年转为商办企业，而且陷入日债泥潭，1914 年北京政府拟将公司收归国有，但由于日本的反对及北京政府并无财力，此计划失败。正是因为北洋政府财政困难、国家主权不完整，商股难筹，官办工矿企业因资金严重短缺而陷入更深的外债泥潭。龙烟铁矿是该时期典型的官商合办的工矿企业，其额定资本为银洋 500 万元，官商各半。其中，官股名义上是交通部 122 万元和农商部 128 万元，但当时段祺瑞内阁的经费有很大部分是靠日本贷款来维持的，政府并无如此财力，而其来源在“西原借款”中“吉黑森林金矿借款”七项支出之一“缴纳龙烟公司股款日金 100 万元、银 31.2 万元”“满蒙四铁道予借款”支出细目第七项及说明说到“缴纳龙烟公司股款日金 1 万元、银 64 万元”，龙烟公司官股资

---

① 朱荫贵：《试论汉冶萍发展与近代中国资本市场》，载于《社会科学》2015 年第 4 期。

②③ 汪敬虞主编：《中国近代经济史 1895 ~ 1927 中》，经济管理出版社 2007 年版，第 377 页。

④ 许涤新、吴承明主编：《中国资本主义发展史（第二卷）》，人民出版社 2005 年版，第 606 页。

⑤ 向明亮：《利用外资视域下的中国早期矿业（1895 ~ 1925）——兼论汉冶萍公司举借外债得失》，载于《中国矿业大学学报（社会科学版）》2012 年第 4 期。

金有一半多源自“西原借款”。[①] 商股是由中华汇业银行[②]募集的，主要投资者是北洋政府的大官僚、大军阀、大银行家。此后，龙烟公司全靠银行信用借款和股票押款，至1923年年底欠各银行和往来单位仅本金就达100余万元。[③]在此期间，龙烟公司的部分外国借款计划也因国内外的反对而破灭。这一时期，还有不少官办工矿企业借用外资，大致情况也和龙烟公司类似。

甲午战争后，清政府财政空虚，北洋政府更是以借外债度日，国家财政根本无力投资这些企业，此时的商股经历了官督商办之后对官办企业也失去了热情，国内金融市场发育又不完善，中国近代官办企业不得不选择利用外资。在国家主权丧失的情况下，这些官办企业最终在外债的泥潭里越陷越深。因此，从甲午战争至北洋政府统治结束，官办企业的融资结构呈现出官款融资迅速缩小、外债融资居高不下的现象。

三、中央财政拨款与国家行局贷款为主体（1927～1948年）

南京政府建立以后，国家统治能力比北京政府显著增强，其可以通过政权力量建立官办企业的垄断体系。南京政府成立之初，其经济政策重心大致经历三个阶段：①1927～1931年，整顿财政是经济政策的中心，发达国家资本、建立国有经济的政策还处于准备阶段；②1931～1935年，以建立国家银行体系为重点，奠定国有经济形成的基础；③1935～1937年，在临近备战的背景下，以重化工业和资源工业为重点的国有经济政策的全面形成。经过这三个阶段，南京政府官办企业融资结构形成了以中央财政拨款、国家行局贷款为主体的融资结构。

（一）财政拨款比例的回归

南京政府成立以后，财政政策以及财政整顿是政府经济政策和经济工作的重心所在和当务之急。南京政府经过一系列的财政经济的整顿，初步形成

①③ 郑连明：《龙烟铁矿公司创办始末——北洋官僚资本个案剖析》，载于《近代史研究》1986年第1期。

② 该行是陆宗舆为迎合日本经济侵华需要而创设的中日合资银行，陆宗舆虽任该行总理，但所有业务均归日本人掌管。

了中央、省、地方三级财政网络，财政收支日渐平衡，税收增加，也为全面开展经济建设奠定基础。在1937年之前，南京政府诸多经济职能部门如农矿部、工商部、建设委员会、实业部、全国经济委员会（1938年后并入实业部）、国防设计委员会（后来的资源委员会）、交通部、铁道部等，也开始建立工矿交通业系统的官办企业。[①] 但在1937年之前，南京政府接收北洋政府的官办企业并不多，国家资本在工矿业投资也尚少，因此不再赘述。

1937年全面抗战爆发后，国民政府实行战时经济统制，在抗战大后方通过财政拨款、加大对国营工矿业的投资。国民政府各机关如资源委员会、财政金融系统、交通系统、经济部、农林部、粮食部、水利委员会、地政署、教育部、卫生署、军事系统都有投资官办企业。此外，还有地方政府投资的官办企业，但这些企业多与南京政府经济职能部门合办，地方政府投资额相对较少。需要指出的是，战时中国的国有企业主要以两种形式存在：一种是非公司组织的国有独资企业；另一种是中央政府各机构以控股、参股形式与地方政府合办，或者是向其他民营企业投资渗透后形成的国有资本控股、参股的公司企业，其中的公司组织较多地采用了特种股份有限公司的形式。这一时期，国民政府投资工矿业官办企业的主体经济职能机构是资源委员会。

现有文献对资源委员会所属厂矿企业的经费来源探讨较多[②]，如财政预算（国币）、外汇、特矿盈余、银行贷款、厂矿利润等，其中前三项属于中央财政的拨款。一是财政预算（国币）。财政预算是最基本的经费来源，在1942年以前，资源委员会所属厂矿绝大部分还处于创业阶段，所需资金较多且主要依靠国家财政预算。自1936年6月至1945年年底，政府预算拨款共119.1亿元，折战前币值9 884万元。[③] 二是外汇。资源委员会在编列年度预

---

① 杜恂诚、严国海、孙林：《中国近代国有经济思想、制度与演变》，上海人民出版社2007年版，第230页。

② 郑友揆、程麟荪、张传洪：《旧中国的资源委员会（1932～1949）：史实与评价》，上海社会科学院出版社1991年版，第316页；王卫星：《资源委员会战时重工业建设的资金来源》，载于《东南文化》1996年第2期；郭红娟：《抗战时期资源委员会重工业建设的资金动员》，载于《中国经济史研究》2007年第4期；邵俊敏：《1935～1945年资源委员会的重工业建设研究》，载于《中国社会经济史研究》2012年第4期。

③ 杜恂诚、严国海、孙林：《中国近代国有经济思想、制度与演变》，上海人民出版社2007年版，第253页。

算时，将所需外汇编入预算，并与国币分列，由国库拨付。这部分外汇源于国民政府向德、苏、美等国的举债，并以农矿产品偿还。其中，资委会负有生产和收购偿债物资的责任，从而代财政部办理易货（主要为特矿产品）偿债业务。抗日战争时期，资源委员会从历次外债中所得外汇计 1 508 万美元、61 万英镑，折合战前法币约值 6 000 万元。[①] 三是特矿盈余。资源委员会的特矿出口，除易货偿债外，还有自销部分。自销部分的利润与特矿产品所在地省政府平分之后，按规定均应上交国库。但 1939 年前资委会财政预算遭拖欠而导致创办中的工矿企业难以继续施工，随后至 1939 年 2 月，行政院发布"钨锑专款处理办法"，该会可将所得款项作为事业经费。[②] 据统计，1936～1939 年 3 月间，钨锑盈余转作创业资金的达 840 万元，[③] 但 1942 年以后，特矿外销已无利润。在资源委员会所属企业中的融资结构中，中央财政是最为重要。

（二）国家行局的贷款

南京政府的政治控制能力显著强于北京政府，南京政府运用政治力量修改银行条例，以金融公债抵充官股组建或改组银行，使得银行业的官股大大增加，初步建立了"四行二局一库"的国家垄断金融体系。因此，国家行局贷款在官办企业融资结构中占有重要地位。

抗日战争中期，南京政府官办企业的融资结构中出现大量国家行局贷款。抗日战争前期资源委员会各生产事业开工生产后所需流动资金，也向银行借款，但多为零星借款，自 1943 年开始由中、交两行承放该会工矿贷款。1943～1945 年，共获得工矿贷款 90 亿元，约合战前法币 1 200 万元。据四联总处拟定的《经济三年实施办法》所载：1940～1942 年拨发给国营厂矿资金共 16 654 万元，其中财政拨款 11 415 万元，占 68.5%；四行投资 800 万

---

① 郭红娟：《抗战时期资源委员会重工业建设的资金动员》，载于《中国经济史研究》2007 年第4 期。

② 《钨锑专款处理办法（1939 年 2 月 3 日院令核准）》，引自经济部编：《经济法规汇编第 4 集》，商务印书馆 1940 年版，第 41 页。

③ 郑友揆、程麟荪、张传洪：《旧中国的资源委员会 1932－1949 史实与评价》，上海社会科学院出版社 1991 年版，第 281 页。

元，占4.8%；四行贷款4 438万元，占26.2%。[①]

抗日战争胜利之后，国民政府对战时的敌伪工厂企业实施全面接收。在接收敌伪产业的基础上，结合战时已经形成的国有资产，战后的南京政府终于建立起了一系列分别隶属于行政院、经济部、农林部、财政部、资源委员会等政府机构的官办企业。其中，著名的如中国纺织建设公司、中国蚕丝公司、中国石油有限公司、中国植物油料厂股份有限公司等。战后国民政府军费浩大，财政依靠银行垫款，这些官营企业的融资主要依靠国家行局的贷款。

此外，还有厂矿利润。资委会所经办的企业中，大部分在1941年投入生产，虽然一部分出现亏损，但仍有部分厂矿能获得利润。资源委员会所属各厂矿，大多数企业处于盈利水平，电厂亏损稍多，但其他诸如机械、煤矿、油料、酒精、水泥、特矿等大多都是盈利的。[②] 但这些盈余，除了弥补之前年度的亏损，提取公积金、上交税利以及发放员工奖金及福利基金外，余下的利润也不多。如1944年资源委员会利润分配概算，1944年预计收入9 644.5万元，最后资源委员会未分配盈余3 300.8万元。[③]

1937年全面抗战爆发后，南京政府实行战时经济统制，以政府财政资金和国家行局贷款支持大后方的官办工矿企业。官办企业的融资结构中，中央财政资金和国家行局贷款的融资居于主体地位。

第三节　中国近代官办企业融资特征

中国近代官办企业并非中国本土自然产生的，而是在西方资本主义侵入的压力下建立起来的。在官办企业融资的过程中，它必然跟中国传统社会不断磨合，以适应其发展的需要。伴随中国近代官办企业融资方式及融资结构

---

① 杜恂诚、严国海、孙林：《中国近代国有经济思想、制度与演变》，上海人民出版社2007年版，第251页。

② 陈真编：《中国近代工业史资料（第三辑）》，生活·读书·新知三联书店1961年版，第1392～1397页。

③ 陈真编：《中国近代工业史资料（第三辑）》，生活·读书·新知三联书店1961年版，第1397～1398页。

的变化，呈现出一些具有自身特色的融资特征。

一、官办企业融资以财政为基础

官办企业的融资以国家财政为基础，这是最重要的特征。中国古代就有官办企业的思想，凡关系国计民生的产业是禁止民间经营的，只能由国家独资经营兴办。中国近代工业化是从军事工业开始的，由政府财政直接投资兴办，此后官办企业的经营范围扩大到更多领域。官办企业的根本标志就是有政府资金的投入，即使后来政府资金匮乏而引入其他资金，财政资金依然发挥着巨大作用。

清政府洋务派开始兴办近代军用工业，选择国家独资的企业组织形式。这种官办企业当时规模较大，创办和经营经费需求巨大，产品又不进入流通市场产生利润，军用企业的主要经费来源就是政府官款。由于这一时期清政府的财政已捉襟见肘，官办企业的经费艰难地维持着。至 19 世纪 70 年代，洋务派又开始创办民用企业，但政府财政已经无力支撑，于是选择官督商办的组织形式。官督商办企业原本计划的资金来源主要是商股，但实际上官款的比例依然很高。在企业创建之初，商人因无法预见利润而不愿投资，政府必须先垫支启动资金。在企业运营过程中，发生融资困难之时，还得挹注政府官款。与此同时，政府还给这些企业诸多特权和优惠条件。

甲午战争后，清政府财政陷入危机，难以维持对官办企业拨款或垫款。由于财政资金的短缺，官办企业或停产，或改为官商合办等。经过官督商办企业之后，民间资本对官办企业失去兴趣，官办企业难以在社会上募集商股。在外国资本输入合法化的背景下，官办企业不得不选择外债融资，造成企业控制权落入外人手中。北洋政府时期，中央财政枯竭，政府基本靠外债度日，更无财力投资官办企业，或偿还官办企业的外债。而这一时期的官办企业已经转向较为盈利的银行业、交通运输业、工矿业等，由于财政资金的匮乏，中央政府直接创办的企业大为减少，官股不断缩小，商股比例不断增大，北洋政府对官办企业的控制力不断减弱。没有政府财政资金的强力支持，官办企业是只能越来越弱。

南京政府时期，在财政力量的支持下，官办企业迅速壮大。1935 年之前，南京政府就已经整顿国家财政，但这时工矿业投资计划还未实施。1935年实行统制经济以后，国民政府就已经以财政拨款的方式筹办及经营工矿等官办企业。由于南京政府的财政能力相对较强，以资源委员会所属厂矿为主的官办企业在抗战时期得到相对充足的财政资金投入。这些官办企业在战时条件下，又有国家行局的贷款支持而迅速发展，在全国工矿业领域形成垄断局面。在这种形势下，民间资本寻求入股，有地方政府寻求合作，以及国民政府各个经纪机构相互参股，因此国有资本控股、参股形式的企业比重也较大。南京政府的官办企业，也正因为有国家财政的大力支持才得以在全国形成垄断地位。

因此，官办企业的融资是以国家财政资金为基础的，如果没有财政资金的持续投入，官办企业中其他融资都是无法筹集的。北洋政府政权力量较弱，其汲取国家财政的能力较差，也难以向官办企业投资，官办企业中官股比例逐渐减少；相比之下，南京政府政权力量较强，国家财政能力就大大提升，能够保证一定的财政资金投入官办企业，使得官办企业在国民经济体系中居于垄断地位。

二、官办企业的社会融资能力较差

中国近代官办股份制企业在社会上的股权融资能力较差，这也是官办企业融资的特征之一。股份制企业制度是从外部移植进中国的，刚开始缺乏与之相适应的社会条件，导致官办企业招募商股十分艰难。

19世纪70年代，洋务运动筹建民用工业之事提上议程，但由于军用工业已耗资巨大，清政府的财政又持续恶化，洋务派难以用官款开办民用工业。不过，这时的社会条件也发生变化，各通商口岸的买办商人在流通领域积累了巨额资本。一些洋务派官僚萌生了社会融资的思想，吸纳和利用社会上的资金以弥补国家资金的短绌。此时，部分买办商人鉴于国内风气未开，也有意依托官府，期望恃官督来排除企业创办和前进中的障碍。因此，官督商办企业应运而生。

在官督商办的企业组织下，清政府先借给企业一部分资金，同时物色在商界有一定声望的商人出面以招股方式筹集社会资金承办，等到企业获得利润后，逐步归还官款并偿付一定的利息。政府试图通过遴选私人投资者和私人企业管理者以构成一个结构灵活的“官商组合”，使政府不完全承担商业过程中的风险，而又可能对整个资本运行实行控制。但这种模式严重损害了商人的利益：其一，企业的经营管理权掌握在官员手中，官员从企业得到自己的政治或经济收益，而投资和经营的风险却由商人承担，这样就严重侵蚀了商民的利益。同时，企业机构臃肿、人浮于事、贿赂贪污等盛行，还有官员任意挪用企业款项等。其二，在企业经营破产时，官方享有优先债权人地位。政府垫款的确发挥了巨大作用，但在企业经营破产时政府要求优先赔偿官方垫款，而商人可能所剩无几。其三，在洋务运动时期国家始终没有制定官督商办企业的相关法律，企业中商人的利益自然也得不到法律的保护，商人普遍对企业未来发展担忧。通常在募集商股时，企业一般都有对商人优惠的规定，但并未照章执行，商股只能听命。在官督商办企业中，政府官员存在严重的机会主义倾向，商人的利益无法保障，商人长期投资可能性愿望就不大。

甲午战争以后，清政府加强企业的立法和制度建设，使企业产权逐渐明晰，官与商之间的产权关系初步有了制度依据。伴随官督商办企业组织形态的退出，官商合办的企业组织形态开始兴起。官商合办虽然按股份比例承担盈亏、共同管理企业，但事实上政府掌握着充分的控制权。官商合办企业招商募股的困难依然没有解决，官办企业有民营化趋势。北洋政府统治之后，官商之间的资本与产权关系更为明确，加速了官办与商办的分途。北洋政府财政枯竭，依靠借债度日，官商合办企业避免不了被勒索、财政垫款等。这一时期政局不稳定，地方军阀势力也频繁变更，商人对政府的信心下降。这些原因都导致官商合办企业逐渐减少，官办企业中的商股融资更加艰难。

三、官办企业融资方式的选择主要基于资金的可得性

近代官办企业处于传统向现代社会转型的过渡和定型期，金融市场体系发育极不完善，公司制度环境也不健全，官办企业融资最依赖的财政也通常是入不敷出的。在这种背景下，中国近代官办企业融资方式的选择无法遵循一定的顺序，更多是按照资金可得性的概率来确定融资方式。

在洋务运动早期，清政府兴办军用企业基本上都是依靠官款。此后，又开始创办民用工业，但这时的财政已经无力支持创办所需的资金，洋务派开始寻求已经有巨额资金积累的买办资本加入。在当时社会上，中国传统金融组织票号主要经营官款，钱庄虽然涉及近代工商业贷款，但毕竟钱庄资本额较小、周期短、利息高而难以支持这些大型的洋务企业；第一次鸦片战争之后，买办商人积累大量财富正在寻求出路，而且这些买办商人凭借财力与洋务派高级官员私交甚多。在这种情况下，洋务派官员引买办商人入局承办民用工业，解决了官办企业急缺资金的难题。在官督商办、官商合办企业中，这些政府任命的督办企业的买办商人先利用他们的社会关系网络来筹集资金。在商股招集不顺的情况下，再暂借官方资金创办企业。官办企业创办之后的再融资方式的选择，则会在企业资金积累、借贷（官方、民间、金融机构）、股权融资中来选择，顺序则仍然是以资金可得性为先，尚未把成本放在选择的首位。

在官督商办企业中，官方凭借权力长期把持企业经营权而不断侵蚀商人利益，引起商人的强烈不满。至 19 世纪 80 年代中期以后，商人对官办企业的招商募股已经失去兴趣，官办企业中商股的可得性也逐渐变小。此时，资力雄厚的外国在华银行及洋行主动与官办企业洽谈贷款，在此之前洋务派官员对于外债融资是非常警惕的，但由于官办企业资金短缺的现实，洋务派官员也不得不妥协。至《马关条约》允许外国资本在华投资设厂，外资对华资本输入合法化，官办企业对外资更加依赖。虽然，这一时期中国新式银行开始起步，但对近代工商业支持甚少。北洋政府时期，财政接近崩溃，官办企业融资中财政资金的可得性大幅下降，外资因其资力雄厚且背后有外国势力支持而可得性最强，然后就是中国新式银行、传统金融组织的贷款。

南京政府统治之后，立即着手整顿国家财政、建立国有金融垄断体系，中央政府控制经济的能力增强。以资源委员会所属厂矿为例，在官办企业创办之时，首选的资金来源是中央财政资金，然后是部分外债，这是因为外债涉及引进外国技术等；在官办企业创办之后，仍有中央财政资金的投入，但国家行局的贷款资金迅速增加。进入南京政府时期，国家财政力量增强、以国家行局为主体的新式资本市场体系发育相对成熟，还有外国政府的借款、传统金融组织的贷款以及企业集团内部的资金调拨等，官办企业的资金可得性范围已经大大增加，但在融资顺序的选择上仍以财政资金为优先。这与近代西方国家企业、中国民族企业融资选择性仍然有较大差异。

四、官办企业内源性融资不足

官办企业内源性融资不足，主要原因还是近代中国政府对官办企业的不断侵蚀，导致其难以完成自我积累。

（一）部分官办企业难以引入市场机制

在近代中国，有较大一部分官办企业的产品并非进入市场而获取经济利润的，最典型的就是军用企业。这些官办企业的产品，没有进入民间市场也就无法产生企业利润，自然难以形成内源性融资。

洋务派兴办近代军用工业，就是为了生产军用产品以提升清政府的军事力量，维护其统治。军用工业的主要创办者是洋务派的地方督抚，企业产品在清政府内部调配。企业的融资来源主要靠财政调拨，随着企业生产规模的扩大，企业经费需求越来越大，不断地向清政府申请经费投入就成了地方督抚的重要任务。由于先进的武器装备对提高军事实力有立竿见影的效果，因而洋务派势力对近代军用工业投入巨大热情。即使中央户部拨不出经费，地方督抚也自行筹措。由于清政府的经费是从海关税、厘金中每月按成划拨的，海关税收每年多寡不定，企业得到的经费也就变化无常。但企业所需的常年经费基本上是固定的，经费若不能按时拨付，各局厂无法自主安排生产，影响扩大生产规模和提高技术水平。在洋务运动后期财政资金供应极为困难的情况下，部分企业在实际运行中采用预付款的方式订购军事工业产品，但还是无法形成内部积累，也就不会有内源性融资。

（二）政府对官办企业的勒索

官办企业如果盈利，政府就经常勒索企业，即要求企业无偿报效。整个晚清时期，只有少数新式企业能够盈利，但清政府对它们的勒索报效从未停止过，报效的最主要理由就是曾向这些企业投资、垫款或给予扶持措施。① 如轮船招商局常以“赈捐”和“筹防捐”形式向清政府“报效”，每次一二万两不等，1894 年慈禧生日报效 5 万余两；开平煤矿亦仿招商局例，慈禧生日报效了 3 万两。② 从 1884 ~ 1911 年，轮船招商局向清政府的报效额达 168 万余两，相当于招商局同期资本总额 400 万两的 42% 以上；电报局在此期间的报效额即使按低限算也有 129 万余银元，是其 1895 年资本总额 80 万元的一倍半；漠河金矿提供的报效 114 万余两，这个报销额是其 1889 年创办资本 29 万两的 4 倍左右，是清政府垫款 13 万两的 7 倍左右。③

北洋政府时期，中央财政基本没有能力投资官办企业，但政府依然对有盈利的官办企业定期或不定期的勒索。袁世凯窃取大总统后，强行提取铁路款达 4 000 万元，以后历届北洋政府都有提款，在铁路会计上列为“特别解款”，其数目如表 5 - 6 所示。

表 5 - 6　　北洋政府对铁路提取的“特别解款”　　单位：万元

年份	1921	1922	1923	1924	1925	1926
数目	1 306	1 009	1 743	1 194	989	804

资料来源：许涤新、吴承明主编：《中国资本主义发展史 第二卷 下》，人民出版社 2005 年版，第 841 页。

这六年的提款占同期账面盈余的 25.5%，政府提款尚属有账可寻，军阀之截留、勒索以及扣留机车、车辆所造成的损失无法统计。④ 此外，国有铁路还有政府军运和公务运输的欠款，这一时期每年达四五百万元，占营业总收入的 6% ~ 8%，1925 年欠达 170 万元，占营业总收入的 14%。⑤ 邮电及银

① 朱荫贵：《中日早期现代化中资金问题的比较研究（1870 ~ 1911 年）》，载于《上海行政学院学报》2001 年第 3 期。

② 潘建华：《洋务运动时期（1860 ~ 1894）企业融资思想研究》，复旦大学博士学位论文 2005 年，第 113 页。

③ 朱荫贵：《中日早期现代化中资金问题的比较研究（1870 ~ 1911 年）》，载于《上海行政学院学报》2001 年第 3 期，第 101 ~ 115 页。

④ 许涤新、吴承明主编：《中国资本主义发展史 第二卷 下》，人民出版社 2005 年版，第 842 页。

⑤ 朱伯康，施正康著：《中国经济史下》，复旦大学出版社 2005 年版，第 574 页。

行业等官办企业同样也遭受军阀的勒索与盘剥。

南京政府依然对交通运输业进行勒索，主要集中在国有铁路方面。1928～1935 年，政府通过用铁路运输军需、物资和军队，不付运费的方式，强行从铁路收益中侵占 1.27 亿元，占盈余的 30% 以上。① 此外，还有铁路拨给地方军队协款和加在运费上的军事附捐等，虽经南京政府屡令取消，并未停止。在电报业方面，官电、军电的欠资与截留仍然占一部分。

（三）财政透支与政府垫款负担

甲午战争以后，官办资本开始向金融业扩张，从 1897 年中国通商银行成立以后，官办和官商合办的银行不断兴起，到 1911 年共设立 17 家。官办银行适应了近代新式工业的融资需求，但也背负着沉重的垫款负担，严重影响了银行的正常业务。

北洋政府时期，官商合办的中央级银行仅中国、交通银行两家。中国银行历年都有盈余，但中国银行大量投资于政府公债和对政府垫借款。1912～1926 年，北洋政府共发国内公债 6.1 亿元，中国银行持有的公债约占发行总额的 12%，居全国各银行首位。② 中行对财政部的垫款，在 1915 年以前年约数百万元，1916 年 7 月底垫款增至 1 520 万元，至 1917 年底更增至 4 540 万元，1918 年 9 月以后一直保持在 4 000 余万元的水平，1924 年以后又有增加。③ 1918 年起，中行又开始对地方财政厅垫款，其数常在 2 000 万元以上，故对政府全部垫款达六七千万元，占中行放款总额的 35%～40%。④ 政府占用资金过多，不但影响与工商界的正常业务往来，而且还使银行资金周转发生困难。北洋政府对交通银行掌控要强于中国银行，交通银行的垫款更为严重，见表 5－7。

南京政府也是财政赤字，通常由银行向财政垫支。南京政府是以高利息、大折扣来吸引银行购买公债。这些公债通常先由银行垫支，一般为公债面额的半数，公债正式发行之后，由银行按市价（折扣价）出售或自行持有，政

---

① 许涤新、吴承明主编：《中国资本主义发展史 第二卷 下》，人民出版社 2005 年版，第 842 页。

② 许涤新、吴承明主编：《中国资本主义发展史 第二卷 下》，人民出版社 2005 年版，第 857～858 页。

③④ 许涤新、吴承明主编：《中国资本主义发展史 第二卷 下》，人民出版社 2005 年版，第 859 页。

表5-7　1918~1926年北洋政府对中国银行的财政透支与政府垫款情况　单位：万元

年份	纸币发行额	持有政府公债	对财政部垫款	对政府全部垫款	公债和政府垫款占资本和存款的比例
1918	5 217	3 874	4 772	6 571	64.0%
1919	6 168	3 819	4 878	6 856	55.2%
1920	6 688	4 845	4 098	6 289	54.9%
1921	6 249	4 876	4 180	6 099	56.4%
1922	7 779	6 010	3 922	5 995	57.8%
1923	8 099	4 706	5 749	7 225	62.2%
1924	8 998	4 784	6 293	7 938	57.9%
1925	12 709	5 892	5 545	7 626	48.4%
1926	13 742	6 824	5 676	8 428	43.8%

资料来源：许涤新、吴承明主编：《中国资本主义发展史 第二卷 下》，人民出版社2005年版，第857页。

府则按面额付息。公债是当时银行界最有利的投资，这些公债大部分积存于银行，成了事实上的财政垫支。1937年以前，中央银行实际变成政府的财政工具，其总资产中50%左右是政府债券和政府垫支，行使“银行之银行”作用的商业银行存款只占总资产的18.9%。[①] 如前所述，南京政府通过政治手段要求中交两行购买大量金融债券。

近代官办企业在与中国传统社会的磨合发展中，逐渐形成了自身的融资特征。官办企业融资的基础是官款融资，如果官款融资能力较差，也难以有其他的融资方式。在政府无力投资官办企业时，便寄希望于民间商人资金，然而与民间商人合作之时又实际掌控企业经营权。商人在利益受损的情况下，逐渐对投资官办企业失去兴趣。中国近代政府往往基于财政目的经营官办企业，对稍有利润的官办企业大肆勒索，官办企业难以形成自身积累，也最终导致内源融资的不足。

① 杜恂诚主编：《中国近代经济史概论》，上海财经大学出版社2011年版，第99页。

第六章
近代中外企业融资比较

股份制企业融资形式在近代时期尽管已经形成一个多元化的格局，但企业在不同融资方式之间的选择并非完全出于融资成本、企业经营效率等因素来考衡的，很大程度与资金获取的可得性，特别是企业经营者能否持续控制企业的目的等出发，形成了一个与英、美，德、日均不相同的融资路径选择。这一融资途径选择，既吸收外资在华现代企业的融资方式，也传承了中国传统企业长期依赖的融资手段，还在实践过程中创新出许多融合传统与现代、国外与国内的融资机制，由此形成了一个与西方国家企业融资既有共性又有差异的融资组合方式。

第一节　近代中外企业融资共性

与西方发达国家相比，中国近代刚刚诞生的股份制公司在某种程度上是“移植”他们在华公司的模式，在企业融资形式方面与他们存在一定的相似，都是依靠内源性融资和外源性融资手段来展开融资和再融资的。具体来说，存在如下一些共性之处。

一、企业融资方式的多样化

中外企业融资方式是一样的，都是依靠内源性融资和外源性融资手段来实现资金筹集和融通的。近代中西之间的社会环境、金融市场发育、公司制度等方面尽管存在巨大差异，但都面临着企业融资困境，在资金来源上都特别注重从企业运行实际状况出发，展开融资方式的创新，形成了一个多样化的企业融资途径。

（一）内源性融资方式的多样化

在内源性融资上，近代中国企业融资资金的来源主要有如下一些方面。

首先，企业创办者自身所拥有的资金——出资与垫款。这个不仅在官督商办、官商合办企业之中，企业创办者提供了一定量的启动资金，而且在民营企业之中，创办者或者发起者一般投入了更多的创办资金。有陈光甫创立上海商业储蓄银行、周作民创办金城银行等企业时提供较少资本的，更有像刘鸿生企业、郭乐兄弟永安企业、周学熙企业、范旭东、“永久黄”、荣家企业、黄奕住的中南银行等企业中持有更多的家族资金。创办者或发起者提供资金较少的，他们一般能够使用他们的社会关系网络来筹集创办资金，形成一个以他们为核心的企业资金来源团队，以支撑他们对企业经营管理的长期控制。当然，在企业流动资金不敷使用时，也会采用董事、经营者等垫款，以厚实资本。

其次，企业经营过程中的积累。与中国传统企业的融资有点不同，传统企业经营收益基本在账期或大账期期间分配完毕，少量提取公积等资金积累和折旧。近代股份制企业的利润一般会在分配给官利、职工激励、管理层费用后，按一定的比例提取公积等资金，以充作企业积累所用。这些资金，大约占到盈余的7%～10%，在近代企业运行中占据着较为重要的作用。它们既可以用在企业再融资时提作股份，亦可补充红利转股份时提存不足部分，即利转股；也可以直接作为企业扩大生产规模使用。“他们的设想是以企业利润不断投资进行扩大再生产，以获取更大的利润。”像荣家企业、大生企业、大成纺织印染企业等等都是通过这一方式来不断扩大企业规模和设立新的工厂。

最后，企业内部资金调拨。近代较大规模的企业集团基本都采用了企业内部各个产业或企业的资金在集团内部的调拨使用，这一调拨模式与当前企业创立的财务公司具有一定的相似性，但受近代特殊的时代背景影响又有所不同。企业内部资金的调拨，大致存在三种方式。一是企业不同部门的资金直接在企业集团内部各个企业之间进行调配；像盛宣怀控制或创立的轮船招商局、电报局、上海纺织总厂、汉阳铁厂、萍乡煤矿、中国通商银行等构成的企业群体中，就直接把各个企业之间的资金进行调剂。“臣监管之上海纺织总厂、汉阳铁厂、萍乡煤矿、通商银行所集商股，即是船电两局（即轮船招商局、天津电报局）之华商挹彼注此，盈虚酌剂。”① 企业内部资金的调剂，不仅在官督商办企业内采用，而且在民国之后兴起的民营企业集团中也广泛采用。周学熙企业集团、荣家企业集团、张謇大生企业集团、范旭东的“永久黄”等，均采用了集团内部资金的自由调配，实现了企业内不同产业的发展。二是由企业集团内部设立银行或账房，借助银行实现内部资金的调剂。此种方式，跟当前大企业集团内部的财务公司在一定程度的发展之后转化成银行的方式相似。在近代比较典型的，就是刘鸿生企业集团，为了便于资金内部调拨而成立的中国企业银行和刘鸿记账房，就起到了资金调剂的效果，帮助企业内部不同部门在经营困难时能够获得持续发展发挥了积极的作用。三是依托企业内部强势人物的财务公司式调剂。前面两种有所差异，此种依靠企业集团核心人物，直接把各个企业内部资金通过存贷式互相调剂，避免了假手外部金融机构的中介，实现企业内部之间资金的低利、自由地使用，提高了企业集团内部资金的使用效率，增强了企业应对外部环境不靖等因素的不利影响。此种类型，比如华侨郭氏兄弟永安企业集团内部资金的调拨，就是很成功的一例。

（二）外源性融资方式的多样化

在外源性融资上，企业融资方式比内源性融资的手段更加丰富，在近代中国股份制企业中比较典型采用的有如下一些集中资金来源的渠道。其一，股权融资。近代股份制企业诞生之后，就采用了股权融资方式来筹集创办资金。股权融资作为一种新生的融资方式，刚刚开始并没有受到民众的认可，它只能在创办者的社会关系网络范围内筹集，并必须给予高而稳定的收益，即“官利”；1880 年前后因受已发行股票价额迅速上升影响，受到广大民众的追捧，但在 1883 年上海金融风潮冲击下，股权融资回归理

① 盛宣怀：《愚斋存稿》（卷四），《光绪二十六年二月十九日奏》，第 22 页。

性，再次聚集在有限的社会关系网络之中。到20世纪初年前后，股权融资又逐步得到创办者推崇，除了收回路矿权的活动中发行的股票具有较大范围的社会化、大众化之外，企业股票的发行仍然没有越出有限的社会关系圈范围内筹集的惯例。这一做法，也使近代中国股份制企业中普遍形成了一个连锁董监制，即各个企业创办者不断持有对方股份，而在持有一定量的股份基础上演绎出一个互相兼任对方董事或监事的人事关系网络，以分享信息、促进制度建设、增强经营层对企业的控制等。与此同时，股份制企业在创立之后，还在业务拓展基础上渐趋推广到股权再融资。在股权再融资的过程中，经营者往往会大幅提升自身的持股比例，拿出一定比例的股份给职工持有，同时用企业的红利、积累资金转化为股权以此固化经营者社会关系网络内的持股比重；如此做法大大增强了经营者对企业经营管理权控制的效果。

近代中国股份制企业股权融资的上述特性以及股额分期缴纳的方式，使企业股票在证券市场上的流动极为有限，难以实现社会余资的聚集效应。“……中国证券市场，除了昙花一现的地方证券交易所外，延续时间最长、交易最红火的上海证券市场，在近代中国资本主义经济发展最快的同时，是在为政府的财政服务，……而不是一个为股份制企业服务的‘股票证券市场’，在工矿企业的资金筹集和资源配置方面根本无所作为，像是毫无关系的局外客。”[①] 显然，股权融资作为企业融资的一个方式中西方无异，但融资特性与西方发达国家存在很大不同，由此也决定了它们难以真正担负起社会余资聚集的作用。

其二，向金融组织借贷。近代股份制企业兴起之后，它在正式运行中的资金融通有很大一部分向金融组织借贷来实现的。晚清时期，银行等现代金融组织体系尚未形成，此时企业主要向钱庄等传统金融组织借贷来化解运营资金的困境。钱庄放贷的做法吻合中国近代企业的融资习惯，故在中国通商银行等国内银行设立之后也不得不大规模借钱庄来放贷。民国之后，伴随中国现代金融组织体系的渐趋建立，抵押贷款等方式渐趋被企业经营者接受，企业资金的借贷才逐步转向了银行等现代金融组织体系，向钱庄等传统金融

① 朱荫贵：《试论近代中国证券市场的特点》，载于《经济研究》2008年第3期。

组织借贷的重要性有所下降。伴随企业向现代金融组织借贷的拓展，以前主要依托信用借贷为主的方式，也逐步扩大到以厂房、设备等不动产和原料、产品等资产作为抵押的贷款、商业票据抵押贷款等方式。这样，就大大增加了企业资金借贷的范畴，形成了像荣家企业集团那样以杠杆式扩大企业规模的做法，加快了企业财团的形成和发展。当然，纵观整个近代中国时期，银行作为整个金融市场中的核心，它对产业资本的积累贡献也不大，大约也就15%[①]。近代金融组织对企业融资的贡献尽管比例不大，但此种借贷已经覆盖了近代股份制企业所涵盖的各个行业。此种融资趋势，与西方发达国家的企业融资明显存在相似之处。

其三，债券融资。债券融资在西方国家的企业融资中已经得到了全面的发展，而中国在近代时期基本是在进入民国之后逐步发展起来的。1912 年商办浙江铁路公以年息八厘、期限六年并以杭沪线内浙路所有财产作为担保发行 200 万银元公司债，为修建杭甬线筹资，[②] 由此拉开了近代中国企业债券融资的序幕。之后，先后在 1921 年和 1934 年兴起两次企业债券融资的高潮。前一次，先后有通泰盐垦五公司债票、大中华纺织公司债票、沪闵南拓长途汽车公司债票、科发大药房债票、六河沟煤矿公司债、棉业银公司债票、中兴煤矿公司债票等公司采用了债券融资方式，后一次闸北水电公司债、六河沟煤矿公司债票、启新洋灰公司债、永利化学工业公司债、商办江南铁路公司债、民生实业公司债、茂昌冷气公司债、大通煤矿公司债等相继发售。债券融资虽然在近代企业融资中采用，但通过发行公司债券来为企业筹集资金的方式，使用频率不高，融通资金的数量也不多。一方面，中国近代资本市场不太发达，现代信任机制尚未建立，企业债的交易规模不大，基本都是由承销债券发行的银行或银行团所担负；另一方面，企业自身的发展水平不高、传统的融资习惯、多样化融资方式等制约了企业以债券融资方式来扩充资本金或流动资金。

其四，租赁。“对新兴现代工业企业最重要并且长期的挑战，是为日常

---

① 兰日旭：《中国近代银行业资金运作变迁及其绩效探析》，载于《福建师范大学学报（哲学社会科学版）》2007 年第 3 期。

② 《浙路发行债票》，载于《申报》，1912 年 10 月 18 日。

运转和未来发展筹集资金。”① 近代中国企业创办者和经营者在面对社会形势的急剧变换的条件下，时常在生产经营中会遇到流动性资金的不足而借债又难以获取的困境。此时，如果放任企业停工，则不但会加重前期资金筹集时所带来的成本负担，而且还会引致一系列不良的社会连锁反应。为此，像荣家企业集团等就在实践中摸索出了租赁融资方式以化解企业暂时的资金周转不灵问题，又能减轻企业的成本负担。“工厂租赁制度（租厂制）提供了一种减少开厂成本的途径。在这种体制下，中国企业家把工厂的所有权与经营权分离。”“丝厂的所有者，也就是产业主，修建厂房，装配设备，然后把它租给丝厂营业主，后者生产生丝，用所获利润支付工厂的租金。”② 通过租赁性融资，企业可以把无法正常运转的某一个或多个暂时租赁出去，获得的资金救济其他企业，这样就可以使整个企业集团得到有效运转。此种方式，在近代中国20世纪二三十年代获得了较快发展，但在整个近代企业融资中的占比极低，尚未得到企业创办者和经营者的普遍认同。作为一种创新性的企业融资方式，还是增加了企业融资时的选择。

其五，民间借贷和企业自行吸收储蓄。中西方一样，在企业融资过程中存在一个向不同社会阶层、组织等借贷的做法，是一个化解企业资金困境的最为普遍使用的融资方式。在近代中国，不管是官督商办、官商合办、官办企业，还是民营的股份制企业以及企业集团都曾广泛采用向民间借贷资金。像张謇的大生企业、荣家企业等均在它们的资金来源中占据一个重要位置。

当然，受中西方金融市场体系完善程度、信任制度、法律法规健全等方面的差异影响，中国近代股份制企业中还广泛存在一种企业内部设立储蓄部以吸纳企业内部或社会上资金以支持企业发展的融资方式。这一方式在企业融资中虽然延续了很长时间，但在近代股份制企业融资中已经出现了某种程度的变化。此时，企业不但设立了专门的储蓄机构，如郭氏永安企业集团设立了银行部、荣家企业成立了同仁储蓄部，有些还在储蓄部基础上转化为银行等金融组织的，而且它们还使用现代媒体发送储蓄广告，给储蓄者较高的

① ［日］城山智子著：《大萧条时期的中国——市场、国家与世界经济（1929～1937）》，孟凡礼、尚国敏译，凤凰出版传媒集团、江苏人民出版社2010年版，第237页。

② ［日］城山智子著：《大萧条时期的中国——市场、国家与世界经济（1929～1937）》，孟凡礼、尚国敏译，凤凰出版传媒集团、江苏人民出版社2010年版，第57页。

利息收益，有些还给予了一定的礼物，以吸纳资金多余者。通过媒体发布的广告，极大提升了企业储蓄部等吸纳的存款数额。这一方式不但大大化解了企业资金短缺，弥补了近代中国资本市场不发达、难以为企业提供资金融通的不足，而且因企业吸纳储蓄的增多，影响了中国近代银行等金融组织的经营，甚至引发了南京国民政府财政部在1930年4月发布了查禁商号企业吸收社会储蓄的禁令。“1930年曾由南京政府财政部颁发过禁令，对这种现象进行禁止。但由于种种因素的制约，企业商号吸收社会储蓄的现象仍然得以存在，并在近代中国经济发展进程中发挥着重要的作用。”① 企业自设储蓄部吸收存款基本贯穿了整个近代时期，成为企业融资来源中的一个重要的组成部分，为近代股份制企业的日益成长做出了巨大的贡献。这也是近代中国企业融资方式中与西方国家有所不同之处。

其六，官款。中国自古就有以政府资金创办或资助企业的传统。在秦汉时期民间去大工商化以来，社会上较高盈利的行业基本向官办化企业集中，到近代创办股份制企业之前，洋务派兴办的“军工”企业，就是完全采用官方资金的。1870年前后，随着政府财政收支日益紧张，在顽固派“靡费”论的影响下，官方难以持续以财政资金筹办“民用”企业。在此背景下，官方改变之前的企业融资方式，改为采用吸纳商股的形式创办股份制企业，但正如前述提及的那样，商股筹集困难重重。创办者转而通过向政府借款，以维持企业的创办。企业创立之后，不但官督商办、官商合办企业（见表3－11），而且民营企业在融资出现困境之际都会通过各种关系借入官款以维持企业的正常经营。这点，在晚清时期特别明显，到北洋政府时期，“国内经济与社会环境并没有较晚清有所好转，有些区域且有进一步恶化的情况。……而财政困窘则是从中央到地方各级政府的共同状况。……官方在兴办工商业方面，便不得不借助于商股，将官商合办实业作为解决区域社会问题的一项重要手段。”② 政府财政收支赤字严重，官款对企业资金的借贷逐步减弱了。到南京政府时期，伴随经济统治的日益加强，特别通过以公债券形式抵做官股强制

① 朱荫贵：《论近代中国企业商号吸收社会储蓄：1930年南京政府禁令颁布前后的分析》，载于《复旦学报（社会科学版）》2007年第5期。

② 李玉：《北洋政府时期企业制度结构史论》，社会科学文献出版社2007年版，第505～506页。

加入中国、交通等银行、构建起“四行二局一库”的官办金融体系之后，官款在企业融资中的重要性日益增强，构成对企业借贷的一个重要来源。

当然，中外企业融资方式的多样化在近代存在明显的相同之处，但受制于中外环境的差异，中外企业融资方式多样化的组成部分和表现形式并不完全一致的，而是存在一定程度的不同之处。这点我们放到下面差异性上加以深入分析。

二、企业融资上的制度保障

随着中外经济由传统的农业经济为主向工业经济转化，企业资金的需要由传统社会中的小额、短期等为主向巨额、长期等使用转化，由此使隐藏在企业融资过程和应用中的风险逐步加大。为了保障企业融资中的资金所有者和使用者的权益，中西方都在企业融资上逐步出台一系列相关的法律法规，以使企业融资活动制度化。这点，中西方一致，只是受中外融资环境和长期习俗的不同影响，中西在企业融资上的制度化程度和执行效果存在差异。

（一）政府层面法律法规的融资保障

近代之前，在“重农抑商”思想的长期影响下，中国对工商业的发展一直没有形成一个商事领域的法律法规，企业融资上的保障基本依托民间的行业习惯和道德准则。西方在中世纪晚期以来就在实践中逐步构建出了一套商法典，来保障工商业的发展，避免企业资金融通上的纠纷。进入近代以后，西方各国已经在之前的商法典等基础上形成了一个相对完善的企业法规，保障工商企业的正常发展；而中国在股份制企业等产生之后很长一段时间内都没有出台专门的法律法规，维护企业融资等方面行为的，主要依靠企业成立前后制定的企业本身的章程。

伴随股份制企业的设立，无专门的企业法规加以保障的情形严重制约着中国近代企业的发展，出现大量的融资纠纷。“无公司法，则无以集厚资，而巨业为之不举。”[①] 在此背景下，晚清政府在“新政”改革过程中加快了企

① 张謇研究中心等编：《张謇全集（第一卷）》，江苏古籍出版社 1994 年版，第 272 页。

业法规的制定。1904 年 1 月颁布了《钦定大清商律》，主要由《商人通例》《公司律》组成，揭开了公司制度化的步伐。晚清《公司律》虽然内容简单，由 11 节、131 条组成，但明确了公司内涵“凡凑集资本共营贸易者，名为公司”，给股份设立、缴纳，股票的转让买卖以及股权的保护等提供了初步的法律保障。

随着股份公司等的较大规模的设立，认股而不缴纳等不良现象普遍出现，还有“借破产为名，以为欺骗之计者比比皆是，以致商民对于公司招股极不信任。”① 为了保证股权融资的开展，民国之后很快就在晚清《公司律》基础上修订和颁布了《公司条例》，对公司内涵、股份的缴纳、官利的规定、股份转让、股权的保障等方面做了更加明确的规定和完善。“凡公司、商店、工厂之注册者，均妥为保护，许各专利。一时工商界踊跃欢快，咸谓振兴实业在此一举，不几年而大公司大工厂接踵而起。”② 对企业融资的保障和规范，极大地促进了股份制企业的发展，到 20 世纪二三十年代时已经形成了荣家企业、大生企业、南洋兄弟烟草公司、刘鸿生企业、周学熙企业等一大批大的企业集团。

南京政府建立之后，根据形势的变化，又在之前的《公司条例》等法律法规基础上，1929 年修订和颁布了《公司法》，进一步对股份的发行、分期缴纳的时间安排、每股股额大小、持股人、特别是对公司法人持股等方面做了更加翔实具体的规定。抗日战争胜利后，1946 年再次修订和颁布了新的《公司法》，对股权融资等有了更加完善的规定和保障，但是自 1929 年颁布《公司法》以来到中华人民共和国成立期间，长期处于战争状态，企业法规的完善对实际融资领域的保障基本停留在形式之中，难以起到实质性保障的效果。

（二）企业层面章程等的融资保障

1872 年创立中国近代首家股份制企业以来，在发布招股之前都会对招股总额、股数、每股金额、缴纳方式等做出明确的规定。晚清时期，创办的官

---

① 张謇研究中心等编：《张謇全集（第一卷）》，江苏古籍出版社 1994 年版，第 270 页。

② 徐建生：《民国初年经济政策的背景与起步》，载于《民国档案》1998 年第 2 期。

督商办、官商合办等企业，为了利于筹集股份，均会在章程和股票正面中首先抬出官方，以起到增强企业股份认缴工作的开展。轮船招商局的股票中标出“为给股分票事奉　直隶爵阁督部堂李　奏准设局招商”，表明轮船招商局是李鸿章奏朝廷设立的，以显示该局有官方支撑。然后，股票中载明股额等情况，“当经本局议定召集股银壹佰万两，分作千股，每股银壹千两。”明确告知民众和社会，此次招股共招100万两，1 000股，每股1 000两。再次告知以何种方式缴纳，享受官利，一年一次统一付息。“先收银五百两，每年壹分生息，闰月不计，另给息折。期至八月初一日，凭折给付。”最后，对股票转让等事项做出规定，“如本股出让，须遵定章办理，毋许私相授受。倘有故违，一经查出，即将本股停息，俟缴票到日，给本销册，以昭慎重。”① 之后设立的此类公司章程、股票封面均对此做出了相似性的表述，以彰信用和保障。

民营类股份制公司的章程对融资的表述则改变了官督商办、官商合办的形式。像大生公司的股票规定虽有一定的改变，但仍有官方式的文本；大多数民营公司的股票规定采取更加直接明晰的表述。如川汉公司的股票，“本公司蒙督部　奏准商办，先集股本银叁千伍百万两。股票分大小两宗。大票计伍十万股，每股库平银伍拾两。小票计贰佰万股，每股库平银伍两。息单付给。”②

通过股份制公司的章程、股票封面等的规定，在一定程度上表明了公司招集股本数额，分为多少股，每股数额多少，认股后的收益等内容，形成了规范而有一定的法律文本的保障效应。它们与政府层面的制度规定相适应，则无疑起到了明确的融资领域的法律法规保障的作用。一方面，让认股者的利益得到了书面正式的认定和保护；另一方面，与公司法律的表述一致，在利益争端发生时能够有法可依，避免无谓的争端。当然，近代中国公司章程等的规定虽然规范、明晰，但在正式制度难以具有强制性约束的大背景下，实际层面的执行力就大打折扣，无法真正起到保障融资中各权益人的效果。

---

① 朱荫贵：《近代中国：金融与证券研究》，上海人民出版2012年版，第366～367页。

② 朱荫贵：《近代中国：金融与证券研究》，上海人民出版2012年版，第372页。

三、企业融资方式的创新性

西方企业融资方式多样化的形成，是伴随大分流之后时空、经济结构等的渐趋变化而衍生出大额、长期、不确定性增大引出的风险定价等资金需求的背景下，在原有金融组织演进基础上，逐步形成一个市场主导或全能银行为形式的多元化金融组织体系以满足企业融资新变化的结晶。在此过程中，企业融资的渠道、内涵等均呈现出了一个不断突破原有融资范畴，涌现出了一系列的创新活动。中国近代企业融资的多样化不是西方那样在原有融资方式基础上的渐进创新的结果，而是在融合传统与西方现代企业融资方式条件下，不断突破原有融资渠道、内涵的成果。这一过程，事实上与西方企业融资方式的变化中体现的创新性是一样。

（一）企业融资渠道的创新

传统企业的融资方式相对单一、资金来源面狭窄，主要依靠企业主或财东的自有资金、企业经营性积累、民间借贷、政府资助或借贷和向钱庄、票号、典当、账局等金融组织借贷。进入近代之后，中国近代企业的融资渠道除了传承传统企业的融资方式外，在摒弃传统与国外现代融资方式条件下出现了大量创新。具体而言，能够从直接融资和间接融资方面体现出来。

一是直接融资渠道创新。伴随近代中国金融市场的发育，证券市场和债券市场的出现和形成，打破传统企业主要依托民间借贷等较高利率的方式以筹集资金，创新性地模仿或移植国外股权融资手段来筹集资金以创办企业或扩大企业规模。为了使股权融资能够适应转型中的近代中国，创办者有效地融合了传统与现代的利润分配方式——官利制和股金的分期缴纳制，使股权融资逐步从创办者的社会关系网络扩大到社会大众，每股股额也由刚开始的1 000 两逐步降低到 20 世纪初前后的 100 两，再到 20 世纪二三十年代的 40 元左右，从而使股权融资渠道在企业融资中的作用得到提升。与此同时，债券融资手段在民国之后也得到了创新性的利用，极大拓展了企业在直接融资方式上的更多选择空间。

二是间接融资渠道创新。随着近代中国银行、保险、证券、信托等现代金融组织体系的渐趋形成，中国近代企业的融资方式在传统金融组织融资基础上又得到了进一步拓宽和创新。之前，企业在间接融资渠道上的方式最多依靠典当（特别是官方设立的典当）、钱庄、票号、账局等极为有限的几个金融组织；而近代之后，企业不但能够继续从钱庄等传统金融组织中获取贷款，而且还能够从银行、保险、证券公司、信托、租赁等现代金融组织中获得融资，特别是企业能够从自身的实际出发，还自己设立存款处或银行部以吸收企业内部职工和社会上的资金来扩大企业规模，无疑大大增强了企业融资手段的多样化选择领域。

依据金融市场和金融组织的日益复杂化的发展，近代中国企业应时而起的发展出更加丰富多样的融资渠道，极大地促进了近代中国股份制企业在内外交困中的发展。

（二）企业融资内涵的创新

伴随企业融资渠道的多样化创新，在传统企业融资基础上逐步与时俱进地拓展了融资内涵的范畴。

一是创新性地运用不同融资组合以应对风险。融资渠道的日益多样化，在给企业带来融资便利时，也产生了更多的不确定性。与传统社会风险引发因素单一不同，在近代较大规模的28次金融风潮中，“引发金融风潮的因素多有交集，每次风潮虽然有一个主要的诱导因素，但单一原因引发的风潮极少，基本都跟中国近代社会不稳定的社会环境密切相关，在外源性或内源性因素综合作用下爆发。”① 在风潮频发的条件下，企业在融资方式的选择上必然会创新性使用风险定价，以尽量降低融资风险。在中国近代股份制企业首选股权融资时，创办者是在自己的认知范围内有意识地选择在社会关系网络之中来筹股，在风气未开的条件下降低陌生人社会所引致的风险；而给予高而稳定收益的官利和采取分期缴纳股金的方式，则极大保障了股东队伍的稳定性，降低“以脚投票”的风险。在选择金融组织融资时，能够依据企业的不同的资产类型进行抵押借贷，避免整体性借贷在风险之际引发被接管的风

① 兰日旭：《中国近代金融风潮中的政府治理行为探析》，载于《安徽师范大学学报》2018年第1期。

险；同时，在资金紧张时，又能够从企业持续运营的角度，创新性地介入租赁方式，以租金归还融资中的成本和维持别的工厂开工。设立储蓄部或银行部，抑或成立银行，能够减少依赖银行等金融组织的借贷，缩减费用支出，以增强风险防范。

二是有效利用多样化融资手段选择以降低成本。进入近代之前，企业融资方式单一，无法选择更多手段以节流企业成本。近代以来，多层次金融组织市场体系的发育，给企业融资选择创造了有利的条件，使他们能够根据企业经营特性，有效地选择不同融资方式的组合来调剂资金的使用，以降低运营成本。企业在筹集资本创建之时，除了尽量利用自有资金或借贷官方资金外，虽然采取官利等方式吸纳股金，但在实际操作上则推行分期缴纳，以降低创建阶段的费用支出。企业成功创办之后，企业创办者会提高企业积累并不断降低官利水平、红利转股权、创建储蓄部、发行职工股等方式以吸纳资金，用以扩大企业规模、形成一个包括上下游且相对完整的产业链，然而借助各个企业之间的资金内部调剂，就大大降低了企业运行成本和对外部的资金依赖。

三是灵活运用多样化融资方式以提升资金运用效率。晚清时期，企业创办者主要关注资金的可获得性而较少考虑资金的成本和运行效率。轮船招商局创立之时，朱其昂等人招纳商股不力，借贷官方20万串（折合白银12.3万两），给予官方高额的“报效”；唐廷枢、徐润等人替代朱其昂后，凭借自身的社会关系网络，迅速、充分地使用广纳商股（1880年招集完成100万两的额定股份，1882年扩股招集到200万两股份）、商借钱庄、保险等金融组织、筹借官方资金等融资方式组合，并利用官方给予的各项垄断权，快速扩充航运线，建立起国内的航运优势、积极开拓国际航线。

民国之后，中国近代金融市场体系的渐趋形成和发展，企业创办者和经营者能够更加灵活地利用多样化的融资手段，综合利用内源性融资与外源性融资组合方式，有效提升资金使用效率，在国内快速建立起一批大的企业集团。在利用银行等借贷方式比例增加之后，遇到20世纪20年代后危机影响而出现企业运转困难时，企业创办者和经营者在与银行等金融组织协商基础上展开债转股的探索，继续利用银行资金和银行委派的技术人员优势，逐步与银行等金融组织“金融救农”的活动对接起来，形成了一个原料来源、企业生产、产品销售为一体的产供销经营体制，极大增强了企业资金可持续使用的效率。

第二节　近代中外企业融资差异

中国近代是一个传统向现代过渡和逐步定型的时期，与西方同时期渐趋完成工业化，形成以机器大工业为主体的现代企业体制存在很大差距。此时，中国虽然已经形成了一个银行、保险、证券等构成的现代金融市场体系，但传统的金融组织，如钱庄、典当、合会等长期并存。中国近代的资本市场对股份制企业的融资非常重要，但其作用与中国近代机器大工业的发展疏离，关系并不密切①。在此背景下，中国与西方企业融资之间自然存在很大不同。

一、融资路径选择的不同

中外企业融资虽然具有多样化的融资方式选择，但在实际使用上中外之间并没有遵循同样的路径，即按照交易费用高度来择取融资方式。西方在原有企业融资方式上渐进演绎出英美市场导向的融资、德日全能银行等两种较为典型的模式；而近代中国受到传统与现代过渡等环境影响，中国融资方式尽管丰富，但政府与市场之间则在条件变化的情况下出现转化，与西方之间存在明显的差异。

一是具有浓厚官方色彩的融资选择。在中国移植西方股份制组织进入企业组织之际，面对强大的顽固守旧势力和国外侵入势力的干扰，官方独资创办企业则又面对政府财政收支紧张的格局，为此在尚未向民间开放创办企业的背景下，首先以官方的形式创立官、民合作的股份制企业。“一方面需要有权势显赫的官僚为之倡导，给予扶持，明确表示政府的态度和支持之意，才能顶住传统顽固势力反对兴办的压力，同时能够在某种程度上与外来列强企业抗衡和竞争；另一方面，因为是兴办与传统不一样的新型机器工业，更

① 朱荫贵：《论研究中国近代资本市场的必要性》，载于《中国经济史研究》2010 年第 1 期。

需要通晓洋务，具有经营管理新式股份制企业的才干，同时自身具有资财并在募集民间资本方面具有号召力的人来主持企业活动。”① 借助官方的力量，委任富有工商经历且具有较大影响力的人来筹备首批的股份制企业，是晚清创办“民用”企业的最佳选择。官督商办、官商合办在采用股权融资筹集创办资金之初，民众认股不活跃，难以筹集必要资金时，则可以向官方借贷以先建立企业。轮船招商局在创办之初，招集商股工作开展不顺利，遂按照创办企业计划向官借贷20万串钱，展开设局工作；中国通商银行也是向官方借贷100万两，即官助。而当企业建立起来遇到资金困境时，亦可以向官方借贷以救急或用于扩大企业规模。

民国之后，官方直接出资创办企业的行为尽管有所减少，但官方出资或号召办厂等的活动一直持续到中华人民共和国成立之时。这是中国近代股份制企业创立和发展过程中，融资选择中富有官方色彩的特色之一。

二是融资方式选择更加灵活：政府与市场在资金配置上能够在一定条件下实现转化。西方国家在政府与市场对企业融资活动中的资金配置方面，界限相对明确。正常情况下，政府资金不会直接投入民营企业经营之中，除非通过产业政策及在特殊的情况（如经济危机、战时状态）下会加以辅助或征用外，但政府投入的资金等到企业经营稳定之后又会很快退出，回归市场对资金的配置主体地位。近代中国政府与市场在企业融资方式的选择上则相对灵活，在条件变化的情况下，两者作为资金配置的方式是可以直接转化的。

近代中国在开始创设股份制企业之时，不是由市场选择和社会经济发展而水到渠成的，而是在官办“军工”企业发展近十年之后，受晚清政府财政收支日益紧张的影响，清政府内部顽固派挑起了一场“靡费”之争，要求政府停止对“军工”企业的继续支持。洋务派官员为了保全“军工”企业的成果，发起成立“民用”企业的呼声，力图以“民用”企业的收益来支持“军工”企业，同时实现对国外争利的目的。然而，此时社会风气未开，筹集资本困难重重。“全恃官力则巨费难筹，兼集商赀则众擎易举。然全归商办则土棍或至阻挠，兼依官威，则吏役又多需索，必官督商办，各有责成：商招

---

① 朱荫贵：《论近代中国股份制企业经营管理中的传统因素》，载于《贵州社会科学》2018年第6期。

股以兴工，不得有心隐漏；官稽查以征税，亦不得分外诛求，则上下相维，二弊俱去。”① 首家股份制企业轮船招商局成立之时，商股发行并不顺利，不得不依靠向官方借贷的20万串钱开设起来。之后，业务运营困难重重；由唐廷枢、徐润等人替代朱其昂、朱其绍兄弟之后，他们凭借自身的社会关系网络和自身的大额认股，商股筹集工作相对顺利展开。之后到1895年期间，设立的股份制企业基本都有来自官方资金投入或资助，如表3－11所示。

进入民国之后，受政府财政收支赤字日益严重、北京政府财政收支弱化等因素影响，中央和各部门很难像晚清那样持续提供创办或资助资金，官方创办企业逐步下沉到地方政府。与此同时，官方出于财政支出考虑还加大对已有企业的资金拆借。在此背景下，引发了轮船招商局、汉冶萍公司等等企业经营陷入困境，并出现了向民营化的转变。而比较典型的是，中国银行、交通银行等一批具有官办色彩的金融企业在给政府拆借、透支资金过程中，引发了震惊全国的中、交挤兑风潮。在1916年挤兑风潮发生之后，中国银行上海分行正副经理宋汉章、张嘉璈出于银行信用等方面考虑，拒绝了北京政府的“停兑令”，利用自身的社会关系网络和在商股股东的支持下，以上海分行房产等作为抵押，筹集了大量现金，坚持兑换，最终平息了挤兑风潮。之后，利用梁启超出任财政部部长之际，出任中国银行总经理的张嘉璈趁机修改了银行则例，改变了银行人事任命听命于财政部的规定。随后，虽然引发了北京政府“安福系”的多方干扰，但在财政赤字严重，以中国银行等官股股票抵押给银行而无法按时偿还贷款以致失去了官方股份，导致官股比例迅速下降。“中国银行商股的比重1915年为资本总额的17.01%，1917年为59.29%，1921年为72.64%，1922年为88.87%，1923年后达到97.47%。官股总额从1915年的1 128万元减少到1923年的5万元，绝大部分官股过户为商股。商股总额则从1915年的231万余元增加为1923年的1 971万元。”② 这样，中国银行等一批官办或官商合办企业为了避免官方的过度干扰而出现了一次官办企业商业化的浪潮。通过商业化经营的改组，以前官方控制或占

---

① 夏东元编：《郑观应集（上册）》，上海人民出版社1988年版，第704页。

② 邓先宏：《中国银行与北洋政府的关系》，载于《中国社会科学院经济研究所集刊》第11集，中国社会科学院出版社1988年版，第355～356页。

有较大比例的企业实现了商业化经营趋势，由此也使这些企业的融资规则由政府主导向市场化转变。

到南京政府之后，随着南京国民政府在20世纪30年代之后逐步加强经济统制政策，北京政府时期官办企业股权融资等商办信息化趋势随之发生了根本性转变。在南京政府行政干预而强制性变迁后，民营企业转向了官办化。这样，企业融资方式以市场来配置资金的趋势转向了以政府配置为主的方式，由此也改变了企业融资考衡标准。

三是融资方式选择来源范围更加广泛。与西方国家的融资来源构成尽管大多数领域都是一样，但近代中国特殊的国情等因素影响下，中国企业的融资来源范围更加多样化。在内源性融资上，中国近代企业不管是官督商办、官商合办，还是民办企业只要条件允许，都会吸纳来自政府的资金借贷或资助；而企业规模稍大的，又都在民国之后采取资金企业内部调剂的方式，以实现规模化经营，节约成本和减少外来势力的约束。

在外源性融资上，中国近代金融市场上传统与现代金融组织的长期并存，使企业在融资上既可以向传统金融组织钱庄等借贷，又可以向银行、保险等现代金融组织借款。这样，自然在融资条件上信用借贷、抵押借贷等方式也长期存续下来。“在近代中国企业的诞生和发展过程中，银行钱庄等金融机构的外来贷款至关重要，是这些企业能够存活和发展的重要前提和必备条件。”① 与此同时，中国近代企业还普遍采用了自设储蓄部或银行部的方式，吸纳企业内部职工、社会普通大众的存款，以此用于企业资金调剂或扩大企业规模。“普通之公司商号皆自行吸收存款，以为资金之调节。”“吸收存款为我国企业界特异之现象。但其运用几普及于各种企业及工商组织。”② 这一企业自设储蓄部的做法，在20世纪30年代初虽然引起了南京政府的禁令，但受制于多方因素的约束，还是一直存在并维持下来。

二、融资机制的不同：不遵循某一特定的融资秩序

西方国家的企业融资，在经历一个漫长的渐进变迁之后，已经形成了一

---

①　朱荫贵：《从轮船招商局的债款看近代中国的资本市场》，载于《社会科学》2012年第10期。

②　陈真编：《中国近代工业史资料（第四辑）》，上海三联书店1961年版，第59～71页。

个发达金融市场体系和比较健全的制度环境，企业所有者和经营者能够在双方比较利益优势的前提下选择融资方式。即遵循最先选择自有资本，其次是债券融资，最后是股权融资的顺序。然而，近代中国基本缺乏一个完整的金融市场体系和健全的公司制度环境，处于一个传统向现代社会转型的过渡和定型期。此时，“深感我国公司企业之资本构造，与欧美先进国家显有不同”。[①] 在此背景下，中国近代企业融资方式的选择无法遵循一定的顺序，更多是按照资金可得性的概率来确定融资方式。

在晚清时期，面对官方财政赤字日益严重、无法给企业提供创办所需的资金，而民间在1895年之前尚未获得投资办厂权利的条件下对投资于官方号召创办的企业存在顾虑，此时官方任命一个具有较强工商经验的民间人士来创办官督商办、官商合办企业，则可以利用他们的社会关系网络来筹集资金，由此就必然选择股权融资的方式来筹集资金。在商股招集不顺的情况，再暂借官方资金创办企业。此种融资顺序的选择，显然违背了西方那种相对股东和经营者都具有比较利益优势的原则。企业创办之后的再融资方式的选择，则会在企业资金积累、借贷（官方、民间、金融机构）、股权融资中来选择，顺序则仍然是以资金可得性为先，尚未把成本放在选择的首位。

民国之后，股权融资方式作为首选的做法仍然得以持续推进。此时，随着中国近代金融市场体系的发育和发展，企业融资方式的日益多样化，在融资顺序的选择上初步有所改变晚清那种以资金可得性为优先的方式，开始按照企业股东与经营者的利益权衡来选择，只是在实际做法上极少遵循西方那种的顺序。一般上，中国企业创办者在自有资金的基础上，选择股权融资来筹集企业创办资金。企业建立之后，经营者更多考虑内源性融资，即提升企业积累、自设储蓄部或银行部吸纳存款、企业内部各部门之间的资金调剂，然而再推及外源性融资，即向金融机构借贷、民间借贷、官方借贷、债券融资、股权再融资，只是在融资方式上的优先选择则根据各个企业的具体情况而定。

三、融资成本中西差异较大

受中西金融市场发育程度的差异、企业制度构建情况的不同影响，近代

---

① 陈真编：《中国近代工业史资料（第四辑）》，上海三联书店1961年版，第59～71页。

中西融资成本差异极大。西方国家逐步完成工业化，金融市场渐趋发达、企业制度完善，社会剩余资金充裕，在融资方式上建立了英美市场导向的融资模式和德日全能银行导向的模式。在此背景下，西方各国的融资成本有了大幅下降，比如美国银行业对工商各业的贷款利率最高不过六厘，最低仅有四厘。并且从长期来看，平均利润率规律也起了作用，使其总的借贷利率明显呈下降趋势，如美国的短期借款利息率变化：1866～1880 年为 3.6%～17%，1881～1900 年为 2.63%～9.75%，1901～1920 年为 2.98%～8%，1921～1935 年为 0.75%～7.81%。[①] 而这些在英、法、德等国还更低，如表 6－1 所示。

表 6－1　　西方资本主义国家放款的年利率（1900～1908 年）　　单位：%

年份	英国	法国	德国
1900	3.66	3.13	4.59
1905	2.58	2.08	2.48
1906	4.00	2.69	4.04
1907	4.50	3.38	4.88
1908	2.31	2.13	3.63

资料来源：李一翔：《中国工业化过程中的银企关系研究（1897～1945）》，南开大学博士论文（未刊发）。

与西方国家融资成本的大幅下降相反，中国近代金融市场不发达、资金短缺，在政府长期财政赤字居高之下，各届政府不得不依靠借债维持，而在经常违约的背景下，大大抬高了市场上融资的成本。“政府按照正常渠道取得的收入及各种债款所得远远没有满足它自身的需要，在此情况下，政府只能拆诸比其他金融机构放贷更高的利息以吸取社会余资，结果政府不但无异于降低社会上留传的高利贷放贷行为，反而以政府行为推动了高利贷活动……”[②] 纵观近代中国的市场融资成本，在沿海开放口岸地区绝大多数在一分四厘上下，而越往内陆地区利率更高，到农村地区的借贷利率，很多

① 苏联科学院经济研究所编：《政治经济学》，人民出版社 1955 年版，第 184 页。

② 兰日旭：《中国金融现代化之路：以近代中国商业银行盈利性分析为中心》，商务印书馆 2005 年版，第 230 页。

是在四分以上，“1～2 分 9.4%，2～3 分 36.2%，3～4 分 30.3%，4～5 分 11.2%，5 分以上 12.9%，合计为 100.0%”。①

显然，近代中国企业融资来源虽然已经形成了一个多样化的融资方式选择空间，但在资金融通成本上，则仍然停留在前现代化的水平，与西方各国形成一个鲜明的对照。

① 薛暮桥：《旧中国的农村经济》，农业出版社 1985 年版，第 71 页。

后　记

中国近代企业融资是一个很复杂、宏大的话题，仅仅通过对民营企业的股权结构、官办企业的融资变化及由此引发的影响是难以完全梳理清楚的，但作为企业史研究中的重要话题，已经思考和探索了很长时间。我们团队主要做金融史、特别是银行史研究和中外经济比较，此次转而研究企业融资，有以下一些因素考虑：一是2016年确立围绕“中外金融组织比较”的“中外经济比较研究”系列丛书第一辑九本著作，在中央财经大学科研处的支持、经济史研究团队的共同努力下已于2019年顺利完成并出版。之后，初步决定第二辑以“中外融资”为主题展开系统性研究，后受一些因素影响尚未全面展开，本书作为其中的一本先行研究。这是本书写作的最初由来。二是2017年以来，在与中国社会科学院经济研究所高超群研究员、黄英伟研究员和福建师范大学社会历史学院林立强教授的探讨下，初步确定组成企业史研究团队，选择近当代众多企业中的某些典型企业展开深入研究，尝试在企业史研究范式、方法、内容等方面梳理和总结出某些与英国工厂制度、美国企业管理制度、日本终身雇佣制等不同的地方，为企业史研究、当前企业发展等提供某些借鉴。以我们四人为基础组成的企业史研究团队，依托中央财经大学中外经济比较研究中心和中国商业史学会商业文化遗产专业委员会等平台，以研读企业史经典论著入手，明确每年在企业史领域中获得某些突破。本书与高超群研究员的《中国近代工厂制度与劳资关系研究》和林立强教授研究团队翻译的《盈利与可持续发展：一部关于全球绿色企业家的历史》（Geoffrey Jones）作为企业史团队的首次探索成果。我对企业史的研究相对短暂，之前长期集中在金融史领域，现今转向企业史，时间较短。三是我原想以“中国近代民间金融经营管理智慧”为主题展开系统研究，但在考虑中财大经济史学科研究方向的前提下，在中央财经大学科研处处长贾玉革教授的大力支持下转向了近代企业融资的研究，本书就是这个研究的一个初步成果。书中内容，相对粗糙，仅仅对近代企业融资构成做了一个分析框架，以就教于企业史研究同仁。

本书之所以能够顺利完成，特别要感谢我们企业史团队成员和中央财经大学科研处处长贾玉革教授，没有团队成员的持续督促、探讨和来自贾老师的支持，就不可能有本书的研究。同时，还要感谢北京大学周建波教授，清华大学陈争平教授，中国社会科学院经济研究所赵学军研究员、隋福明研究员，当代中国研究所武力副所长、郑有贵研究员、李文研究员，复旦大学吴景平教授、李楠教授，中国人民大学的何平教授，中央财经大学金融学院姚遂教授、经济学院李涛教授、陈斌开教授、徐华副教授、伏霖副教授、金星晔博士、路乾副教授，在他们的探讨和鼓励下，本书逐步完善起来。还要特别感谢经济科学出版社的编辑团队。

本书是一个集体讨论、合作撰写的结晶。全书的框架，是由兰日旭提出和设计。在具体的写作和分工上，各章的撰写分工如下：导言、第二章、第六章，兰日旭；第一章何闪闪；第三章成超；第四章林雨祺；第五章李彦超。兰日旭对初稿和第二稿提出了具体的修改意见，各章撰稿者根据修改意见进行了三轮的修订，最后由兰日旭完成了统稿和定稿工作。当然，本书也是一个教学相长的成果，结构和内容曾在硕士、博士研究生中多次讨论，同时书中内容也曾在企业史团队内部进行探讨。

兰日旭

2020年4月20日